"一带一路"国家对外文化贸易国别研究系列报告之一

匈牙利对外文化贸易与投资合作研究

The Research of Hungary Foreign Cultural Trade and Investment Cooperation

张佑林 秦淑娟 伍巧芳 等著

上海人民出版社

目　录

第一章
匈牙利文化贸易与投资合作现状概述

近年来,匈牙利经济稳定发展,2016 年人均 GDP 达到 12 800 美元。随着世界文化贸易的发展,匈牙利不断完善推动文化贸易发展的政策措施。例如,匈牙利知识产权局更改为"匈牙利专利局",专门负责匈牙利国内的知识产权保护工作,完善了《专利发明保护法》《商标和地理标识保护法》《外观设计保护法》《版权法》《实用新型保护法》《海关对工业产权侵权行为的管理措施》等等,推动了匈牙利文化贸易的发展。

第一节 匈牙利对外文化贸易发展及特点

对外文化贸易是国际间文化产品和文化服务的输入和输出。关于文化产品和文化服务联合国贸易和发展会议(简称联合国贸发会议,UNCTAD)进行了分类,文化产品包括"工艺美术"(art crafts)、"视听产品"(audio visuals)、"设计"(design)、"新媒体"(new media)、"演出艺术"(performing arts)、"出版业"(publishing)、"视觉艺术"(visual arts)七大类;文化服务包括"广告、市场和民意调查"(advertising, market research and public opinion polling)、"建筑、工程及其他技术服务"(architectural, engineering and other technical services)、"研究和发展"(research and development)、"个人文化和娱乐服务"(personal, cultural and recreational services)、"版税和许可税"(royalty and license tax)、"计算机和信息"(computer and information)六大类。

联合国贸发会议(UNCTAD)发布的2003—2015年关于文化产品贸易和2003—2012年文化服务贸易的统计数据,是目前这一领域最权威和完备的国际数据。下文在分析匈牙利、中国与匈牙利文化贸易发展状况时,除特殊说明外,均使用UNCTAD数据库提供的分类以及2006—2015年文化产品贸易数据和2003—2012年文化服务贸易数据进行相关分析。

一、 匈牙利对外文化贸易发展现状及特点

根据联合国贸发会议数据库的相关数据统计,2006年至2015年,匈牙利文化产品贸易总额从1 834.13百万美元增加到2 634.70百万美元,年平均增速达4.11%。从文化产品贸易的出口情况看,2006年至2015年,匈牙利文化产品贸易出口额从620.62百万美元增加到1 323.95百万美元,年平均增速达8.78%。

从文化产品贸易的进口情况看,2006年至2015年,匈牙利文化产品贸易进口额从1 213.51百万美元增长到1 310.74百万美元,年平均增速为0.86%,出口增长速度远远快于进口增长速度,出口高于进口近8个百分点(见图1.1)。

从文化产品贸易的平衡度来看,2006年至2015年,文化产品贸易呈现逆差且逆差额逐渐减少,从592.89百万美元减少到66.03百万美元,2014年后由逆差转为顺差,2015年顺差额为13.21百万美元,虽然顺差额不大,但却是一个转折点,表明匈牙利文化产品在国际市场上已有一定的地位。

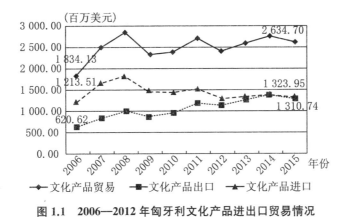

图 1.1　2006—2012 年匈牙利文化产品进出口贸易情况

二、 文化服务贸易与文化产品贸易同步增长，但文化服务快于文化产品贸易增长

2003 年至 2012 年,匈牙利文化服务贸易额从 2 973.37 百万美元增加到 6 586.52 百万美元,年平均增速达 9.24%(见图 1.2),文化服务贸易快于文化产品贸易 5.1 个百分点。

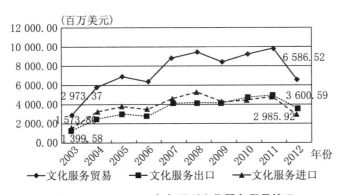

图 1.2　2003—2012 年匈牙利文化服务贸易情况

根据 2003—2012 年匈牙利文化服务贸易发展的情况可以预测 2013 年以来匈牙利文化服务贸易发展仍然处于上升趋势,因为经济越发展服务贸易增长速度越快,同时 2012 年以来世界文化服务贸易的增长都在加速,可以得出结论,匈牙利的文化产品贸易和服务贸易

同步增长,文化服务贸易增速远远高于文化产品贸易增速。文化服务贸易也是从逆差转为顺差。2003—2009年间,文化服务贸易呈现为逆差,2010年后转为顺差,并且顺差额越来越大。该趋势说明在匈牙利的文化贸易中,其服务贸易具有较大的优势。

产生上述结果的原因在于匈牙利拥有文化产业发展的良好基础,文化产业的知识含量和创意含量较高,其整体的科学实力以及具有比较优势的工业基础和人力资本,使得匈牙利的文化服务具有较高层次的竞争力。近年来,匈牙利又加大人力、物力和财力的支出,文化服务贸易将快速发展。

三、 文化产品进出口均以设计类文化产品为主

从2015年匈牙利文化产品进出口情况看,设计类文化产品是匈牙利文化产品进出口的重要产品。在2015年匈牙利对外文化产品出口中,设计类文化产品的出口额占文化产品出口额的比重最高,达73.40%;其次是出版物、新媒体和视听产品,三类产品合计占比为23%,其他(工艺品、视觉艺术、表演艺术)三类合计仅占比为4%。由此可以看出,匈牙利的设计类文化产品具有出口竞争力,而工艺品、视觉艺术以及表演艺术并不具备出口竞争力(见图1.3)。

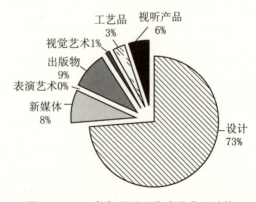

图1.3 2015年匈牙利文化产品出口结构

匈牙利对外文化贸易与投资合作研究

在匈牙利的文化产品进口中,设计类的文化产品进口额在文化产品进口中占比仍是最大,为55%,其次是新媒体、视听产品、出版物和工艺品,这几项占比大体相同,表演艺术和视觉艺术占比极少(见图1.4)。这表明匈牙利对物质类的文化产品需求比较大,也就是说在匈牙利文化市场上,物质类的文化产品有一定的发展空间,国内市场需求比较大。

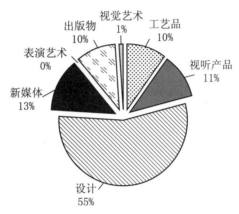

图1.4　2015年匈牙利文化产品进口结构

四、　文化服务贸易进出口差别较大

在匈牙利文化服务出口贸易中,个人文化和休闲服务、计算机与信息服务占比分别为26%,版税和许可费占比为20%,其他三项建

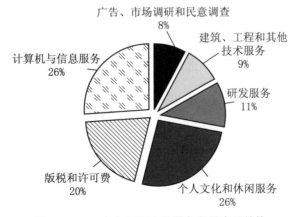

图1.5　2012年匈牙利文化服务贸易出口结构

筑、工程和其他技术服务，广告、市场调研和民意调查以及研发服务占比为28%（见图1.5）。

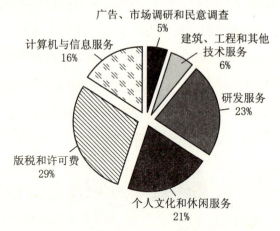

广告、市场调研和民意调查
5%

建筑、工程和其他
技术服务
6%

研发服务
23%

个人文化和休闲服务
21%

版税和许可费
29%

计算机与信息服务
16%

图1.6　2012年匈牙利文化服务贸易进口结构

在匈牙利文化服务进口贸易中，版税和许可费占比最高，占比为29%，研发服务、个人文化和休闲服务占比分别为23%、21%，其他三项计算机与信息服务，广告、市场调研和民意调查，建筑、工程和其他技术服务的占比为27%（见图1.6）。

综上所述，无论是进口还是出口，版税和许可费、个人文化和休闲服务是匈牙利文化服务贸易的重要部分，表明匈牙利非常重视知识产权贸易的发展，人们的精神生活层次较高。

第二节　匈牙利对外直接投资发展及特点

匈牙利积极鼓励吸引外资。20世纪90年代，匈牙利一度成为中东欧地区吸引外资最多的国家，近几年势头有所减弱。据统计，2014年匈牙利吸收对外投资量为7 752.31百万美元。从主要投资国家和地区来看，欧洲国家是外资的主要来源，其中德国是匈牙利第一大外资来源国，其次是卢森堡、荷兰、奥地利和法国。美国为匈牙利在欧洲以外的最大投资国。亚洲地区对匈牙利投资的国家主要是韩国、日本、中国和新加坡。从投资领域看,零售、金融、通讯、汽车、电子等行业是外资主要投资领域,约占匈牙利吸收外资投资总额的三分之二。目前匈牙利移动通讯业、保险业、电力分销企业几乎全部由外资控制,银行业80％以上资产由外资控制,批发零售业近一半的市场份额掌握在外资手中,95％以上的汽车由外资生产。

一、 外商直接投资流入情况

2005年至2014年,10年时间内匈牙利外资流入呈现出大幅波动趋势,2009年匈牙利实际吸引外资为1 995.21百万美元,是近年来吸引外资流量最少的一年,同比下降了68.46％。2011年和2012年匈牙利外资流入呈现爆发性增长,分别增长了187.31％和128.71％,2012年外资流量更是创造了近10年的新高,总量为14 409.12百万美元。2014年匈牙利实际吸引外资为7 752.11百万美元,占全球外商直接投资流入的0.59％,同比增长了127.87％,比2015年流量增加了约4 350万美元。

表1.1　2005—2014年匈牙利外商直接投资(FDI)流入情况

(百万美元、％)

指　　标	2005年	2006年	2007年	2008年	2009年
流入流量	7 708.96	6 817.54	3 950.84	6 327.19	1 995.32
同比增长率	80.72	−11.56	−42.05	60.15	−68.46
全球占比	0.80	0.48	0.21	0.42	0.17
指　　标	2010年	2011年	2012年	2013年	2014年
流入流量	2 192.81	6 300.12	14 409.22	3 402.08	7 752.46
同比增长率	9.90	187.31	128.71	−75.00	127.87
全球占比	0.16	0.40	0.90	0.24	0.59

图 1.7　2005—2014 年匈牙利外商直接投资(FDI)流入情况

2005 年至 2014 年,匈牙利外资流入存量整体呈现增长趋势。其中,2013 年匈牙利外资流入存量最高,达到 108 579.06 百万美元,同

表 1.2　2005—2014 年匈牙利外商直接投资(FDI)流入存量情况

(百万美元、%)

指　标	2005 年	2006 年	2007 年	2008 年	2009 年
流入存量	61 110.29	80 153.38	95 469.29	88 054.15	98 875.51
同比增长率	−0.74	31.16	19.11	−7.77	12.29
全球占比	0.53	0.57	0.53	0.57	0.54
指　标	2010 年	2011 年	2012 年	2013 年	2014 年
流入存量	90 845.20	85 330.95	104 016.81	108 579.06	99 359.18
同比增长率	−8.12	−6.07	21.90	4.39	−8.49
全球占比	0.45	0.41	0.46	0.44	0.40

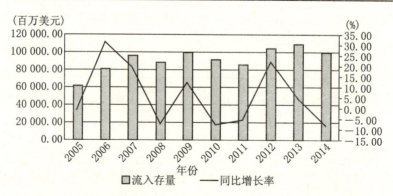

图 1.8　2005—2014 年匈牙利外商直接投资(FDI)流入存量趋势

匈牙利对外文化贸易与投资合作研究

比增长 4.39％。截至 2014 年底，匈牙利外资流入存量为 99 359.18 百万美元，同比下降 8.49％，全球占比 0.4％。

二、 外商直接投资流出情况

2005 年至 2014 年，匈牙利外资流出流量大幅波动。2013 年外资流出流量较少，为 1 855.70 百万美元，同比下降 83.89％，全球占比 0.13％，是近 10 年来全球投资流出流量占比最少的一年。2011 年，匈牙利外资流出呈现出爆炸式增长，同比增加了 301.19％，为 4 701.01 百万美元。2012 年是近 10 年来对外投资最多的一年，为 11 702.84 百万美元。2014 年，匈牙利对外直接投资为 3 780.21 百万美元，同比增长了 100.47％，占球外资流出的 0.30％。

表 1.3　2005—2014 年匈牙利外商直接投资(FDI)流出情况

(百万美元、％)

指　标	2005 年	2006 年	2007 年	2008 年	2009 年
流出流量	2 170.83	4 345.73	4 299.10	2 642.90	1 849.40
同比增长率	63.95	100.19	−1.07	−38.52	−30.02
全球占比	0.26	0.32	0.20	0.15	0.17
指　标	2010 年	2011 年	2012 年	2013 年	2014 年
流出流量	1 171.97	4 701.78	11 702.84	1 885.70	3 780.21
同比增长率	−36.63	301.19	148.90	−83.89	100.47
全球占比	0.08	0.30	0.84	0.13	0.30

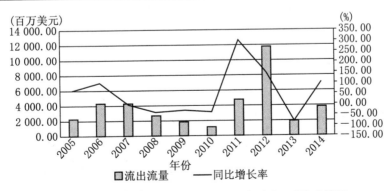

图 1.9　2005—2014 年匈牙利外商直接投资(FDI)流出情况

2005年至2014年,匈牙利外资流出存量整体呈现逐年增长态势。2014年匈牙利外资流出存量为39 049.64百万美元,为近些年来的最高水平,同比增长1.91%,占全球外资流出存量的0.16%。

表1.4　2005—2014年匈牙利外商直接投资(FDI)流出存量情况

（百万美元、%）

指　标	2005 年	2006 年	2007 年	2008 年	2009 年
流出存量	8 636.51	13 662.45	19 289.62	19 912.85	21 624.01
同比增长率	26.72	58.19	41.19	3.23	8.59
全球占比	0.07	0.09	0.10	0.12	0.11
指　标	2010 年	2011 年	2012 年	2013 年	2014 年
流出存量	22 313.96	26 356.78	37 719.83	38 317.77	39 049.64
同比增长率	3.19	18.12	43.11	1.59	1.91
全球占比	0.11	0.12	0.17	0.15	0.16

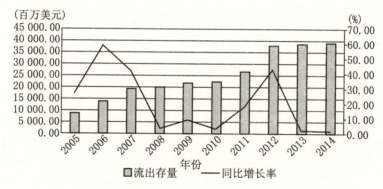

图1.10　2005—2014年匈牙利外商直接投资(FDI)流出存量趋势

三、 外商直接投资净流入情况

2005年至2014年,匈牙利外资净流入量大幅波动,2005年匈牙利外资净流量为5 538.13百万美元,为近年来的最高水平,2005年至2007年外资流量骤跌,2007年的外资净流入为-348.11百万美元,为近10年来的最低值。2008年呈现出恢复性增长的趋势,2009年再次下跌为145.24百万美元,2010年之后匈牙利的外资流量呈现递增的趋势,2012 年至 2013 年略有下滑,2014 年匈牙利实际外资流入量为 3 972.25 百万美元。

表 1.5　2005—2014 年匈牙利外商直接投资(FDI)净流入情况

（百万美元）

指　　标	2005 年	2006 年	2007 年	2008 年	2009 年
净流入量	5 538.13	2 471.81	−348.26	3 684.29	145.92
指　　标	2010 年	2011 年	2012 年	2013 年	2014 年
净流入量	1 020.84	1 598.34	2 706.38	1 516.38	3 972.25

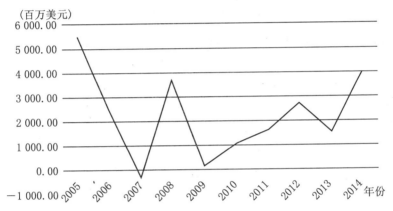

图 1.11　2005—2014 年匈牙利外商直接投资(FDI)净流入趋势

第三节　匈牙利文化服务产业与贸易发展趋势

一、数字广告行业

近年来,匈牙利非常重视数字广告行业发展。数字广告是指通过各种形式向互联网用户传递营销信息,包括横幅广告、视频广告、搜索引擎广告、社交媒体广告和分类广告等。

（一）横幅广告

横幅广告是数字广告最常见的形式之一。横幅有各种形状、大小和格式,并通过台式电脑、移动终端或应用程序在访问的网站上显

11

示。典型的形式是壁纸、插页式广告或弹出式广告等,这些广告通常会链接到广告客户的登录页。2017年,匈牙利横幅广告领域的收入约为6.9亿美元。预计该广告领域的收入在2017—2021年间将以3.7%的年复合增长率增长,到2021年将达到7.9亿美元。通过每名互联网用户获得的平均收入目前为10.35美元。横幅广告领域的收入目前相当于匈牙利GDP的0.06%。

（二）视频广告

视频广告包括基于网站或应用程序的视频播放器中的所有广告格式。这些格式通常是在流视频之前、期间或之后出现的视频广告（前滚、中滚、后滚视频广告）。除了这些视频广告之外,在观看视频时出现的基于文本或图像的覆盖也视作视频广告。2017年匈牙利视频广告领域的收入达到800万美元。该广告领域的收入预计在2017—2021年间将以18.8%的年复合增长率增长,到2021年将达到1 600万美元。通过每名互联网用户观看而获得的平均收入目前为1.24美元。视频广告领域的收入目前相当于匈牙利GDP的0.007%。

（三）搜索引擎广告

搜索引擎广告或付费搜索广告是指在自然搜索结果页面位于搜索结果之上或之下的广告。这些广告通常是文本广告,但在特定情况下可以显示为图像。赞助商链接和关键字广告是搜索引擎广告的一部分。2017年,匈牙利搜索引擎广告领域的收入达到9 100万美元。该广告领域的收入预计在2017—2021年间将以3.5%的年复合增长率增长,到2021年将达到1.04亿美元。通过每名互联网用户的使用而获得的平均收入目前为13.73美元。搜索引擎广告领域的收入目前相当于匈牙利GDP的0.08%。

（四）社交媒体广告

社交媒体广告包括社交网络或商业网络（如Facebook、Twitter或inkedIn）。2017年匈牙利社交媒体广告领域的收入达到4 800万美元。该广告领域的收入预计在2017—2021年间将以4.9%的年复合增长率增长,到2021年将达到5 900万美元。目前通过每名互联网用户平均获得的收入(ARPU)为7.31美元。社交媒体广告领域的收入目前相当于匈牙利GDP的0.04%。

（五）分类广告

分类广告是广告商在特定区域(如汽车、招聘或房地产)内投放广告,费用由广告商支付,广告的效果取决于诸如广告的位置、大小或显示持续时间等因素。2017年,匈牙利分类广告领域的收入达到2 300万美元。分类广告领域的收入预计在2017—2021年间将以7.1%的年复合增长率增长,到2021年将达到3 000万美元。目前通过每名互联网用户平均获得的收入(ARPU)为3.48美元。分类广告领域的收入目前相当于匈牙利GDP的0.02%。

二、数字影视行业

数字影视媒体是指直接通过互联网分发的视听媒体内容和应用程序。这包括数字视频内容(例如电影、电视剧和电视节目),作为下载或互联网流媒体提供的数字音乐,以及用于不同设备的电子游戏和电子出版物,例如电子书、电子杂志或电子报等。

（一）数字视频

数字视频是指通过互联网传播在运营商物理网络之上发展的交互式多媒体视频点播(VoD)内容,包括三种基于收费的商业模式:一是单一交易或按次付费(由交易支撑的视频点播TVoD)租赁;二是基于订阅的租赁服务(由订阅支撑的视频点播SVoD);三是通过下载或永久性云存储的数字购买(电子销售EST)。不包括广告支持的内容和服务以及业余视频内容。市场细分数字视频包括按次付费(TVoD)、订阅支撑的视频点播(SVoD)、视频下载(EST)。

2017年,匈牙利视频点播部分的收入达2 200万美元。该部分

13

收入预计在 2017—2021 年间将以 5.6％的年复合增长率增长,到 2022 年时市场份额约为 2 900 万美元。该市场最大的细分市场是"订阅支撑的视频点播"(SVoD),2017 年的市场份额为 1 800 万美元。2017 年用户普及率为 6.9％,2022 年预计将达到 8.0％。目前通过每名用户平均获得的收入(ARPU)为 9.40 美元。

(二) 数字音乐

数字音乐是指通过互联网分发到最终用户的音频内容,包括专业制作的单曲或专辑/汇编的付费数字下载,以及基于订阅或支持广告的点播流服务。不包括互联网电台、视频流和有声读物。数字音乐包括音乐下载、音乐流。

2017 年,匈牙利数字音乐领域的收入达 600 万美元。该部分收入预计在 2017—2021 年间将以 6.7％的年复合增长率增长,到 2022 年市场份额约为 900 万美元。该市场最大的细分市场是"音乐流"市场,2017 年的市场份额约为 500 万美元。2017 年用户普及率为 14.0％,2022 年预计将达到 17.4％。目前通过每名用户平均获得的收入(ARPU)为 2.74 美元。

(三) 电子游戏

电子游戏是指通过互联网分发的收费视频游戏。数字游戏包括为游戏机或个人电脑(需要安装)下载的完整版本,用于智能手机和平板电脑设备(支付应用程序下载和应用程序内购买)的手机游戏,以及可以在线玩并且不需要安装的付费或免费在线/浏览器游戏(基于订阅和游戏内购买)。不包括实体视频游戏销售、演示/试用版和免费在线游戏。数码游戏市场细分市场包括下载游戏、手机游戏、在线游戏。

2017 年,匈牙利电子游戏领域的收入达 5 000 万美元。该部分收入预计在 2017—2021 年间将以 9.0％的年复合增长率增长,到 2022 年时市场份额约为 7 700 万美元。该市场最大的细分市场是

"下载游戏"市场,2017 年的市场份额约为 2 200 万美元。2017 年用户普及率为 20.7%,2022 年预计将下降至 19.9%。目前通过每名用户平均获得的收入(ARPU)为 10.67 美元。2017 年,从全球比较的角度来看,美国是主要收入来源国(2017 年其市场规模为 36.271 1 亿美元)。

三、 信息通信技术产业

信息通信技术产业是驱动匈牙利经济发展的引擎,其产值占 GDP 的 10%—12%。在欧盟中,匈牙利信息通信技术产业排名第五。根据欧盟委员会 2011 年的数据显示,匈牙利的信息通信技术超过大多数欧盟国家。此外,该行业正在大力建设中小企业,80%—90% 的供应商是由这些中小企业提供的。

2012 年匈牙利国家统计数据显示,匈牙利的信息通信技术产业的软件和信息服务收入为 235 亿福林,与上年同期相比增长了 17%。2012 年,匈牙利全国软件和信息服务年收入超亿福林的企业仅有 59 家,中小企业占据较大的比重。通过匈牙利成功的公司案例,如 NNG,Prezi,Ustream 或 Logmein,可以看出其信息通信技术产业公司在国外将拥有一个广阔的市场。

多年来,匈牙利在中东欧地区信息科技支出方面名列前茅,2016 年达到 260.2 亿欧元。匈牙利的公司和公共机构正在努力缩小其与大多数发达欧盟市场的同行之间的差距,2016 年其信息科技支出占 GDP 的比例上升至 4.3%,在中东欧地区国家中占比最高。匈牙利信息科技市场占中东欧地区的 7.4%,是中欧第四大信息科技市场。根据匈牙利 IDC 市场调查公司[1]的数据显示,匈牙利信息科技市场在面对全球和当地经济衰退时具有相当的韧性。从 2009 年到

---

[1] http://idchungary.hu/hun/.

2016 年，匈牙利信息科技市场在中东欧地区的占比增加了 38%，2016 年达到 28.3 亿欧元。基础设施占该市场的 50.2%，软件产业占 21.8%，服务占 28.0%。匈牙利信息科技市场预计在 2017 年至 2021 年间将以 3.1% 的复合年增长率扩张。匈牙利 IT 外包市场是中东欧地区最先进的。2016 年，匈牙利的外包服务一级市场总计 2.133 亿欧元，成为全国第二大一级市场，占比达到 29.8%。匈牙利的 IT 外包支出在整个 IT 服务支出中所占的份额远高于中东欧地区其他国家。

匈牙利是信息技术研究和发展中心，有大量的当地专业人员，不仅费用合理而且对该产业有深入的了解。匈牙利设有数个研发中心，重点是开发应用程序和系统，既为本国公司也为国外客户提供服务。

四、 旅游服务

匈牙利旅游业比较发达。主要旅游点有布达佩斯、巴拉顿湖、多瑙河湾、马特劳山等。匈牙利成为越来越受欢迎的旅游目的地，特别是受到来自奥地利、克罗地亚、德国、黑山、罗马尼亚、塞尔维亚、斯洛伐克和乌克兰的游客喜爱。他们大多数是乘汽车抵达。2015 年，匈牙利旅游贸易额达 5.02 百万欧元。据 2017 年 7 月布达佩斯商业日报的报道，匈牙利酒店客人过夜数和航空乘客人数 2017 年上半年显著增长。商业住宿网点的增长尤其明显，客人过夜数和营业收入均有增长。布达佩斯 Ferenc Liszt 国际机场的乘客人数同比增长 15.4%，达到 133 万人，乘客人数明显上升；外国游客的过夜天数比上半年增长了 12.7%，达到 639 万次。上半年酒店客房入住率同比增长 4.7%，达到 55.1%。统计局数据显示，酒店行业前 6 个月实现的总收入为 1 969 亿福林，即以现行价格计算，总收入同比增长近 17%。这些数据表明，匈牙利旅游服务贸易发展趋势良好。

五、 研发行业

匈牙利重视科技与经济的结合,加大对科技型创新企业的支持力度是匈牙利经济发展的特点之一。匈牙利政府科技创新主管部门是总理府下属的国家研发和创新署,负责制定国家科技创新战略和政策,协调与欧盟、周边国家和国际组织的多边、双边科技合作等。匈牙利科学院、高校和企业是匈牙利社会的主要科研力量,承担各项科技研发项目。匈牙利科技研发优势领域包括数学、脑科学、信息技术、工程技术、环境技术、农业科学等。

表 1.6　2005—2014 年匈牙利研发支出占 GDP 比重情况　　　（％）

年　　份	2005	2006	2007	2008	2009
研发支出占 GDP 比重	0.93	0.99	0.96	0.99	1.14
年　　份	2010	2011	2012	2013	2014
研发支出占 GDP 比重	1.15	1.20	1.27	1.40	1.37

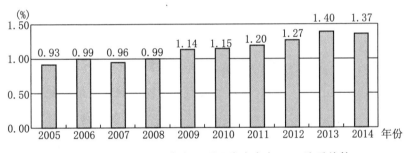

图 1.12　2005—2014 年匈牙利研发支出占 GDP 比重趋势

近几年,匈牙利科技研发投入持续大幅增长,2014 年达 1 600 百万美元,同比增长 4.9％,占 GDP 的比重为 1.37％,创新指数位列全球第 35 位。从研发资金来源看,近 10 年政府投入呈逐步减少趋势,而企业与外国投资基金占比则逐渐增长。政府投入占比由 2004 年的 51.9％降至 2014 年的 33.4％,企业及国外资金分别由 2004 年的 37.1％和 10.4％增至 2014 年的 48.3％和 17.5％。从资金使用领域看,基础研究费用占比逐步下降(由 2004 年的 34.6％降至 2014 年的

17

18.5％），试验开发费用增长较快（由 2004 年的 34.6％增长至 2014 年的 51.6％），而应用研究则变化不大（保持在 30％左右）。匈牙利政府承诺自 2014 年起未来 7 年内，将欧盟财政补贴的 10％投入科技研发领域，力争将匈牙利打造成中东欧地区科技创新中心。

六、 图书版权

版权（作者权利）包括文学作品（如小说、诗歌、戏剧）、电影、音乐、艺术作品（如绘画、照片和雕塑）、电视广播、软件和电脑程序、数据库、建筑设计、广告创作和多媒体制作。匈牙利的《版权法》从根本上维护作者的利益，有利于推动图书出版业的发展。近年来，随着电子技术的发展，匈牙利的电子图书发展迅速，主要包括消费者和贸易/商业电子杂志（eMagazine）、电子日报或周报（ePaper）、电子书（小说、非小说和学术电子图书）和数字版本（复制品）等。2017 年，匈牙利电子出版领域的收入达 1 300 万美元，预计在 2017—2021 年间将以 9.4％的年复合增长率增长，到 2022 年市场份额约为 2 000 万美元。该市场最大的细分市场是"电子书"市场，2017 年，电子书市场份额约为 500 万美元，用户普及率为 5.8％，2022 年预计将达到 6.9％。目前通过每名用户平均获得的收入为 10.87 美元。

第二章
匈牙利文化贸易与投资合作促进政策

第一节　法律法规

一、对外贸易

匈牙利对外贸易主管部门为外交与对外经济部。匈牙利贸易政策和法规与欧盟基本一致,与贸易相关的法律法规主要包括:《商品贸易、服务及跨境和关境材料估价的政府法令》(以下简称《贸易法令》)(2012)、《外汇自由化及相关法修订法案》(2001)、《欧盟海关立法执行法案》(2016)和《匈牙利海关和金融保护法案》(2004)等。

自 2004 年 5 月 1 日加入欧盟后,匈牙利开始实施欧盟统一的贸易政策,货物和服务可以自由进出口,但匈牙利《贸易法令》也规定,对武器、放射性物质、可循环垃圾、有害垃圾、濒危动植物产品和派生物、监视设备军事工程防御技术等进出口,必须在匈牙利贸易许可办公室办理许可证。另外,对涉及公共秩序、公共道德、公共安全以及人类、动植物生命和健康保护、国家财产保护和有关外汇专门手续等方面,匈牙利政府可不受欧盟内部市场和进口规定限制,采取相应的措施。此外,匈牙利政府有关部门对药品(含精神药物)、化学品、废品、核产品的进出口也作了明确规定。

二、 海关管理

匈牙利海关主管部门为国家税务与海关总局。作为欧盟成员，匈牙利执行欧盟海关法规，包括欧盟关税标准法令、海关统计制度、欧盟关税税率和海关免税法令等。在欧盟任何一国进关后，货物进入匈牙利不必再缴纳匈牙利关税。

根据欧盟海关税则第5章规定，在匈牙利的投资者和经营者可请专业报关公司办理海关手续。

一般情况下，非欧盟货物利用货物原产地证明可以优惠关税进入匈牙利（相关出口国应与欧盟签署政府间贸易协议），同样，欧盟货物也可以利用欧盟货物产地证明以优惠税率出口到其他国家。在匈牙利投资设厂，增加值达到规定比例或经匈牙利政府特别认定，即可获得匈牙利（欧盟）原产地证明。

三、 外商投资市场准入条件

匈牙利外资主管部门为外交与对外经济部，其下属的投资促进局负责投资促进以及项目优惠政策的具体实施。

匈牙利发布的《外商投资法案》(1988)对国内外投资者权益进行法律保护，国内外投资企业适用统一法律法规，外国企业和其他经济组织或个人可以在法律允许范围内从事大部分经济活动。

匈牙利法律健全，与投资合作有关的主要法律包括《外商投资法》《公司法》《注册法》《会计法》《资本市场法》《证券交易法》《劳动法典》《反歧视法》等。

限制外国投资的行业：

（1）须获得政府批准的行业：赌博业、电信和邮政、自来水供给、铁路、公路、水运和民航。

（2）不允许外国企业或个人购买匈牙利耕地和自然保护区，对购买作为第二居住地的不动产有严格限制。

（3）根据《信贷机构和金融企业法案》（2013）对外国银行投资及其金融服务范围有限制性规定。外国商业银行在匈牙利投资之前必须获得匈牙利央行金融机构监管部门的许可，并只能注册为有限责任公司或分行两种形式。外国银行也可以设立银行代表处，但不得进行任何形式的经营活动。

投资方式的规定：商业组织可由匈牙利居民、非居民自然人及法人单独或联合从事业务运营。此外，上述人员可作为成员加入商业组织或获取其参与权。除有限责任公司和私人股份合作公司外，建立商业组织需要至少两名成员。

2006年7月1日，为有效保护投资者的合法权益和提高企业注册效率，匈牙利颁布了新的《公司法》（2013）和修订的《注册法》（2006），并统一适用于匈牙利国内外企业。设立商业主体的主要形式有无限合伙公司（Kkt）、有限合伙公司（Bt）、有限责任公司（Kft）、股份有限公司（Nyrt/Zrt）。匈牙利允许外国公司在匈牙利设有办事处或分支机构。

建立有限责任公司的最低资本要求是300万福林（约10 000欧元）。注册资本由配额持有人的出资构成，出资可为现金或实物形式。有限责任公司可仅由实物出资建立。特定规则适用于出资金额，出资金额必须在提交注册申请日期之前提供。出资金额取决于是以现金还是以实物提供，以及新建立公司是多位配额持有人建立还是全资实体。

外国投资者还可通过并购匈牙利公司的方式进行投资。根据匈牙利《公司法》《会计法》《资本市场法》和《证券交易法》等规定，外资企业可以通过获取股份、持有表决权股份或其他权益（例如在目标公司管理中至关重要的人事权）等方式并购匈牙利企业。外国企业在匈牙利并购上市还需要符合布达佩斯证券交易所的相关规定（Hungarian Competition Authority，GVH）的核准。外国投资者取得公司股权达 75％以上时，该股权变动须于 15 日内向法院报告。金融机构和上市公司的并购案还应事先取得匈牙利央行金融机构监管部门的核准。

根据匈牙利政府 2013 年 2 月 12 日颁布的法令，匈牙利共有 903 个社区成为免税工业园区。2013 年 5 月 15 日以后，又有 903 个社区成为免税工业园区。该制度为投资者提供不同类型的税收减免，10 年内税收减免额最高可达企业所得税的 80％。

匈牙利对 BOT 项目没有特别的法律规定。BOT 项目的实施需遵守《政府采购法》(2011) 和《特许经营法》(1991) 的规定。目前，匈牙利承包工程项目以 PPP (公私合营) 模式为主，基本没有 BOT 项目。目前，中资企业在匈牙利暂无开展 BOT 或 PPP 项目。

四、 环境保护

匈牙利实施与欧盟相符的环保法律法规。主要法律法规有《环境保护法案》(1995)、《水管理法案》(1995)、《关于环保产品费法案》(2011)、《自然保护法案》(1996)、《森林保护法案》(2009)、《生物技术规范法案》(1998)、《废物管理法案》(2012)、《关于化学品安全法案》(2000)、《关于环境污染费法案》(2003)、《森林保护和管理法案》(2009)、《关于环境评估以及许可程序实施细则的法令》(2005)。这些法律法规对匈牙利动植物保护、空气保护、水土保持、环境污染评价和处罚等都作了详细规定。[1]

匈牙利的环保法律近年来发生较大变化，主要是受欧盟有关环保法律和法规的影响。总的来说，欧盟的法律规定基本是通过匈牙利的国内立法予以实施，其中最主要的变化是为了执行欧盟法令 Council Directive 96/61/EC，将环保许可与一体化防治环境污染

---

〔1〕 查询网址：www.ec.europa.eu。

的管理合并通过IPPC(Integrated Pollution Prevention and Control)程序统一管理,BAT(Best Available Techniques)是其中一项对环保技术的要求,即在安装和建设生产设施时,设计、施工、维护和运营所用的技术和方式都是可获得的最好的技术。此外,匈牙利刑法典增加了关于环境污染损害的刑事责任。《环境保护法案》规定了环境保护的基本原则:经济和社会活动对环境造成的影响必须达到最小,防止对环境造成污染和破坏;有效使用环境资源,减少垃圾产生,并力争循环使用自然资源和生产资料;在使用环境资源时应采用最先进技术以有效减少对环境的影响。该法案还规定,国家机关、地方政府、个人以及各类经济组织均有保护环境的责任和义务。同时,还对与环境有关的土地、水资源、空气、生态、有害物质等方面规定了环保标准,以及环境使用者必须遵守环保的基本原则。

对于对土地、水资源可能造成明显影响的经济和社会活动,使用单位必须根据"环境管理和认证体系"向环保主管部门提出申请,获得环境使用许可证后,方可从事相关活动。法案规定了环境影响评估程序,企业从事生产、经营和销售活动时可能涉及与环保有关的费用缴纳,如缴纳环境使用费、产品费等。采矿等对环境有潜在影响的行业还必须缴纳环保管理年费,具体费用由评估机构根据对环境影响的程度来确定。必要时,环保主管部门还将要求项目单位办理"环境责任保险"以保证对环境造成污染时的恢复或修复费用。如果项目单位从事的活动造成环境污染,则必须支付相应的补偿;违反环保法规从事经营活动造成环境污染或破坏的,还将承担环保罚款和相关法律责任。《关于环境污染费法案》规定,个人、企业和各类组织在从事经济和社会活动中,对环境包括空气、土地和水造成影响的,都将缴纳环保税,如空气污染税、土壤污染税、水污染税。2012年1月1日起,匈牙利开始实施新的环保收费制度,加入"生产者责任组织"

的企业不再享有环保缴费豁免权,并设立国家废弃物管理局。新的收费制度规定,生产销售包装物、电子电气设备、电池、轮胎、润滑油、广告纸等易对环境造成损害产品的所有企业,均需向政府缴纳环境保护费。包装物按不同用途和材质实行不同的收费标准,电子电气设备收费标准 57—304 福林/公斤不等;充电电池 57 福林/公斤,普通电池 57 福林/公斤,轮胎 57 福林/公斤;润滑油 114 福林/公斤;广告纸 85 福林/公斤。国家税务和海关总局负责环保费的收缴及监管工作。

根据匈牙利《环境保护法案》(1995)和《环保评估程序及统一许可的规定》(2005)规定,在匈牙利开展投资或承包工程,如符合规定条件,均需要进行环保评估。环保评估由匈牙利农业部及其设在各州的相关部门负责。根据规定,匈牙利环保评估主要分两步进行,第一步是预评估,第二步是正式评估。两次评估均包括提交材料、将该材料向社会公布、收集其他相关部门意见、收集相关利益团体意见、组织听证会和颁发预评估意见书五个步骤,若最终通过环保评估,则由相关部门颁发环保许可证。相关费用和时间视环保评估的具体情况而定。匈牙利没有单独碳排放交易系统,而是统一适用欧盟碳排放交易系统(ETS)。适用碳排放交易的项目是指有大量排放碳气体的大型装置和设施,比如发电站、原油提炼和加工厂、钢厂、矿厂等。这些企业在设立时需要获得当地环保监管部门的批准,并需要获得国家气候保护局关于碳排放的许可。根据 2012 年 Act CCXII 关于加入《欧盟温室气体排放交易系统》和实施《共同努力决定》,凡是列入该法案附件 1 的排放活动都须获得有关环保部门发放的温室气体排放许可证,该许可证需要列明装置或设施所进行的生产和经营活动,所使用的技术,并在相应的影响排放物的经营活动和使用技术发生变化时,申请更换许可证。许可证至少 5 年需要一次审核,以评估该企业的实际排放情况。

五、 反商业贿赂

匈牙利反对商业贿赂的法律依据:一是 2012 年《刑法典》第 C 法案;二是 2001 年关于法人实体的刑事制裁第 CIV 法案;三是 2013 年《检举法》(Whilsteblowing Act)。

例如,**向匈牙利或外国公职人员行贿。**根据《刑法典》第 293 条中界定的犯罪行为是:向匈牙利或国外公职人员或第三方承诺给予或给予非法好处,以影响该有关官员正当行使其职权的行为。

向匈牙利公司或外国公司高管和雇员行贿。根据《刑法典》第 290 条中界定的犯罪行为是:向公司高管或雇员,或其他对该公司的高管或雇员有控制影响作用的第三方承诺给予或给予好处,以妨碍该人士正确履行他/她的职责和义务。

惩处措施:(1)针对个人:根据犯罪的性质和严重性处以 1—5 年监禁。(2)针对公司:一是勒令停业;二是 1—3 年的运营限制,包括禁止参与公共合同或国家补贴;三是罚款,处以贿赂金额或非法所得 3 倍的罚款;四是没收非法所得。

匈牙利或外国公职人员受贿。根据《刑法典》第 294 条中界定的犯罪行为是:利用其职权索取非法好处,或接受这些好处,或接受对方给予贿赂的承诺。

惩处措施:(1)针对个人:根据犯罪的性质和严重性处以 1—10 年监。(2)针对公司:一是勒令停业;二是 1—3 年的运营限制,包括禁止参与公共合同或国家补贴;三是罚款,处以贿赂金额或非法所得最高 3 倍的罚款;四是没收非法所得。

匈牙利公司或外国公司高管和雇员受贿。根据《刑法典》第 291 条中界定的犯罪行为是:利用其职权索取非法好处,或接受这些好处,或接受对方给予贿赂的承诺,或协同收受好处的一方并按照其指示为第三方牟利。

惩处措施:(1)针对个人:根据犯罪的性质和严重性处以 1—10

年监禁。(2)针对公司:一是勒令停业;二是1—3年的运营限制,包括禁止参与公共合同或者国家补贴;三是惩罚,处以贿赂金额或非法所得最高3倍的罚款;四是没收非法所得。

六、 对外工程承包

匈牙利对外国公司承包当地工程没有单独法律法规,与匈牙利公司一视同仁,但前提是外国公司必须在当地注册公司,并符合匈牙利承包工程的相应条件,方可参加工程项目投标,进行工程承包。工程项目的设计施工、使用、环保等方面均需要向当地政府部门申请许可证。

匈牙利对外国建筑企业进入市场无特殊限制。

匈牙利政府项目一般采取国际招标方式进行,但对参与投标企业的资格要求会因项目情况有所不同。外国企业只要符合其资格要求便可参与投标。匈牙利私营项目则会根据情况采取国际招标、直接议标等多种方式。

七、 知识产权保护

匈牙利涉及知识产权保护的法律法规主要有:《专利发明保护法》、《商标和地理标识保护法》、《设计保护法》(2002)、《版权法》(1999)、《实用新型保护法》(1991)、《海关对工业产权侵权行为的管理措施》等等。在知识产权执法方面,匈牙利实施与欧盟一致的200448/EC关于知识产权执法指令。

匈牙利知识产权局(Hungarian Intellectual Property Office,HIPO),对国家知识产权管理与保护相关工作行使政府职权。匈牙利知识产权局的职责和权限包括:工业领域产权正式审查和程序;执行有关版权及与版权相关的特定工作;中央政府层面有关知识产权领域的信息和文件的提案;参与知识产权立法筹备;制定和实施政府保护知识产权战略,启动和执行为此所需的政府措施;在知识产权保护领域执行国际和欧洲合作的专业任务;执行涉及评估研发活动的官方和专家工作。与知识产权相关案件的撤销和反诉可在 HIPO 进行审理,除此之外均需通过法律途径解决。匈牙利设立国家打击假冒委员会(The National Board Against Counterfeiting),作为打击侵权和假冒行为的主要平台,委员会成员既有政府机构,也有非政府组织。委员会的职责权限主要有:起草和执行打击假冒的国家战略和行动计划;协调和支持有关国际和欧洲打击假冒的倡议方案等政府行动;统计涉及假冒行为的数据并进行系统化分析;组织宣传培训执法机关官员;参与起草有关知识产权执法的立法修正案。

匈牙利对知识产权侵权的处罚规定与欧盟有关法令相符,侵权案的受理程序因此得以简化。一旦确定侵权,侵权一方需要依据民事责任有关赔偿规定补偿被侵权一方经济及非经济因素造成的损失。

解决商务纠纷有协商解决、调解解决、仲裁解决和诉讼解决等方式。外国企业投资不仅要遵守欧盟相关法律法规,更要按匈牙利法律照章办事,建议在当地聘请资深律师作为法律顾问,处理所有与法律相关的事宜。

第二节　政策制度

一、投资政策

匈牙利 2004 年正式加入欧盟,是世界贸易组织(WTO)、欧洲自由贸易协定(EFTA)、中欧自由贸易地区(CEFTA)的成员,但不是欧元区国家。2001 年 1 月 1 日起,匈牙利取消了来自世界贸易组织成员的产品配额。

匈牙利的法律条文基本与欧盟相一致。《匈牙利民法》是在司法领域最重要的法律,是自然人和法人之间处理关系的准绳。它包含了管理业务、生活的不同领域,如制定、履行和终止合同以及抵押和担保的基本规定,并同时管理着在匈牙利注册的公司构建、组织和运作以及创始人和公司成员的权利、义务和责任。商业组织可以采取的公司形式包括有限合伙企业(Bt.)、有限责任公司(Kft.)和企业股份有限公司(Rt.)。

匈牙利较之其他中东欧地区国家的明显竞争优势是:匈牙利政府通过简化业务流程及吸引外商投资,大力提高该国企业的竞争力,并实施现金补贴(来自匈牙利政府或欧盟基金)、免税额、低息贷款以及减免地价等一系列优惠措施。对于 1 000 万—2 000 万欧元且创造一定数量新的就业机会的投资,匈牙利政府会根据投资目的和位置提供贵宾(VIP)补贴机会。而对于不到 1 000 万欧元的投资,欧盟基金也有很多激励机制。作为欧盟的一员,匈牙利可以获得欧盟基金用于一些发展目标,诸如资产收购、基础设施建设、工程新建和改扩建、服务业发展、创造就业和人力资源成本的融资。申请的条件、时机以及补贴总额则因不同的招标项目而异(见表 2.1)。

此外,税收优惠投资者有资格获得欧盟补贴。这些补贴主要是通过政府计划分配的。2014—2020 年,欧洲结构投资基金将通过五个国家操作计划(operational program,OP)、地区项目、农村发展项目和渔业项目等九大计划,拟资助匈牙利 250 亿欧元,借此实现包括提高信息通信技术覆盖率、提升中小企业竞争力、消除贫困、提高能源使用效率等目标。从资金流向看,占用金额最多的三大领域为就业(14%)、环保(14%)和基础设施(13%),因此,匈牙利政府更倾向于吸引企业去投资劳动力密集型企业,以尽快恢复就业市场活力。除了欧盟供资计划之外,匈牙利政府还保留了若干由中央预算供资的国家鼓励方案,其

表 2.1 2014 年匈牙利吸引外资优惠政策

优惠政策	补贴方式	补贴金额	申请条件	申请方式
政府补贴	现金不可退款,不能同时申请欧盟基金补贴	由匈牙利政府单独决定	投资超过 2 000 万欧元且创造 100 个新工作岗位(中西部 Transdanubia,中西部匈牙利);投资超过 1 000 万欧元且创造 50 个新工作岗位(南部 Transdanubia,北部匈牙利、南北部 Great Plain)	相关材料提交至匈牙利投资促进局(HIPA)
欧盟共同基金(EU Co-financial tenders)	现金不可退款,事后补贴	不超过投资额的 35%,约 37 万—370 万欧元	投资超过 100 万欧元,新增工资岗位,投资匈牙利非中部地区	向匈牙利经济发展中心(HCED)提交申请,补贴由国家发展局提供
发展税收减免(Developmeant tax allowance)	投资完成后	投产后 10 年内每年减免 80% 企业所得税;营业额低于 5 亿福林,企业缴纳 10% 所得税;高于 5 亿福林,需缴纳 19%	投资超过 1 130 万欧元,至少创造 150 个新工作岗位;在优先发展地区投资超过 370 万欧元,创造 75 个新工作岗位	由国家经济部提供
培训补贴	现金不可退款	培训费用的 25%—90%。新增工资岗位 50—500 人,最多补贴 100 万欧元;新增工资岗位超过 500 人,最多补贴 200 万欧元	新创造 50 个工作岗位;该项补贴由匈牙利政府单独做出	向投资贸易局(HITA)提交意向函,补贴由国家经济部提供
就业补贴	现金不可退款	每个项目 126 万欧元 仅对小企业,每新增一个工作岗位补贴 4 400—8 150 欧元	在优先发展地区至少创造 500 个新工作岗位;该项补贴由匈牙利政府单独作出 至少创造 2 个新工作岗位	向投资贸易局(HITA)提交意向函,补贴由国家经济部提供;每年 2—3 月向地区劳工办公室提交申请,补贴由国家经济部提供
工作室建立援助(workshop establishment aid)	现金不可退款	最高 200 万欧元	至少与 50 名学生签订合同,进行在职培训	向相关部委提交意向函

资料来源:The Hungary Investment Promotion Agency(HIPA).

主要用于少数行业和特定的情况,如涉及金融机构、电信网络、具有重大环境影响的活动以及公司设立子公司或其他企业设施的投资。

二、 知识产权保护制度

匈牙利知识产权局(HIPO)成立于 1896 年,其前身为"匈牙利专利局",于 2011 年 1 月改为现在的名称。该机构主要负责匈牙利国内的知识产权保护工作,如工业产权申请的行政审查、中央政府的知识产权信息存档、知识产权立法筹备以及为政府知识产权政策做准备并付诸实施等。其使命为:利用现代知识产权工具,保护知识和文化财富,以之夯实国家基础,促进创造和创新,增强竞争力,支持并创造新的就业机会,为匈牙利的经济发展作出贡献。

知识产权局接受政府领导,由总理任命的国民经济部长负责对其进行监督。其主席由总理任命和免职。主席的两位副职人员经主席提名由国家经济部部长任命和免职。主席行使对经济部门负责人——经济事务总干事的任命权。

知识产权局的财务管理独立核算,由其收入来支付运营成本。根据匈牙利《专利法》第 115/G 条到第 115/L 条,以及《HIPO 创设基本规程》和《HIPO 组织运营规程》,包括专利授权、失效或复效、撤销、不侵权决定、权利要求解释、保留专利申请文件和专利文件(包括权利维持文件)、提供专利信息等;HIPO 还有权处理与欧洲专利申请以及国际专利申请相关的事务,对强制许可申请的审查和授予等。概言之,HIPO 的责任与权限包括:工业领域产权正式审查和程序;执行有关版权和版权相关的特定工作;中央政府层面有关知识产权领域的信息和文件的提案;参与知识产权立法筹备;制定和实施政府保护知识产权战略;启动和执行为此所需的政府措施;在知识产权保护领域执行国际和欧洲合作的专业任务;执行涉及评估研发活动的官方和专家工作。

除专门审理欧盟法在匈牙利实施问题的宪法法院外,匈牙利设有四级法院体系,负责全国刑事案件、民商事案件、行政案件的审理。第一级:县镇法院,这是匈牙利的基层法院,全国约 70% 的案件在100 多个县一级法院审理;第二级:地区法院(包括布达佩斯市法院共 20 个),负责下一级法院的上诉案件的审理,以及标的额在 34 000欧元以上的经济案件、知识产权等特殊案件的一审;第三级:地区上诉法院(包括布达佩斯上诉法院共 5 个),这是匈牙利比较特殊的一级法院,设立目的是减缓最高法院的压力,使一些重大的涉及法律理解和法律统一性问题的案件能够在此一级法院就被消化;第四级:最高法院,其职责是为下级法院提供一些原则性的指导性工作以及一些特殊案件的审理。下面将以专利侵权救济为例,介绍匈牙利的知识产权司法保护制度。

(一)民事程序救济

匈牙利的专利侵权首先参照的法律是《专利法》,匈牙利《民法典》也同样重要,因为专利法代表工业产权保护,其法源出自民法;因此,在专利诉讼中,一旦专利法无法单独处理,那么民事法律规则可以适用。根据匈牙利《专利法》第 43/A 条,与发明技术或专利权转移、转让、质押以及专利权共有或共同行使相关的事项,与职务发明报酬相关事项,专利实施许可合同相关事项,其他与专利相关而《专利法》没有规定的人身权和财产权事项等,适用匈牙利《民法典》的规定;发明人有权依据《民法典》对侵犯其人身权或对发明享有之精神权利的人提出诉讼。另外,《民事诉讼法》的规定很重要,因为在匈牙利的专利权侵权诉讼中,法院的专属管辖权由布达佩斯教廷法院享有,于是程序规则由民事诉讼法规定,并隶属于专利法中某些特殊程序。另外,匈牙利 1994 年《司法执法法》第 53 条(下文用"执行"描述),促进法院作出的有关知识产权侵权裁决的执行。

匈牙利《专利法》为专利权人对抗侵权行为提供了以下救济（第35条）：

（1）任何人非法利用受保护的发明构成专利侵权。

（2）专利权人可以根据案件的具体情况，采用以下民事救济：①要求法院确认和宣布侵权事实；②要求法院颁发禁制令责令侵权人停止侵权行为；③如果有必要将侵权公之于众，可以请求法院通过声明或其他方式满足公告需求（一般在全国性日报或互联网上公布）并由侵权者承担费用；④要求侵权者提供参与制造及相关产品销售的数据以及建立这种产品营销业务的数据；⑤要求获得专利侵权损害赔偿；⑥请求法院没收用于侵权的工具以及侵权产品。

（3）专利权人可以依据一般的民事侵权责任原则提出损害赔偿的救济。如果专利权人尚未依据《专利法》第84H条提交欧洲专利申请文件的匈牙利译本，而侵权人是匈牙利公民或常驻在匈牙利境内，则在专利权人满足《专利法》第84G（2）条要求或HIPO按照《专利法》第84G（10）条向公众公布关于申请文件翻译信息之前，侵权人都不必承担侵权责任，除非专利权人能证明侵权人无须欧洲专利申请文件的翻译也能理解专利说明书等内容。

（4）专利权人可以请求法院责令被利用来进行专利侵权的服务之提供者停止侵权。

（5）专利权人可以请求法院责令以下行为人停止侵权：①以商业规模持有侵权产品；②以商业规模使用专利提供服务；③以商业规模提供的服务被用于进行专利侵权；④被前述各种行为人指称参与制造或销售侵权产品或提供侵权服务。

（6）前款所指的商业规模是从侵权产品或服务的性质和数量看，这些行为明显具有直接或间接的经济利益。在无相反证明的情况下，消费者善意的行为不被视为商业规模。

（7）在适用上述（2）、（3）规定时，上述（5）所指的侵权人应当提供以下信息：①侵权产品或服务生产者、销售者、提供者、持有者，以及相关批发、零售商的名称和地址；②侵权产品或服务的生产、销售、接收或订购数量及价格。

（8）法院可以应专利权人请求，命令召回侵权产品、将其清出流通渠道或加以销毁；法院也可将扣押的侵权工具和侵权产品根据司法程序进行拍卖。

原则上，能够被定义为侵权者的范围是很广的，制造商、交易者、销售代表、零售商以及使用者（不包括公共消费），都可以成为专利侵权案件的当事人。另外，不单是专利权人，在专利局有登记的被许可人以及匈牙利专利局都可以提起诉讼；一般来说，被许可使用者会通知专利权人采取合适的措施来阻止侵权，如果在接到通知之日起 30 天内专利权人没有提起诉讼，则在 HIPO 专利登记处备案的被许可使用者可以以自己的名义提起诉讼。

在匈牙利，专利侵权、强制许可令、先用权、不服 HIPO 决定的确权诉讼、确认不侵权等相关案件由布达佩斯市法院专属管辖，由 3 名法官（其中 2 名有技术背景）组成合议庭，其中由法律专业的法官担任主审法官，最终裁决通过投票按多数原则作出后由主审确定，并以书面形式送达当事人。不服布达佩斯市法院裁决的可向布达佩斯上诉法院上诉，由 3 名知识产权法律专业法官组成合议庭审理上诉案件；其裁定的达成也是通过投票的方式，最后由主审法官宣布裁决并以书面形式由第一原告交当事人，该判决是终局性的、不能上诉。在极少情况下，布达佩斯上诉法院的裁决可以由匈牙利最高法院进行监督提审（仅针对法律程序瑕疵）。专利领域其他案件，如雇员发明报酬、许可合同等相关争议，由匈牙利不同的地区法院审理，上诉到相应的地区上诉法院；极少情形下，最高法院同样可以对存在法律程序和适用问题的案件进行监督提审。

证据可以分为三类：(1)可采用证据。在民事诉讼中适用的或可以接受的证据，对存在法律程序和适用问题的专利案件进行监督提审。因此，文书证据、证人证言以及专家证据等都可以被接受，当事人本人给出的证据也在法官的酌情考虑范围之内，但同时会将客观条件考虑在内。匈牙利民事诉讼主要规则是原告举证，但如果存在 TRIPs 所描述的情况（通过专利方法获得的产品是新的，被告实际上可能是使用专利方法才能获得该产品，但专利权人无法证明被告是否使用了该专利方法的），则法官有权要求被告证明他所用的制造过程和专利方法不同。(2)专家证据。在专利诉讼案中专家证据尤为重要，但一般不是提前准备，而是根据法官颁发的临时命令提供；有种情形是在审判过程中，法庭根据所指派专家的意见，包括侵权过程、侵权物品数量的记录等，来判定合理的案件情形和是否存在侵权行为，进而命令没收、销毁相应的侵权物品等。法庭所指派的专家有权检查被告的经营厂址，或者其他任何原告要求的并得到法院允许的地方。(3)初步证据。匈牙利民事程序法也接受当事一方给出的必要的、不是在法庭审判过程中要求提交的初步证据。对权利人来说，如果担心有可能证据不容易发现和获得，在启动诉讼之前要求获得初步证据是非常明智的。权利人可以请求国家公职机关对被告的支出、证据所在地等进行调查，如果请求被批准，司法部会派专家来处理这个非诉讼程序，即由国家公证机构聘任专家在给定的地点对涉嫌侵权产品或过程进行调查，并提供专家意见。这种专家意见和诉讼过程中的专家证据同样重要，可以作为关键性证据。

另外，匈牙利《民事诉讼法》第 156 条列举了一系列法院在某种条件下可以采取诉前证据保全、禁令等临时措施的情形，其中就包括商标等知识产权侵权极有可能造成不可挽回损失的情况（匈牙利《商标法》第 95 条等相关条款）。

在时间限制方面,匈牙利专利侵权诉讼时效一般为 5 年。此外,对于回应法庭的文书有其他的时间要求,比如必须在 8 天、15 天或 30 天内提交传票答复等;在有外国当事人的情况下,考虑到国内律师和国外当事人的交流时间较长,如果情况允许,外国人代理律师可以要求推迟固定回应时间期限,并要求延长回应时间。法院可能要求外国原告(原告所在在匈牙利之外)在诉讼过程中提交押金,除非该国家和匈牙利签订了司法协助国际公约。另外,如果外国人出庭,可以要求法院指派一个翻译。

在侵权诉讼中被告被判定侵权的,法院根据对权利人的损害程度判决被告赔偿相应的费用,包括扣押、封存、物品损伤等程序性费用以及原告的诉讼费用和由法院任命的专家调查费用。被告不履行判决所规定的义务的,法院可以强制执行;强制执行可由法院任命的法警出面,并且会向被告收取一定的费用。另外,匈牙利 1999 年 9 月 1 日颁布的旨在缩短执行周期和提升执法成功率的《司法强制执行条例》也可适用;根据该条例第 184/A 条,为了推进专利侵权诉讼程序的判决执行,法院规定自愿履行时间为 3 天,如果没能在自愿履行时间内完成,那么就会要求立刻强制执行,并可能对被告进一步罚款;如果判决包含返还交付、扣押动产而被告阻碍执行程序救济的,可由警察帮助强制执行。

(二)刑事程序救济

匈牙利《刑法》对知识产权侵权刑事救济制度有明确的规定,尽管其理论意义远大于实际意义。该法第 329 条规定:(1)任何人擅自使用他人的知识产品、发明、创新或者工业品外观设计,造成经济损失的;(2)在经济活动中,擅自使用他人的知识产品、发明、创新或工业品外观设计,根据其获利程度构成犯罪的,最多可以监禁 3 年。

其中,(2)部分只针对个人不针对公司。此外,匈牙利《刑法》还有一项新的条文,即所谓的"工业产权侵权法"(第 329/D 条);根据此规定,违法使用受到保护的专利、实用新型、工业品外观设计、音像制品、商标、地理标识的,可以构成犯罪。

匈牙利的知识产权刑事案件由第一级城市法院管辖。

现实中,匈牙利知识产权分为两类:工业产权和著作权(及相关权)。工业产权包括对发明、实用新型、商标、外观设计、集成电路布图设计、植物新品种、地理标志等客体的专有权保护,著作权及相关权是对文学艺术作品进行使用和传播的权利。而涉及知识产权制度的保护制度又分为以下几种:

(1)发明专利保护制度。专利保护在法律上保证了权利人在科技产品市场的优势地位。发明的所有者具有实施发明方案的专有权,自专利申请之日起,匈牙利的专利权保护将持续 20 年。依照《匈牙利专利法》及配套法规,匈牙利专利可以通过 HIPO 或欧洲专利局(EPO)申请获得,此外还可以专利合作条约(Patent Cooperation Treaty, PCT)为框架递交申请。如果没有共同参加的国际公约或双边、多边合作条约,外国人必须通过 HIPO 指定的专利代理人提交申请。

(2)实用新型保护制度。实用新型保护是对没有达到发明专利程度的新技术方案的保护,受到保护的人拥有实用新型专有实施权或者许可他人实施权。依据匈牙利 1991 年《实用新型法》,涉及产品的构造或结构、布置的任何技术方案可受实用新型保护,授权的实质条件是具有新颖性、创造性和实用性,实用新型权的保护期限为自申请之日起 10 年。与发明专利一样,匈牙利实用新型授权程序由 HIPO 实施;如果满足欧洲专利申请的要求,那么在 12 个月的优先权期间,匈牙利的实用新型可以被转化为欧洲专利来应用。已授予和颁布的匈牙利实用新型可以用"IP search tool"(IP 查找工具)进行免费查询。

（3）外观设计保护制度。匈牙利 2001 年《外观设计法》对符合条件的产品外观设计授权予以保护，一旦授权，外观设计权人便可以在市场上获得优势竞争地位。匈牙利的外观设计保护对象是具有世界新颖性和独立特点的产品外观设计。设计人或其继受人享有获得外观设计专有实施权保护的权利，即只有权利人或被许可人才可以将外观设计应用到产品上并进一步利用。

要获得外观设计权保护，须向 HIPO 提交申请；如果提交国际申请，则要符合《海牙协议》相关规定。国外申请人在匈牙利申请需要有匈牙利的国际专利律师代理或担保，国内申请人有必要的话也可在专利律师的帮助下进行申请。外观设计保护自申请之日起有 5 年的保护时间，期满后权利人可以依法请求将保护期再延长 5 年，最多可以延长 4 次；自申请之日起 25 年后，外观设计保护将不可再延长。

（4）商标保护制度。依据匈牙利 1997 年《商标法》，商标是指任何可以在贸易过程中区别于其他企业的商品或服务的标识，包括文字、词汇（包括姓名、标语），字母、数字，图形、图画，二维或三维形式（包括产品外形或包装），色彩及其组合、光信号、激光显示和声音信号等诸元素的组合。商标是经济竞争的基本手段，在营销和广告中发挥重要作用。

三、 企业设立与解散政策

根据《外国人在匈牙利投资法》，一般而言，若外国人在匈牙利注册了一家分公司或建立了一家公司，则有权在匈牙利开展商业活动。根据匈牙利《民法典》，匈牙利最常见的公司形式是（其对象包括外国投资者）股份有限公司（Rt）和有限责任公司（Kft）。股份有限公司只能以未公开发行股份有限公司（Zrt）的形式建立。未公开发行股份有限公司开始运营操作后，其股份可以在证券交易所上市，然后公司可以注册为公开交易的股份有限公司，即公开发行股份有限公司

(Nyrt)。由于登记和经营程序相对而言要求较低，且最低资本要求也不高，因此匈牙利注册的大多数新型私营部门公司选择以有限责任公司形式设立。另外，还有两种较为常见的法律形式：有限合伙(Bt)和普通合伙(Kkt)。普通合伙企业要求成员承担无限的法律责任，其成员内部之间承担连带责任；有限合伙公司则要求至少一名成员对公司承担无限责任。

公司股东在制定公司章程时，必须遵循民法的相关规定，除法律规定的下列情形之一，比方说，侵犯公司债权人、雇员或者少数股东的利益，或者妨碍政府对公司实施有效监督等。有限责任公司的最高权力机构是其成员大会。对于股份有限公司而言，股东大会是最高的权力机构。如果有限责任公司或未公开发行股份有限公司有且只有一个股东，则由该人行使其最高权力。

不论公司采取何种形式，如果公司员工人数超过200人，则必须设立3名成员以上的监事会；若公司的人数不能达到200人，则可以不设立监事会。因职工人数需要设立监事会的，监事会成员的三分之一必须由职工选举产生。

就未公开发行股份有限公司而言，公司董事会或一名首席董事负责公司的管理与运行。相反，就有限责任公司而言，由于匈牙利法律不承认董事会，因此其管理与公司运行由一名或多名董事总经理进行。此外，按照公司章程，公司的管理、监督及其相关职责和权力都可以由董事会而非管理委员会和监督委员会行使。管理层负责代表公司，并编制财务报表。公司的最高权力机构可以授予任命公司的任一雇员为公司秘书，行使一般代表权。

公司登记由国家有关的登记法院管辖，且要求必须由律师代理。公司提交所有必要的公司文件后，需时2至3周获得批准。法官有权要求提供补充资料或文件，因此申请注册时间也有可能相应延长。注册一家未公开发行股份有限公司，公司注册费为1万福林，公开发行股份有限公司的公司注册费是 50 福林。现法律已对股份有限公司实体要求进行了修订,有限责任公司的注册是完全免费的。

股份有限公司的实体要求形式对于公开发行股份有限公司而言,其最低注册资本为 200 万福林,而未公开发行股份有限公司的最低资本为 50 万福林。一般而言,公司的全部股本必须通过认购获得,且公司设立时的现金出资额不得低于股本的 3%。除某些例外情况外,实物出资额必须以书面形式申报,而且必须经注册审计员审计。但是,公司对股东或基金托管人的人数、国籍或住所没有任何限制。

股份有限公司可以发行普通股或优先股,但优先股的发行面值不得超过公司股本总额的 5%。对于未公开发行股份有限公司而言,公司章程可以对其注册股份的转让加以限制。对于公司的决策,一般采取绝大多数意见,但是对于某些重大决定而言,如修改公司章程、公司转型或在没有合法继承人的情况下终止公司,则采取四分之三的多数同意。持有 5% 以上表决权股份的股东享有某些少数权力,例如要求董事会在股东大会议程中增列某些项目或调查公司管理。

若公司股东享有 5% 以上表决权,未公开发行股份有限公司则必须设立监督委员,董事会负责管理工作,由 3 名以上成员组成。董事没有任何的国籍或者住所限制,并由股东选举产生。

有限责任公司的最低资本要求为 300 万福林,其注册资本可以为一人所有或多人所有。资本要求可以现金或实物形式提供。实物出资额必须达到设立时初始资本的 5%,而且必须在设立时转移至公司,然后申请登记;否则,实物出资必须在 3 年内履行。

企业的合并需要得到匈牙利竞争管理局(GVH)的许可,其依据是企业上一年度的销售情况:(1)合并公司的年收入总计超过 15 亿福林;(2)合并公司中,至少有两家公司的销售净收入超过 10 亿福林。衡量 10 亿福林时,必须充分考虑到该公司或集团之间的合并情况,以及该公司或集团在过去两年中收购公司所赚取的收入,即便这些交易不需要报告匈牙利竞争管理局的批准，或者需要相关监管部门的批准。在信贷机构或金融企业合并的情况下，15亿福林的门槛是根据其相关利息、费用和证券交易收入计算的，而非其净收入。此外，对于金融机构的合并，当股东所持股份达到20%、33%或50%以上时，需要得到匈牙利国家银行批准。

无论企业采取横向合并和纵向合并，从法律的角度而言，都是可以的。除非该企业形成或加强了支配地位、阻碍企业间的竞争或造成了超过交易可能产生的任何不利因素，否则匈牙利竞争管理局不得否决企业的合并。如果当地子公司的合并超过规定的销售收入，匈牙利竞争管理局则需要对其国际收购进行审查。若企业各方未能获得授权，匈牙利竞争管理局可要求合并公司进行分割。

从法律的角度上说，合并公司又被视为《竞争法》规定的企业集中，其中包括标准合并或收购所有权股份或资产，以及收购对另一企业的控制权（不论任何具体所有权股份）和建立某些合资企业。一旦股东直接或者间接持有某家公司33%股权，则必须公开要约收购该公司的全部股份。如果某公司任一股东未能持有该公司10%以上的公司股份，则强制公开募股的门槛为25%。上市公司股东持股比例超过5%的，必须向金融监管部门报告。公司章程也有可能会规定更为严格的细则要求，例如公司可能会要求制作各类报表。

《欧盟合并控制条例》也适用于匈牙利。如果企业的合并超过欧洲委员会的职权范围之内，受到影响的企业可要求欧洲委员会审查合并，但其义务告知3个或以上受影响的成员国。若相关会员国在15天之内没有提出异议，那么审委会将会开展相关工作。

只有当有关会员国15天内，没有一个会员国提出反对垄断意见，限制贸易垄断和市场支配地位本身不受禁止时，委员会才会为之展开相关的工作。

四、 优惠政策

(一)税收优惠政策

匈牙利的税收体系与欧盟有关法规相互协调,税收管辖权主要采取属人原则,实行中央与地方两级课税制度,税收立法权和征收权主要集中在中央,主管部门为匈牙利国家税务与海关总局。

为应对金融危机,匈牙利决定从 2010 年起对能源、金融、零售、电信等企业征收特别税。针对特殊行业和产品,匈牙利还有消费税、公共健康产品税、环保产品税、能源税、文化税等税种。

表 2.2 匈牙利企业主要税种及税率

税　种	税　率	备　注
企业所得税	9％	
增值税	27％、18％和 5％	奶制品、面包制品、互联网、餐饮服务、餐馆及其他食宿服务为 18％,图书、报纸及个别药品为 5％
个人所得税	15％	对于年收入超过 1 100 美元的部分,税基为纳税人毛工资乘以 1.27
社会保障税	18.5％和 22％	雇主缴纳员工工资额的 22％,员工缴纳工资额的 18.5％
地方税	2％	地方政府征收
财产税	每年 4 美元/平方米,市场价 3.6％或 0.73 美元/平方米,市场价 3％	前者费率针对建筑物,后者费率针对土地
公司车辆税	35 美元/季度,200 美元/季度	排量 1.6 立方米及以下适用前者,其他适用后者
创新捐助	0.3％	
职业训练基金捐助	社会保障金缴纳额的 1.5％	

资料来源:中国驻匈牙利使馆经商处整理。

(二)行业鼓励政策

匈牙利希望外国投资的重点领域是汽车、生物制药、通讯、电子、健康产品、食品加工、绿色经济,并在优惠的框架内给予支持与帮助。

(三)地区鼓励政策

匈牙利根据欧盟规定,确定了不同规模企业在匈牙利不同地区投资,政府支持资金占投资总额的比例上限。

表 2.3　匈牙利鼓励地区企业投资支持资金占投资比例情况

投资标准＼地区	大布达佩斯地区	佩斯州、久尔-莫松-索普隆州、沃什州、佐洛州	科马罗姆-埃斯泰尔戈姆州、费耶尔州、维斯普雷姆州	巴奇-基什孔州、巴兰尼亚州、贝凯什州、包尔绍德-奥包乌伊-曾普伦州、琼格拉德州、豪伊杜-比豪尔州、赫维什州、加兹-纳杰孔-索尔诺克州、绍莫吉州、索博尔奇-索特马尔-贝拉格州、托尔瑙州
雇员少于 50 人,投资额不超过 1 000 万欧元(或营业额不超过 1 000 万欧元)	12％	36％	48％	60％
雇员少于 250 人,投资额不超过 4 300 万欧元(或营业额不超过 5 000 万欧元)	11％	33％	44％	55％
投资额不超过 5 000 万欧元	10％	30％	40％	50％
投资额在 5 000 万欧元至 1 亿欧元之间	5％	15％	20％	25％
投资额超过 1 亿欧元	3.4％	10.2％	13.6％	17％

资料来源:匈牙利投资促进局。

五、劳工政策

(一)雇员权利和报酬

匈牙利《劳工法》规定了劳动者雇佣合同、职务说明、工作地点、劳工雇用和解除,并对此作出了最低要求规定。其所作出的上述规定具有法律约束力,而其他某些条款,允许合理的变通。企业雇员有权设立工会,工会可告知其成员在财政、社会、文化、生活和工作条件方面的权利和义务。工会甚至可以代表其成员,就劳动和雇佣关系,与雇主和政府机构进行沟通交涉。

企业雇员是一个独立的群体,有权参与公司事务;这些权利由工会或雇员选出的雇员行使。若企业作出大规模裁员的决定前,必须通知其委员会或工会。

《劳工法》规定,禁止企业歧视其雇员的国籍、母语、族裔、性取向,以及对其雇佣合同建立与终止、职业培训和工作条件等方面作出额外的限制与不合理的要求。

(二)工作时间

《劳工法》规定,雇员每日的工作时间通常为 8 小时,但可适当延长至 12 小时,其中包括加班时间。按照《劳工法》,企业雇员每周有两日休息。若雇员在星期日加班工作,则可获得其正常工作日工资的 150%,并获得调休。本规定有可能并不适用于某些特殊工种,但有一点必须声明的是,雇主保证其雇员有足够的休息时间。鉴于某些特殊情况,企业必须为雇员支付最低 15% 的夜班费和 50% 的加班费。按照规定,雇员每月的工作时间最长为 250 小时;若签订某些集体协议并有相关规定的,则为 300 小时。

企业的雇员每年都有权获得至少 20 天的休假。然而,假期的长短取决于雇员的工龄。比方说,一位 45 岁的企业雇员,每年可获得 30 天的带薪休假。若企业员工育有子女或其他情况,他/她则可以享受更多的假期。

(三)工资和福利

匈牙利《劳动法》规定了所有类型工作的计时和月基本最低工资,并要求其符合《劳动法》的具体规定。此外,匈牙利《劳动法》允许某些类型的工作,低于或高于《劳动法》最低工资水平,并设定其特有的指导方针(如技能水平、责任程度和行业要求等)。

匈牙利国营部门或独资企业的工资一般低于跨国公司。企业里经验丰富的白领工人的工资比一般员工的都要高,比方说某类信息技术专家。然而,匈牙利不同地区间工资水平也存在着一定差异:布达佩斯和西部各州的工资水平一般高于东部某些地区。《劳工法》采用同工同酬原则,旨在解决男女雇员工资之间的差异。匈牙利是国际劳工组织公约的成员国之一并严格恪守公约,保护雇员的权利。

（四）养老金制度

（1）强制性的国家社会保障养老金（雇主和雇员出资）;

（2）自愿的共同养老基金（由雇主和雇员自愿缴纳）。

（五）社会保险

雇主缴纳和雇员缴纳的社会税一般包括退休金和医疗保险,根据雇员的工资总额,雇主缴纳22%的社会税。此外,公司还须支付1.5%的职业培训基金费用。雇员支付占总工资10%的养老金保险（上不封顶）、7%的医疗保险（同样是上不封顶的）和1%的失业基金。其中,雇员支付各类保险的多寡由雇主进行评估和保留。

（六）其他福利

若雇员工龄超过两年,带薪休假的额度为60%;若雇员入职少于两年,则为50%。需要注意的一点是,雇员所能取得的最高病假工资最多为最低工资的两倍。

一般情况下,雇员除了可以享有20天年假外,根据雇员的年龄,还可以获得更多的年假。例如,18岁以下的员工可以享有5天年假,育有孩子的父母员工可以享有最多7天的年假,具体取决于孩子的数量。产假一般为24周。

具体的福利包括:为员工提供食品券,安排员工在工作地点食堂吃饭,向员工提供假日温泉住宿卡券（用于食物、饮料和娱乐）,以及教育支持、旅行等福利。附加福利税率为15%,但税基调整为18%,实际税率为17.7%。附加福利也有健康纳税义务,其税率为14%,税基调整为18%,健康税率为16.52%。

（七）雇佣关系的终止

若雇主想要解雇雇员,终止雇佣关系,则必须提供解雇员工的具体理由。如果雇主提供的理由不真实或不清楚,则雇员有权申请救济。即使雇主转让、出售公司，雇员的申请救济权利仍然有效。根据雇员的工龄，雇主应在指定期间（30 天至 90 天）内通知其雇员。

第三节　行业标准

匈牙利标准的采用是强制性的。尽管如此，在两个不同的方面允许有与匈牙利标准不同的偏差。偏差允许的期限由国家标准发行机构来确定。

以标准用户为条件，与国家标准不一致的允许偏差（在标准已注明时）是允许的，即产品生产厂家已事先提出申请，并得到标准发行机构或标准发行机构授权的能胜任的机构的许可。

如果文件里已说明了内容和偏差的原因，合同双方（供，买）已事先同意，那么没有得到允许的与国家标准不一致的偏差（在标准没有注明时）是允许的。

偏差不能危害劳动安全、消费者生命及健康和财产安全，也不能侵害人民的经济利益和消费者的利益。标准发行机构可对偏差协议的有效性提出要求，并且对每种情况分别给出预先通知。

目前大约有 10% 的匈牙利国家标准和 25% 的匈牙利部门标准允许有偏差存在，这些标准主要涉及安全健康、工作安全、人类环境保护装置、个体消费者的基础利益方面的技术法。违反标准规范的销售，是否禁销的决定要由有能力的管理机构来做出，但需要在有效的销售基础上。

一、行业标准化

1995 年 4 月 11 日，匈牙利议会通过了《匈牙利标准化法》。自此，匈牙利行业标准化走上了改革之路。改革要点主要体现在：

第一，国家不再干预标准化工作，作为政府机构的匈牙利标准化局(MSZH)由民间组织匈牙利标准学会(MSZT)所取代。

第二,推行自愿性标准体制,除有关人身安全、卫生、环境保护、保护消费者权益的标准,经法律规定强制执行外,所有匈牙利标准均自愿采用。

第三,政府部门与其他经济实体在制定和实施国家标准方面一视同仁,必要时,应优先考虑政府的意见。

第四,MSZT 是一个公益性独立机构,代表国家参与国际和区域标准化工作。实行会员制,凡对标准化感兴趣的有关方面均可参加;实行财政自理,会费、出版物和有偿服务收入、社会赞助是其主要经费来源。MSZT 会员数已从 1995 年的 180 名增加到目前的 430 名,下设 183 个标准化技术委员会,总共有 3 500 多位专家参与其工作。由于经费有限,MSZT 对参加国际标准化活动进行了调整,即撤销了 29 个 ISO/TC 的积极成员资格,加大了橡胶制品、压力容器、医疗技术质量管理体系、环境保护、农产品与食品检验等标准化工作的参与力度。MSZT 于 1999 年 5 月通过了 ISO9001 质量管理体系认证。

二、 行业标准化划分

匈牙利颁布的行业标准可分为三种文献:

一是由匈牙利国标准化局和由政府委员管理的匈牙利政府标准化机构颁布的匈牙国家标准。匈牙利国家标准适用于整个国民经济领域。

二是由匈牙利政府工业职能部长或其他一些专业化政府机构主席颁布的匈牙利部门标准。有权力颁布部门标准的机构有 18 个,部门标准适用于相关部门管辖内的公司。

三是由公司的管理经理颁布,在相关的公司内部可用于所开展的业务及生产的产品。

国家标准的规划与制定是按照计划进行的。考虑到技术开发指

匈牙利对外文化贸易与投资合作研究

令、新产品新技术的引进、标准化及标准修订的要求、消费者及国际合作的需要,国家和部门标准化工作是在彼此一致的基础上规划的。

制定国家和部门标准要与有关的企业(生产者、用户、销售者)、有关当局、各界代表和有社会团体进行协作。标准草案的制定工作一般委托给不同的机构(企业、研究所),由技术委员会邀请这方面的专家参与。

在标准化工作中,发挥了由专家组成的技术委员会的作用。有关部门必须无偿地向标准发行管理机构提供它们所拥有的、对标准化工作有用的数据(技术说明书、生产和试验数据、图纸、编图等)。

第四节　相关协议

匈牙利贸易政策和法规与欧盟基本一致,与贸易相关的法律法规主要包括:《商品贸易、服务及跨境和关境材料估价的政府法令》(2004)、《外汇自由化及相关法修订法案》、《欧盟海关立法执行法案》(2003)和《匈牙利海关和金融保护法案》(2004)等。

一、与知识产权相关的协议

与匈牙利在进行文化贸易与投资合作时,必须充分了解其知识产权的法律制度,只有如此才能在与匈牙利进行文化贸易和投资时实现共赢互利的目标。匈牙利最早的商标法是在 1890 年颁布的,最早的专利法是在 1895 年颁布的。匈牙利自从 1909 年就是《保护工业产权巴黎公约》的成员国,并且加入了大多数为保护工业产权而建立的其他国际条约。匈牙利于 1970 年加入世界知识产权组织,并成为主要国际知识产权条约及协议的成员国,其中包括《巴黎公约》《马德里约定》《伯尔尼公约》《里斯本条约》《海牙协定》以及世界贸易组织的《与贸易有关的知识产权协议》(TRIPs)。1980 年参加了《专利合作条约》(PCT)。在地区合作方面,匈牙利于 2002 年 7 月 1 日加入《欧洲专利公约》(EPC),并于 2004 年加入欧盟,其知识产权方面的法律制度与欧盟高度融合。

匈牙利现行《著作权法》于 1999 年颁布,另外还有其他几部配套法规,如《著作权专家委员会组成和运作法》(1999 年)、《影音设备使用法》(2000 年)、《著作权和相关权利组织登记法》(1999 年)。现行匈牙利《著作权法》(2007 年 1 月 1 日实施)是在 1999 年法(2001 年曾修正)的基础上加以修订的,该法指出:《著作权法》是创造一种在作者、其他作品用户以及公众之间的利益平衡,并且把教育、文化、科技发展、获取免费知识的途径考虑在内,能够提供有效著作权和保护的法律。

匈牙利涉及知识产权保护的法律法规主要有:《专利发明保护法》《商标和地理标识保护法》《外观设计保护法》《版权法》《实用新型保护法》《海关对工业产权侵权行为的管理措施》《禁止不公平竞争和限制竞争法》等等。

二、 与中国签订的相关协议

匈牙利与中国的经济关系随着匈牙利“向东开放”政策的宣布而获得新的动力,近年来硕果频现。两国中央银行签署了货币互换协议,同时两家进出口银行也签署了信贷额度协议。中东欧地区最重要的基础设施发展项目之一,匈塞铁路的现代化改造项目将主要依靠中国的财政援助来实现。另一项重大发展是布达佩斯—北京直飞航班于 2015 年 5 月重新开放,此举促成 2015 年到匈牙利旅游的中国游客数量增长近 40%。

中国对匈牙利的投资近来也呈现稳步增长趋势。作为中国最大的商业银行之一的中国银行在布达佩斯建立了中东欧地区中心,这也是欧洲第五个人民币清算中心。领先的化工业者 Borsodchem 被万华实业集团收购成为世界第三大异氰酸酯生产商,也是欧洲最大的甲苯二异氰酸酯制造商。华为在匈牙利创建了欧洲供应中心和物流中心,后者负责整个欧洲和中东地区。作为世界上最大的轮胎模具制造商,豪迈集团在匈牙利塞克什白堡附近建立了其欧洲制造基地。同时,领先的电信设备制造商联想和汽车内饰制造商延锋扩大了其生产能力。另外,中国丰原集团公司在索尔诺克的柠檬酸工厂和比亚迪在科马罗姆的第一家欧洲电动公共汽车工厂的项目也具有重要的意义。

主要双边经济协定如下:

(1) 关于鼓励和相互保护投资协定(1991 年);

(2) 1992 年,中国与匈牙利签署《中华人民共和国和匈牙利共和国关于对所得避免双重征税和防止偷漏税的协定》;

(3) 关于互助民法和商法援助协定(1995 年);

(4) 关于匈牙利批准的旅游目的地国家签证协定(2003 年);

(5) 经济合作协议(2004 年);

(6) 匈牙利进出口银行与中国进出口银行之间的信用额度协议(2013 年);

(7) 匈牙利中央银行与中国人民银行签订的双边互换协议(2013 年,续期:2016 年);

(8) 匈牙利政府与中华人民共和国政府关于共同推进"丝绸之路经济带"和"21 世纪海上丝绸之路"建设的谅解备忘录。

第三章
匈牙利文化贸易与投资合作社会环境

第一节　政治制度

第二次世界大战后匈牙利的政治体制是按照苏联模式建立起来的高度集权的政治体制,个人迷信色彩浓重,党内严重缺乏民主空气。1956 年"匈牙利事件"后,匈牙利共产党在党内开始改革。1968 年匈牙利全面实行经济改革后,政治体制的改革也在更广阔的领域展开。在其后 20 多年的时间里,匈牙利共产党不断改革和完善其领导,不断发展党建理论。1989 年以前,匈牙利所采取的一系列政治改革措施都是以维护匈牙利基本的社会主义制度为前提进行的。尽管理论上承认一党制或多党制都可建设社会主义,但当时的政府认为,根据其基本国情,没有必要实行多党制。

匈牙利现行政治体制是 1990 年发生历史性政治剧变过程中建立起来的。1989 年 10 月,匈牙利对 1949 年制定的宪法进行了根本性修改。1990 年 6 月,再次修改宪法。这两次修宪为匈牙利建立真正的民主法治国家奠定了法律基础。此后,逐步恢复了多党议会民主制和共和国总统制,将国会的代表制引入宪法中,保障了公民权利和少数民族的权利。经多次修改后的宪法规定,匈牙利要实行市场经

济,保护公有制和私有制,保障匈牙利公民拥有广泛的权利。2012 年
1 月新宪法生效,将原宪法国名"匈牙利共和国"改为"匈牙利",突出
基督教作为匈牙利历史和文明的基础性作用,对宪法法院的权力进
行了限制,反对堕胎和同性恋,文化趋向于保守。

现行宪法规定国会是匈牙利立法机关、国家最高权力机构和人
民代表机关,实行一院制,每 4 年普选一次。经由 18 岁以上公民按
照普遍参与、无记名投票、人人平等的直接选举的原则选举产生议
员,任期 4 年。匈牙利 1989 年后采用单一选区两票制。党派必须赢
得 5% 以上的选票才能进入议会。宪法法院由 15 人组成,可以裁决
法案是否违宪。2011 年,青民盟推动国会通过宪法修正案,新宪法
于 2012 年 1 月 1 日起生效。根据匈牙利新《选举法》规定,自 2014
年起匈牙利国会议席减少至 199 席。新宪法废除了两轮投票制,将
区域与全国名单合并为"政党名单"并大幅减少名额,"赢者通吃"的
政党比例代表制对中小政党极为不利。行政机构为内阁制,按照法
律规定,各部部长由总理提名,由共和国总统任命。国会每年在 2 月
1 日至 6 月 15 日和 9 月 1 日至 12 月 15 日期间举行两次例会,也可
召开特别会议。

司法机关是最高法院、首都法院、各州的州级法院以及地方法
院。法院的职责是保障宪法秩序,保护公民权利和合法利益,惩罚犯
罪,以及监督行政管理决定的合法性。审判员司法独立,只服从于法
律,但不能进行政治活动。最高检察长和律师负责保护公民的权利。

匈牙利国家元首是共和国总统。其主要职责是监督国家组织的
民主运作。总统由国会通过无记名投票方式选举产生,任期 5 年,最
多可连任一次。政府由总理和部长组成。政府对国会负责。必须定
期向国会报告工作。总理根据共和国总统的建议由国会议员选举产
生,其地位相对比较稳定。一是因为只有通过"建设性不信任案"才
能罢免总理,二是因为政府成员和国务秘书都是由总理亲自挑选并

向总统提名的。总理可由内务部长代理。政府最主要的职权和职能是：维护宪法秩序，保护和保证国家公民权利，向国会提交法律草案，保障各项法律的贯彻执行，指导各个部的工作，通过共和国特派员保证对地方自治政府实施法律监督，制定各项法令。

在政治转轨过程中，匈牙利旧的地方议会制度已被新的自治政府制度所代替。建立新的自治政府制度的最终目的是让国家公民以民主的方式独立自主地处理地方上的公共事务。州代表大会取代了以前的州议会，其权力被大大削弱。州代表大会的代表平均每1万名选民选出1人，但法律规定至少要50名代表组成。州自治政府必须完成法律中规定的居民区自治政府不能完成的任务，必须完成涉及州之整体或大部分的地区性任务。州自治政府拥有法律中规定的归自治政府所有的财产，也有权进行承包经营活动。

匈牙利宪法规定，只要遵守基本法律和法规就可自由组建政党、自由开展活动。根据2010年的数据，登记注册的政党有180个。比较活跃的政党有：青年民主主义者联盟、基督教民主党、匈牙利社会党、自由民主主义者联盟、匈牙利民主论坛。匈牙利社会党性质类似于西欧的社会民主党，是匈牙利社会主义工人党的后继党，社会主义工人党自1956年11月4日以来在匈连续执政30多年。自由民主主义者联盟于1988年11月13日建立，强调要激进地代表自由派价值观，主张为反对一党统治而斗争。匈牙利民主论坛成立于1987年9月27日，是按照出席拉基泰莱克会议的160名与会者的愿望并作为独立的精神运动而建立的。独立小农党是历史老党，成立于1930年，当时代表有地农民。基督教民主党是1949年之前进行活动的"民主人民党"的继承者，近似于西欧各国的基督教民主党，是"欧洲民主联盟"的成员，党的纲领突出强调了基督民主的三原则。青年民主主义者联盟于1988年3月20日建立，其创建声明称该党是一个新的独立的青年联盟，政治上要团结那些激进的主张改革的青年人。

2010 年,匈牙利社会党在选举中失败,保守的右派获得了三分之二的议会席位。执政党(基督教民主党和青年民主主义者联盟被界定为保守党)制定了新的宪法,从根本上改革了选举制度。2014 年,右派再次当选。2018 年的选举右派似乎也是胜券在握(主要执政党的支持率为 44%,次执政党支持率 20%)。欧尔班·维克托(Orbán Viktor)对其党派拥有强大的掌控能力,所以可以说匈牙利的政局稳定。

第二节 经济体系

一、经济概述

匈牙利是中等发达国家,是经合组织(OECD)和欧盟成员国。该国的经济目标是建立以私有制为基础的福利市场经济,其经济转轨顺利,私有化已基本完成,市场经济体制已确立。目前其国内生产总值(GDP)中,私有企业的贡献占 80% 以上。匈牙利自然资源并不丰富,主要矿产是铝土,蕴藏量居欧洲第三。全国 2/3 的地区有地热资源。农业占重要地位,主要农产品有小麦、玉米、马铃薯和甜菜。工业以机械制造、精密仪器、食品加工和纺织为主。2004 年 5 月,匈牙利加入欧盟后,奉行欧盟的共同对外贸易政策和措施,经济增长表现出强劲势头。2007 年以后,受全球经济危机影响,该国经济迅速衰退,最近几年逐步复苏。2015 年其国内生产总额为 1 244.14 亿美元(推估值),经济增长率为 1.8%,消费物价指数上涨 0.4%。产值最高的五种产业为:汽车及汽车零配件、通讯、食品、电子和医疗。主要出口产品为小客车、汽车零组件、药品、通讯设备、机械及运输设备等,主要出口国为德国、罗马尼亚、斯洛伐克、法国和意大利。2016 年主要进口产品为中巴、货车及卡车、通讯设备、小客车、药品、机械设备等,主要进口国为德国、奥地利、波兰、斯洛伐克和中国等。

（一）往年经济情况

受苏联解体和东欧剧变影响,1990 年匈牙利政治制度转变为议会民主制。在政治制度变革前的几十年,匈牙利不断向西方国家借款,90 年代初几近破产。为了减少开支,政府开始了裁员。2001 年,裁员停止。之后国际政治经济因素变化,国内经济形势多有变化。2008 年世界性的金融危机期间,政府难以偿还债务(主要是注册货币),2009 年经济大幅衰退 6.8％。该国从国际货币基金组织、欧盟委员会和世界银行三个组织注册了 200 亿欧元的信贷,以应对危机、避免破产。此外,政府对银行和跨国公司征收额外税款,在危机末期才逐渐减少税款。通过此项税收,政府收回了能源和银行等行业的一些具有重要战略意义的公司。2010 年,社会主义自由主义联盟在选举中失败,保守的右派获得了 2/3 的议会席位。随后,匈牙利主要的经济政策转变为鼓励跨国公司在匈牙利发展。跨国公司可以享受匈牙利政府补贴和欧盟国家中最低的税收(9％),所涉行业主要是生产以出口为主的汽车、化工和电子行业。在这些领域,匈牙利的本土公司在与其他国家公司的竞争中处于劣势。随着国际经济止跌并缓步回升,匈牙利 2010 年及 2011 年的 GDP 增长率分别达到 1.3％及 1.6％,复苏步调仍然缓慢;2012 年,由于匈牙利修宪议题引发国内外政局纷扰,政府财政流动性不足,加上欧债危机的不利影响,经济再现衰退,GDP 减少了 1.7％。表 3.1 是 1960 年以来匈牙利的 GDP 情况。

表 3.1　1960—2015 年匈牙利的 GDP 情况　　（百万福林）

年份	GDP	实际最终消费		资本形成总值	
		总量	实际居民最终消费	总量	固定资本构成
		1960 年＝100％			
1960	100	100	100	100	100
1961	105	102	101	104	97
1962	111	108	105	112	107

年份	GDP	实际最终消费		资本形成总值	
		总量	实际居民最终消费	总量	固定资本构成
		1960 年＝100％			
1963	117	113	110	126	122
1964	123	119	116	136	126
1965	124	120	118	129	128
1966	133	126	123	141	142
1967	143	133	131	172	170
1968	150	140	137	174	173
1969	161	147	145	174	187
1970	168	159	155	201	219
1971	179	168	163	245	242
1972	190	173	169	215	240
1973	203	180	176	215	247
1974	215	192	187	265	274
1975	228	201	196	292	306
1976	236	205	199	298	306
1977	254	214	208	327	344
1978	265	223	216	385	360
1979	273	230	221	331	363
1980	273	232	224	318	340
1981	281	238	229	312	326
1982	289	241	232	301	320
1983	291	242	234	278	310
1984	299	245	236	272	298
1985	298	249	239	262	289
1986	302	255	244	285	308
1987	315	264	254	294	338
1988	315	256	243	284	307
1989	317	259	249	288	329
1990	306	252	240	275	306
1991	269	239	226	217	274

年份	GDP	实际最终消费		资本形成总值	
		总量	实际居民最终消费	总量	固定资本构成
		1960 年＝100％			
1992	261	240	226	173	267
1993	259	253	230	229	272
1994	267	247	230	274	306
1995	271	231	215	296	293
1996	271	225	210	311	307
1997	280	228	212	347	333
1998	292	236	218	411	373
1999	301	248	231	417	403
2000	314	254	238	444	424
2001	326	265	247	425	435
2002	340	284	267	444	469
2003	353	305	287	448	475
2004	371	312	293	515	511
2005	387	321	302	503	530
2006	402	326	307	514	533
2007	404	322	305	511	556
2008	408	322	304	514	562
2009	381	308	287	392	515
2010	383	301	279	410	466
2011	390	303	281	397	460
2012	384	297	275	369	447
2013	392	301	276	391	491
2014	408	310	282	429	539
2015	421	319	291	418	549

（二）经济现状

据匈牙利中央统计局（KSH）统计，2016 年的 GDP 为 35 402 亿福林（约合 1 330 亿美元），比 2015 年增长 2.2％，预算赤字为 1.9％。2017 年第一季度 GDP 增长率为 4.2％，高于欧盟的平均水平。这一数字低于其邻国罗马尼亚和斯洛文尼亚,但高于波兰和波罗的海三国(爱沙尼亚、拉脱维亚、立陶宛)等国。2017年第二季度,GDP增长较慢,为3.5%。工业和建筑业是带动增长的关键部门,服务业增速较低,农业停滞不前(原因是2016年涨幅巨大)。全年GDP增长约3.7%—3.8%,预计2018年仍保持在3.4%—3.5%。公共部门占GDP的74%(过去3年停滞不前)。评级机构作出的评定为:BBa3-前景稳定(穆迪);BBB-前景乐观(标准普尔);BBB-前景稳定(惠誉)。OECD于2017年11月发布了最新的《匈牙利经济发展展望报告》,报告称匈牙利近期强劲的经济表现预计将持续到2018年,而2019年将有所回落。来自"欧洲结构和投资基金"(ESIF,以下简称结构基金)的投资是恢复经济和国内企业应对风险的主要驱动力。然而,日益严重的通货膨胀将会损害成本竞争力,限制出口。雇主缴纳的社会保障金和营业税在减少,且顺周期性支出在增加,因此2017—2018年的财政政策是扩张性的,但预计2019年将保持中立。经济增长将继续依靠内需推动,公共基础设施支出的主要来源依然是结构性基金和宽松信贷条件下的商业投资,住房补贴将继续刺激建筑业发展,实际工资和就业的强劲增长下,私人消费预计持续增长。

(三)财政情况

2011年,匈牙利政府将退休基金国有化,这笔大额财政收入使得财政收支由赤字转为盈余,财政收支在GDP的占比由2010年的赤字4.4%转为盈余4.2%,但这个财政盈余仅止于该年度。2012年,财政收支再度转为赤字,财政赤字在GDP的占比达2.1%;2013年,财政赤字为6810亿福林,占GDP的2.2%;2014年,占比2.6%;2015年,占比低于2%;2016年,中央财政赤字占比低于2%;2017年,财政赤字占GDP的比例为2.4%。

(四)对外贸易及国际收支

匈牙利贸易常维持顺差状态,匈牙利进出口增长相对依赖于跨国公司。2010 年至 2012 年,贸易顺差占 GDP 的比重分别为 1.1%、0.9% 及 1.7%;2013 年和 2014 年,贸易顺差分别为 73.8 亿美元和 57.2 亿美元;2015 年贸易顺差为 60.5 亿美元,增长 5.7%;2016 年,欧洲经济温和复苏,匈牙利的主要贸易伙伴需求提升,贸易顺差为 111 亿美元,较 2015 年同期增长了 16 亿美元,增长率为 16.84%,创历史新高。

（五）外债情况及外汇存底

匈牙利外债及国债规模虽已逐步减小,但数额仍然巨大。国际货币基金组织预测,匈牙利的融资需求达 GDP 的两成。同时,由于其政策走向难以预测,外界对匈牙利营商环境的信心转弱。近年来,匈牙利政府管理经济时采取偏向民族主义和民粹主义的立场,并推出多项非常规的经济政策。国会大选于 2018 年春季举行,政府在此前或许会对经济进行更多干预。此外,由于有愈来愈多的匈牙利公民赴国外寻求工作,国内缺乏高学历及高技术劳工,这成为阻碍经济增长的主要因素之一。综合而言,匈牙利偿付外债的能力仍然不足。

在强劲内需的拉动和欧洲经济复苏的刺激下,匈牙利经济保持高速稳定增长,通货膨胀维持适度水平,对外贸易顺差持续走高。匈牙利本、外币偿债能力仍较稳定,主权信用风险较低。惠誉评级机构确认匈牙利为 BBB 级,前景保持"稳定"[1]。世界经济论坛最新公布的《全球竞争力报告》指出,匈牙利的竞争力在全球 137 个经济体中排名第 60 位,较前次评比前进了 9 名。

近年来,匈牙利失业率逐渐降低,物价水平较平稳地保持在低位,中短期内经济发展势头较好,但长期发展可能会受人口问题的制约;银行业不良贷款率较高,但各项指标有所改善,金融稳定性存在一定风险但总体可控;顺周期性扩张型政策下,匈牙利财政赤字小幅

---

〔1〕 http://www.mofcom.gov.cn/article/i/jyj1/m/201705/20170502578665.shtml.

匈牙利对外文化贸易与投资合作研究

上升；政府公共债务高位缓慢降低，外币债务比例减小，债务风险得到控制；进出口保持稳定，贸易顺差持续走高，经常账户保持盈余，但预计今后会有所收窄；外债水平规模较大，但整体呈下降趋势，外部脆弱性得到有效控制。所以短期内，预计匈牙利经济继续向好，保持快速稳定增长；若现有的经济刺激和财政稳固等政策得以有效延续，失业率、财政赤字和公共债务将保持下降趋势。但匈牙利经济依然存在一些不稳定因素，可能会导致未来几十年或者在下一个预算期之后出现不小的问题。匈牙利在世界经济论坛的定位相对较低。国家经济以出口为基础，国内企业与外资企业相比处于劣势地位（比如国外企业的工资是国内企业的 3 倍），最终仍不得不面对移民和劳工短缺的问题。众多匈牙利人选择去他国就业，大多数集中在其他欧洲国家。不过这个现象并不局限于匈牙利，大多数后苏维埃国家都有这个问题。

二、 经济制度

匈牙利是以苏联为中心的社会主义阵营中最早实行经济体制改革的国家，从 1968 年便已开始全面的经济体制改革。1989 年，东欧剧变。匈牙利受其影响，党内分裂，政权更替，匈牙利社会主义工人党通过了实行多党制的决议。1989 年 10 月，社会主义工人党改称社会党，并把党的奋斗目标定为民主社会主义。10 月，国会通过了宪法修正案，改匈牙利人民共和国为匈牙利共和国。

以 1989 年政治剧变为分界线，匈牙利经济制度可依大致划分为两大阶段。一是 1968—1989 年，是在坚持社会主义公有制基础之上的计划经济向市场经济转轨的单轨模式阶段；二是 1989 年以后，是由公有制向私有制转轨，由计划经济向市场经济全面转轨的双轨模式阶段。

早在 20 世纪 50 年代中期，匈牙利就对高度集权经济体制的弊端有所认识。从1968年起,匈牙利对传统经济体制进行了坚定但循序渐进的改革,并创造了曾一度为世人所瞩目的"匈牙利模式"。在1968—1988年这20年间,匈牙利政府彻底废除了集权制计划经济管理模式,开始实行对外开放,力图在计划经济主导下实现市场经济。这20年被人们称为社会主义经济结构第一次转换。这次转换取得了国际社会所公认的成绩,使匈牙利由二战后满目疮痍的战败国一跃而成为消费者的天堂。

剧变后的东欧各国集中进行经济体制转轨,匈牙利也不例外。经济转轨的主要内容大致为:第一,通过鼓励非国有化或私有化,改变单一所有制结构,促成混合所有制经济结构;第二,开放价格,建立现代化的市场体系;第三,调整不合理的经济结构,实现军转民和大力发展轻工业和农业;第四,对外开放,加入国际经济运行网;第五,转变国家经济职能,减少对经济事务的行政干预。考虑到前20年改革已奠定的基础,匈牙利没有采用当时在东欧颇为流行的休克疗法,而选择了渐进式的全面私有化道路。匈牙利私有化行动呈现出以下特点:有偿转让国有资产;有偿转让却含有优惠;大力引进外资。以私有化为中心的产权结构转变需要大量资金作为启动杠杆和后续投入,在国内可用资金来源不足的条件下,吸引外资便成为了匈牙利政府的首要任务;国有企业改造中分门别类,先易后难,改制在先,出售在后;建立健全法制体系,为私有化奠定法律基础;做好各方面配套工作,为私有化顺利进行创造良好的市场条件;通过国家财产局规范和协调私有化进程。

经过转轨,匈牙利民主体制、国家法制和市场经济体制已初步确立并有效运作,为其经济的健康发展创造了良好的内部环境,使匈牙利于1997年开始走上经济复苏之路。21世纪之初,匈牙利经济战略的重点是以融入欧洲经济一体化为目标,保持宏观经济的稳定增长,继续推进结构改革,提高匈牙利经济的国际竞争力,改善社会各阶层的生活条件。

现阶段,匈牙利宏观经济政策的原则为:经济政策应支持企业发展;工资的增长应与生产力的提高相协调和一致,并逐步与欧洲平均水平看齐;提高各级政府的工作效率,缩小其规模,逐步减少其在经济中的作用;稳定外债水平。匈牙利宏观经济政策为降低财政赤字、增加投资、改革税制,继续下调利率和降低债务水平;同时实施新的结构改革,重点放在医疗体制改革、地方政府改革和铁路交通改革。

近年来,匈牙利的重要经济措施为:2016 年年底通过税法改革法案(KATA、KIVA amendments)。根据该法,匈牙利政府为加强吸引外国直接投资,自 2017 年会计年度起,将公司所得税由营业所得 5 亿福林以下税率为 10%,超过 5 亿福林税率为 19%,更改为单一税率 9%,为欧盟会员国最低。根据匈牙利国家经济部统计,该项税法改革法案实施后,预估匈牙利国库每年税收将减少 1 700 亿福林。匈牙利政府表示,2016 年匈牙利财政盈余计有 2 000 亿福林,可补足减税之财政缺口。

三、 对外开放制度

匈牙利一直奉行对外开放的经济政策,尤其自加入欧盟后,对外政策均遵循欧盟共识。

吸引外商直接投资是匈牙利政府的重中之重,外商投资对制造业和出口导向型行业尤为重要。政府于 2011 年 1 月 1 日成立了匈牙利共和国投资贸易发展署(HITA),鼓励外商投资匈牙利,促进双边贸易,支持匈牙利中小企业的活动。2014 年,投资贸易发展署分离为鼓励和支持入境外国直接投资的投资促进局(HIPA)和促进匈牙利出口的国家贸易署。HIPA 和国家贸易署都隶属于新更名的外交与对外经济部(MFAT)。匈牙利是中东欧地区外国直接投资的主要目的地,20 世纪 90 年代以后尤为突出。虽然匈牙利自 2008 年国际金融危机以来,外资流入速度有所放缓,对地区竞争对手的比较优势已经减弱,但2008年其外商直接投资依然达到了69.6亿美元。跨国公司对大额投资态度更为谨慎,2010年的外商直接投资下降至19.7亿美元,2013年增长至46.2亿美元,2014年增长至40.1亿美元。这两年的增长主要得益于现有投资者的利润再投资和银行的资本重组,而并非新的投资者进入市场。来自欧盟的投资占匈牙利全部外国直接投资的77%。2013年,德国投资占匈牙利外国直接投资存量的24%。2014年,欧盟国家在匈牙利外国直接投资存量的前几位为:德国14%,荷兰45.2%,奥地利19.3%。美国是最大的非欧洲投资国,2014年持有2%的匈牙利外国直接投资存量,3.6%的流入量。匈牙利大概有400家公司来自美国,加上代表处、销售办事处和美国公民拥有的独资企业,共有近800家。匈牙利国家银行的报告显示,截至2014年底,匈牙利的外商直接投资存量为1 050亿美元,其中大部分投资在汽车、软件开发和生命科学领域。

匈牙利高质量的基础设施和中心式的地理位置使其成为投资热地,但受过高等教育和技术熟练的劳动力短缺对某些地区和行业的发展产生了负面影响。制造业和技术领域的跨国公司高管将劳动力短缺视为投资的最大障碍。此外,持续缺乏透明度和可预测性的政府、媒体对政府腐败偏袒的报道(特别是卫生部采购和建设方面),以及一些繁文缛节对吸引投资产生了负面影响。从2010年开始,政府实施了多项税收改革,包括降低个人所得税和企业所得税税率等,以提高匈牙利的区域竞争力。政府通过一系列的"危机税",即针对特定行业大幅度增税来抵消这些税率的降低。这样一来,政府得以将预算赤字维持在GDP的3%以下,并退出了欧盟的超额赤字程序(EDP)(在2004年加入欧盟时,匈牙利在EDP之中;2013年,欧盟委员会提高了超额赤字程序的水平,在此之前,匈牙利的预算赤字已经连续两年低于GDP的3%)。"危机税"针对银行、能源、电信和零售业实施,再加上 2012 年实施的其他监管措施和收费的影响,跨国公司备受打击。2014 年,议会通过了一系列新的税收政策,主要是对烟草、零售和媒体行业的外国企业进行处罚,以支持匈牙利企业发展。2014 年的广告税征收是一次性的、追溯性的税收,而不是只针对利润。税务专家和匈牙利议员指出,这套征税方案是分等级纳税的方案,比如,"对收入超过 8 000 万美元的企业,征收所得税 50%"明显是为了打击欧洲电视业巨头德国电视集团(RTL Klub)——唯一一家适用最高税率的公司。随后,RTL 向欧盟求助。2015 年 3 月,欧盟委员会启动了一项深度调查,并实施了一项暂停禁令,禁止匈牙利实施累进税率。欧盟认定该税种具有歧视性,违反了欧盟关于非法国家援助和竞争的规定。2015 年 5 月,匈牙利政府遵守了这一裁决,对所有广告收入征税 5.3%。

匈牙利对烟草和零售公司也实行逐步累进分级的税收方式。2014 年实行的健康贡献税和食品零售连锁监管费即针对大型外企,这些公司包括菲莫、乐购、适佰家和欧尚。2015 年 7 月,欧盟委员会裁定,匈牙利累进式的烟草和零售税为营业额较低的公司营造了竞争优势,是不公平的。裁定暂停了税收的实施,并对匈牙利发起了侵权诉讼。政府对食品零售连锁店的收费进行了回溯,并在 11 月恢复了统一税。此外,欧盟委员会于 2016 年 2 月裁定,匈牙利 2014 年《零售法》带有歧视性,违反了《欧盟金融服务法》的"设立自由"原则。匈牙利《零售法》规定,零售公司凡年销售额超过 5 300 万美元者,如连续两年亏损,则应被责令关闭。

近年来,能源公司也受到特殊税收的打击。2013 年 1 月,能源危机税被废止,但与此同时,匈牙利政府提出了"罗宾汉税"——以能源供应公司收益(并非利润)为基收税——征收 11%—13% 的税。加上 19% 的企业所得税,能源供应公司实际应交总税率为 30%—50%。政府已经承诺逐步淘汰特别银行税,但将维持 2013 年的金融交易税

（尽管银行业整体在 2012 年和 2013 年都出现亏损）。2013 年,政府还推出了一项新的公用事业税,对天然气、热力和电力线路以及电信线路征税。

2015 年 2 月和 3 月,匈牙利宣布计划减少电信税。此举有望改善商业环境,但到目前为止,该计划未见实施。政府宣称,降低金融业中外资银行的市场份额是重中之重。过去几年,政府作出了几项打击银行业的行动,减少了外资比重。2015 年的新规定要求,银行对某些消费者贷款的利率上调应进行回溯性补偿——这些都是在原始合同中已经明确规定过且法律承认的。政府还要求以外币发行贷款的银行按照固定的子市场汇率,将未付余额转换成匈牙利本国货币——福林。议会通过使用与当时市场汇率一致的货币兑换均衡即期汇率降低了这项规定的负面影响,不过受制银行还是遭受了沉重打击(以外币计价的抵押贷款业务),损失了数十亿美元。银行为了满足匈牙利资本准备金的要求,需要进行大规模的资本重组,银行的贷款能力和资产负债表受到严重影响。2016 年,政府将其繁重的银行税从 0.53％下调至 0.31％,这对银行业来说已经是比较好的消息了。不过税率下调也是匈牙利与欧洲复兴开发银行(EBRD)协议的一部分。

许多外国公司对匈牙利税收制度的不可预测性、追溯性和不稳定性表示不满。政府采取的很多税收措施几乎没有与受影响的企业进行磋商。一些在匈牙利经营的公司也表示,"危机税"与欧盟的规定不一致。"危机税"针对的是外国公司所主导的行业,并没有反映出管理受影响行业的实际成本。欧盟和国际货币基金组织都认为"危机税"扭曲竞争的做法,会减少外国投资和经济增长,抵消削减个人和企业税率的经济效益,所以要求其逐步取消部门税收。

欧盟针对匈牙利 2010 年实施的电信税启动了侵权程序,并于 2012 年底将其提交至欧洲法院。由于先前法院对涉及法国的类似案件作出了不利的裁决。2013年7月,法院了撤销对匈牙利电信税的诉讼。2014年3月15日,匈牙利总理欧尔班·维克托对支持者称,匈牙利已经通过这场战役证明了自己的实力。其他政府官员公开表示,能源等"额外获利"行业的外商不太会受到匈牙利欢迎(政府未曾定义过什么是"额外获利")。制药业在匈牙利是相对具有竞争力和可盈利性的行业。但跨国制药公司依然抱怨该行业存在无数的财务和程序障碍。他们认为,政府对药品和制药业务收取高额税收,限制医生选择药物处方,招标程序普遍模糊。

匈牙利政府仍支持从事出口制造业的外国投资者,目前还没有针对这些企业的惩罚性税收。虽然以出口为重点的细分市场并不是"危机税"的打击目标,但一部分涉及大量出口的美国公司称,他们经常受到匈牙利税务和海关部门的审计。这些审计通常要耗费至少一周,涉及审计人员访问业务,要求做报告和文书工作以证实增值税报销和税务申报。匈牙利的增值税税率高达27%(欧盟强制性最高税率为25%,不过受2008年国际金融危机影响,欧盟委员会同意匈牙利调高了上限),增值税补偿的经常性延迟增加了企业成本。此外,这些公司报告称,审议过程实施严格责任制度。如果审计中出现计算错误、格式错误这种类似的人为错误,相关负责人可能要交数百美元的罚款。

第三节 社会氛围

一、社会情况概述

匈牙利历史悠久。公元896年,马札尔游牧部落从乌拉尔山西麓和伏尔加河湾一带移居多瑙河盆地。1000年,圣·伊什特万建立封建国家,成为匈牙利第一位国王。1526年,土耳其入侵,封建国家解体。1541年,匈牙利一分为三,分别由土耳其苏丹、哈布斯堡王朝和埃尔代伊大公统治。1699年起,全境由哈布斯堡王朝统治。1848年,爆发革命自由斗争。1849年4月,建立匈牙利共和国。1867年,成立奥匈二元帝国。1919年3月曾短暂建立匈牙利苏维埃共和国。1949年8月20日,宣布成立匈牙利人民共和国并颁布宪法。1956年10月,爆发"匈牙利事件"。1989年10月,国名改为匈牙利共和国。现在,匈牙利人民生活水平逐年改善,社会治安基本良好。自2004年5月1日加入欧盟以来,法律制度也多能与欧盟接轨。

(一)人口和人民生活

匈牙利人口987.7万人(2014年1月统计),全国大部分地区分布均匀,城市地区人口密度更大。根据2017年的数据,匈牙利55岁以上的人口占人口总数的32.45%,其中,55—64岁的占13.4%,65岁及以上的占13.4%,老龄化问题严重。其人口总数长期处于负增长,近10年来以每年约3%的速度递减,为移民净流出国。近年来,劳动力短缺也使匈牙利经济增长受阻,对长期经济发展造成制约。

匈牙利语为官方语言,其他各母语使用者在人口中的比例为:英语16%,德语11.2%,俄语1.6%,罗马尼亚1.3%,法语1.2%,其他4.2%(由于一些受访者在人口普查中给出了一个以上的答案,所以百分比总数超过100%)。种族以马札尔人为主,占全国人口之92.3%,此外尚有日耳曼人、斯洛伐克人、塞尔维亚人、克罗地亚及罗马尼亚人。70%左右的匈牙利人信奉天主教,12%信奉新教。

匈牙利各种社会保障制度比较完善,政府也重视提高和改善居民生活水平,不断增加退休金、家庭补贴、生育和抚养儿童的补助金等。中央统计局公布的数据显示,政府提高了最低工资标准,提高了工资收入。过去7年的平均工资总额大幅增长,年均达到30万福林。2010年以来平均总工资增长了30%,平均净工资下降了32%。2016年,平均总工资高达26.6万福林,平均净工资为17.5万福林。2017年1—6月,平均总工资达29.7万福林,同比增长14.4%。这意味着,与 2010 年相比,2017 年上半年的工资增长了 40％以上。

（二）公共文化娱乐设施

相较其他欧盟国家,匈牙利在文化娱乐方面的财政支出比较多。欧盟统计局 2017 年 8 月 7 日发布的一份报告显示,2016 年,匈牙利政府投入娱乐、文化和宗教的经费最多,高达 GDP 的 2.1％,而欧盟在这些方面的支出平均只占 GDP 的 1％。匈牙利的公共文化设施有:影剧院、博物馆、电台和电视台、文化宫、俱乐部和图书馆等。

匈牙利素有"图书大国"之称。图书馆、书店、博物馆和美术馆遍布全国各地。

表 3.2　1960—2016 年匈牙利文化设施和出版物情况

年份	出版物		公共图书馆		影院	剧场	博物馆
	数量（种）	印刷（百万册）	公共图书馆（千册）	图书馆读者数量（千人）	访客（千人）		
1960	2 972	34.7	11 115	1 627	140 060	6 429	3 640
1961	3 444	40.2	11 553	1 586	135 372	6 269	4 008
1962	3 483	40.4	13 073	1 840	121 849	6 046	4 578
1963	4 109	44.8	14 879	1 962	115 652	5 808	4 366
1964	4 164	44.7	16 577	2 048	111 090	6 077	5 130
1965	3 953	44.8	18 087	2 110	106 046	5 987	5 596
1966	4 660	45.3	19 812	2 197	104 564	5 843	6 081
1967	4 714	47.8	21 255	2 218	96 764	6 120	6 045
1968	4 588	48	22 122	2 220	84 472	5 710	6 478
1969	4 513	48	23 575	2 209	82 256	5 454	6 788
1970	4 793	47	24 716	2 225	79 571	5 591	7 153
1971	5 536	53.4	26 082	2 231	74 745	5 494	7 458
1972	6 648	62.8	27 307	2 253	74 392	5 616	7 881
1973	6 894	63.9	28 194	2 257	73 496	5 688	9 322
1974	7 281	68.8	29 860	2 241	77 868	6 039	10 547
1975	7 730	74	31 557	2 211	74 426	6 243	11 943
1976	8 391	89.2	33 135	2 201	73 592	6 296	12 978

年份	出版物		公共图书馆		影院	剧场	博物馆
	数量（种）	印刷（百万册）	公共图书馆（千册）	图书馆读者数量（千人）	访客（千人）		
1977	8 068	87.4	35 114	2 256	75 961	6 302	14 295
1978	8 556	93.3	36 854	2 248	71 707	6 006	16 292
1979	8 153	92.3	38 632	2 227	68 987	5 948	16 819
1980	8 241	94.7	40 654	2 222	60 718	5 635	16 217
1981	7 910	94.5	42 551	2 224	67 090	5 885	17 395
1982	7 845	95.4	44 610	2 215	70 026	6 133	17 717
1983	7 600	99.4	46 591	2 227	68 900	6 094	18 591
1984	9 128	100.5	48 084	2 249	71 017	5 998	19 200
1985	8 015	88	49 406	2 261	70 179	6 072	19 360
1986	8 206	95.6	50 836	2 243	67 929	5 957	19 572
1987	7 804	97.9	51 808	2 207	55 833	5 868	20 066
1988	7 562	99.3	52 578	2 127	50 730	5 717	18 335
1989	7 599	108.4	52 883	2 001	46 519	5 195	16 256
1990	7 464	113.1	51 608	1 856	36 220	4 991	13 977
1991	7 210	91.4	50 364	1 764	21 752	5 094	11 884
1992	7 629	81	49 625	1 646	15 228	4 749	10 120
1993	8 458	72.1	49 102	1 609	14 798	4 418	9 318
1994	9 383	70.3	47 858	1 584	15 912	4 140	10 623
1995	8 749	63	47 128	1 520	14 040	4 068	9 064
1996	8 835	51.9	46 269	1 444	13 287	3 892	9 888
1997	8 911	45.7	45 966	1 430	16 572	4 075	9 478
1998	10 626	47	46 905	1 445	14 577	4 116	10 009
1999	9 731	44.7	46 355	1 461	14 071	4 013	9 714
2000	8 986	35.2	43 906	1 357	14 294	3 938	9 895
2001	8 837	32.6	45 617	1 416	15 704	3 898	9 663
2002	9 990	45.5	44 907	1 425	15 278	4 152	9 775
2003	9 204	32.6	45 031	1 487	13 654	4 198	10 321
2004	11 211	32	45 058	1 452	13 604	4 365	10 744
2005	12 898	41	45 048	1 454	12 093	4 412	11 335

匈牙利对外文化贸易与投资合作研究

年份	出版物		公共图书馆		影院	剧场	博物馆
	数量（种）	印刷（百万册）	公共图书馆（千册）	图书馆读者数量（千人）	访客（千人）		
2006	11 377	38.3	42 902	1 489	11 631	4 156	11 618
2007	13 239	42.6	41 677	1 404	10 910	4 049	11 175
2008	14 447	42.5	42 621	1 430	11 683	4 076	10 180
2009	12 841	36	43 946	1 509	10 704	4 488	9 512
2010	12 480	33.6	43 806	1 540	11 113	4 441	9 089
2011	11 821	34.2	43 811	1 561	—	4 735	8 430
2012	11 645	29.2	43 729	1 520	—	5 128	8 372
2013	11 388	26.3	43 656	1 506	—	5 824	9 134
2014	11 555	27	44 211	1 527	9 878	6 462	9 557
2015	12 572	28.1	44 056	1 482	12 512	6 736	9 563
2016	12 291	31.3	45 129	1 514	14 293	7 146	10 396

（三）科技和教育

重视科技与经济的结合，加大对科技型创新企业的支持力度，是匈牙利经济发展的特点之一。匈牙利政府科技创新主管部门为隶属于总理办公室的国家创新署，负责制定国家科技创新战略和政策，协调与欧盟、周边国家和国际组织的多双边科技合作等。科学院、高校和企业是匈牙利社会的主要科研力量，承担各项科技研发项目。匈牙利科技研发重视基础研究和国际合作，优势领域包括数学、脑科学、信息技术、工程技术、环境技术和农业科学等。政府对科技研发的费用支持比较稳定，2014 年科研投入占 GDP 的 1.36%，2015 年和 2016 年分别占 1.38% 和 1.22%。2014 年科研技术人员有 57 185 人，2015 年和 2016 年分别为 56 235 人和 54 636 人。

匈牙利实行 12 年义务教育，幼儿免费入托，小学实行免费教育。学制小学 8 年，中学（含职业中学）4 年，大学 4 年至 6 年，医科大学 7 年。得益于早期的教育改革，匈牙利教育在欧洲处于中等水平，教育普及率非常高。与其他同等经济发展水平国家相比,匈牙利近年来在初中和高中教育上的生均投入比较少,而在高等教育上的投入相对多一些,约三分之一的就业人口受过高等教育。除公办学校外,还有教会学校、私立学校和基金会学校。匈牙利的教育也一直在不断改革。1986 年 9 月实施新《教育法》,扩大各类学校业务上和经济上的自主权,促使学校生活民主化。1993 年通过了第一部《高等教育法》。自 1998 年起,匈牙利公共教育开始实施国家核心课程(National Core Curriculum,NCC),每 3 年修订一次。各级学校课程经检讨与修正后已完全符合欧洲标准,平均教育水平较东欧地区其他国家高。匈牙利教育绝大部分经费来源于政府的直接和间接拨款。国家通过补贴办法使每个有升学条件的学生都有享受高等教育的机会。国家每年在教育上的投入平均约为 GDP 的 4%左右,在全球排名第81 位。

匈牙利重视卫生行业的发展。2014 年匈牙利全国医疗卫生总支出占 GDP 的 7%,匈牙利实行法定医疗保险。通过法律规定公民要参加医疗保险。1990 年起建立社会保险基金。1992 年,社会保险基金明确分为两部分,即养老保险基金和医疗保险基金。医疗保险费用作为一个特殊税种,约占工资的 11%左右,由税务部门进行征收,然后划拨至医疗保险管理部门。无业人员的医疗费用由政府预算另行列支。参保人主要分三类:正常缴纳保险税的居民,除保险税外还购买商业保险的高收入人群,以及不缴纳保险税,由国家补贴的困难人群。目前,匈牙利提供的基础医疗服务主要为全科医师与家庭保健医生,医疗体系包括综合性门诊、专科门诊和住院医疗三个层次。第一层次是社区保健所的全科医师与家庭保健医生,第二层次是片区综合性门诊和专科门诊,第三层次是住院医疗。

每个医生都在卫生部和医师协会备案,社区的家庭医生作为"守门人"的角色,发挥着重要作用,每个居民都有自己的医疗卡、健康档案和自己选择的家庭保健医生,如生病先到社区去诊断和治疗,保健医生根据病人病情,或开处方,或介绍去片医院诊疗,如果属大病会被介绍到区医院治疗。医生给病人看病是免费的,也不需交挂号费,但需提前预约医生并给医生一定数量的"小费",病人拿处方到药店自行买药,根据国家规定和药品种类,可以享受不同的优惠。匈牙利卫生医疗体系比较健全,医疗保障制度基本完善,但就欧洲范围来说,匈牙利健康指标相对欧洲平均健康水平较为落后。

值得注意的是,中医在匈牙利接受度颇高。匈牙利医学使用植物药物治疗已有很长的历史。匈牙利人古时就对本土生长的植物进行了药用开发。与青蒿同属菊科植物的艾草,就是匈牙利在本土发现的,成为其九种最常用的草药之一。艾草被匈牙利人用来治疗胃炎、消化功能紊乱以及用作驱虫药,所以也比较容易接受同样使用药草的中医。中医在匈牙利几十年曾饱受风雨,也曾经历辉煌。1987年,第一家中医诊所在匈牙利成立。2005年,匈牙利中医药学会获准正式加入匈牙利医学会。2013年,匈牙利国会通过中医立法,成为欧洲第一个实施中医立法的国家。2017年,匈牙利国会通过一揽子卫生法案,其中有关中医的部分条款将成为中医医生在匈牙利行医的法律依据,是中医在匈牙利发展历史上具有里程碑意义的事件。匈牙利目前从事中医教育的院校主要有两所,一所是与黑龙江中医药大学合作的匈牙利知名医学院校——塞梅尔维斯大学,学生毕业后将获得中国的大学医学文凭;另一所是匈牙利佩奇大学中医孔子学院,他们为学生颁发的是匈牙利补充医学学位文凭。

(四)新闻出版

匈牙利的新闻出版相对自由。目前在匈牙利办报无须批准,到文教部登记即可。不少刊物有外国股份。发行量较大的全国性报纸主要有《人民自由报》《人民之声报》《民族体育报》《今日》《匈牙利新闻报》等。除国家通讯社和国营的科苏特广播电台、裴多菲广播电台和巴尔托克广播电台等以外,还有尤文图斯广播电台、道努比乌斯广播电台等商业电台。主要国营电视台有 1957 年成立的匈牙利电视台和 1992 年成立的多瑙河电视台,私营电视台有 1997 年成立的 RTL 俱乐部电视台和 TV2 电视台。

（五）社会问题

匈牙利社会环境相对稳定,但仍有两个突出的社会问题,一是腐败问题,二是有组织犯罪问题。

腐败问题。自 1989 年苏东剧变以来,匈牙利的腐败问题就开始不断蔓延。腐败不仅是道德和法律问题,也是经济问题。根据"透明国际"(Transparency International,TI)的全球清廉指数排名,最靠前的国家主要是斯堪的纳维亚国家,而这些国家在世界经济论坛(WEF)的全球竞争力排名表上,也总是名列前茅。可以说,一个国家透明和经得起核查,即公费资料公开和司法独立高效,其经济也必定发展得更好,非体制运转有问题的国家可比。从以往的资料看,匈牙利的大规模腐败现象是从 2000 年开始的,但是自 2010 年体制改造和集权化以来,腐败现象有所升级。现在匈牙利的腐败有制度化、常态化的趋势,有些腐败现象从法律上被认可了。最典型的隐性经济案例是非法雇佣(尤其是在建筑业和农业部门)。2013 年,政府引入了一种新的现金出纳机系统(通过该系统,每个收银机都直接与税务机关联系起来),因此政府的财政收入增加了 2 009 亿美元。在过去几年里,匈牙利政府把国家机构改造成了为其服务的组织。

有组织犯罪问题。匈牙利的整体犯罪率在过去几年略有下降,但欺诈和财产性犯罪仍然是不小的问题。虽然暴力犯罪呈下降趋势,但街头抢劫比其他欧洲国家好不了多少。匈牙利有组织犯罪集团控制卖淫、偷车、赌博和贩毒等犯罪行为。东欧人贩(主要贩卖人口从事卖淫和充当非法劳动力)很大一部分都是匈牙利人或是在匈牙利贩卖人口。警方已经加强了与西欧国家(通常是贩卖人口的目的地)的合作,但这个问题仍然令人担忧。

二、宗教信仰

(一)发展和现状

基督教和伊斯兰教在匈牙利建国前就已经传入该地区。公元1000年,匈牙利大公伊什特万一世在匈牙利推行天主教,并获天主教教皇加冕,成为匈牙利第一位国王,大部分匈牙利人成为基督教徒。到17世纪时,天主教成为匈牙利的主要宗教。匈牙利宗教的变化与历史的变迁密切相关。如1526年莫哈奇战役后,匈牙利被一分为三,人们就分别信奉各归属国的宗教。1900年奥匈帝国的调查结果显示,匈牙利人口的60%信奉拉丁、希腊或亚美尼亚天主教,14.5%的人加入加尔文教派,7.5%是路德教派,5%是犹太教派,13%是东正教或希腊正教,而曾在匈牙利风靡一时的一神教的信奉者不足0.5%。1920年签署了《特里亚农和约》,为此匈牙利丧失了14%的土地和13%的人口。当年的调查表明,66%的匈牙利人信奉天主教;21%的人是加尔文教派;6%是路德教;6%是犹太教;东正教和希腊正教共占0.6%,而一神教已经鲜有人信奉。1945年以后,也基本保持这个比例。第二次世界大战结束后,匈牙利制定了保障宗教信仰自由、实行教会与国家分离的政策。1949年,匈牙利国民议会通过了匈牙利人民共和国第一部宪法。1951年,匈牙利政府建立国家宗教事务局,该局直接受政府的领导。1956年"波匈事件"前,由于匈牙利共产党领导不力,国家与教会之间的关系一度紧张。"匈牙利事件"后,匈牙利转变政策,政府与天主教会达成协议,天主教会保证拥护政权,政府增加宗教人士在政府机构和群众团体中的代表名额,准许教会出版报刊,并在一些普通小学开设宗教课程。1957年以来,政府资助新建和修复了150座教堂。各教派出版的报刊有17种,其中影响较大的有《新人》《天主教之声》和《基督教》。1977年,匈牙利社会主义工人党第一书记卡达尔·亚诺什访问了梵蒂冈,改善了匈牙利政府与罗马天主教会的关系。1990年开始的政治转轨为宗教势力的恢复和发展提供了更多的机会。1991年7月,颁布了关于教会财产的"第32号法令"。该法令决定在10年内把1948年没收的教会建筑物,在教会同意不改变其用途的条件下归还教会,或者通过政府和教会代表谈判,给教会以货币赔偿。1992年,匈牙利议会设立了一个特殊的预算基金,开始以分期付款的方式给教会以货币赔偿。1997年,匈牙利议会通过了"第74号法令",规定对于天主教会放弃的财产,中央政府每年给予一定的补偿。

2011年,匈牙利人口中,罗马天主教徒占37.1%,加尔文教徒占11.6%,路德教徒占2.2%,希腊天主教徒占1.8%,其他宗教占1.9%,无宗教的有18.2%,未说明教派的占27.2%。

(二)政治影响

从民众的宗教信仰状况来看,天主教在匈牙利的影响无疑比其他宗教的影响大得多。苏联模式时期,匈牙利设有国家宗教事务办公室,但实际上宗教事务完全被置于政府的监管之下。1989年东欧剧变后,匈牙利由社会主义国家转变为实行多党选举制的资本主义国家,以前的国家宗教事务办公室不复存在,宗教组织有了更大的自主权。

匈牙利在2004年成为欧盟成员国,受欧盟的影响,匈牙利宗教政策变得更加自由。宗教,特别是天主教,在民众的日常生活中开始发挥重要的作用。比如,天主教会组织在教育领域的影响就不容小视。据2004年数据,60%的教会学校都由天主教会来管理,天主教会学校的在校生将近有5万人,占应该接受义务教育学生总数的3%。匈牙利的政治领导人也极力支持在公立学校推行宗教教育。比如,匈牙利的第二大政党尤比克党(Jobbik),即"为了更好的匈牙利运动"党,主张将伦理课和宗教课程定为匈牙利中小学的必修课,并倡导匈牙利人在婚姻登记处登记结婚的同时也要在教堂登记举行婚礼。另外，该党还试图修改法律以限制堕胎，并支持教会组织在军队、医院、监狱和教育机构加大影响。对匈牙利的党政领导人来说，宗教教育在很大程度上能帮助匈牙利保持基督教文化传统和匈牙利人传统的生活方式，即匈牙利的传统文化。

（三）宗教与经济

匈牙利主要民族为马札尔人（占总人口比重约为90％），少数民族有茨冈人、德意志人、斯洛伐克人、克罗地亚人、乌克兰人等。54.5％的匈牙利人信奉天主教，天主教会在匈牙利享有极高的社会威望和政治影响，少数人信奉东正教或基督教新教。2012年匈牙利出版宗教类著作57部，较2000年18部提高了两倍，宗教类广播电视节目分别播出227小时、796小时，占当年播放节目比重为0.7％和2.4％，[1]可见，电视仍然是宗教传播的主要媒体。2016年宗教类非营利组织共1177家，占非营利组织总数的1.9％，全年收入67.3亿福林，较2005年64.8亿上升3.86％，[2]尽管宗教的基金会数量逐年下降，但各基金会平均收入却不断上升。

三、社会习俗

（一）生活习俗

匈牙利礼仪与许多欧洲其他国家类似。握手是一种常见的问候，若男女双方握手，男方一般要等女方伸出手来。有些老一代的匈牙利人依然会向女士鞠躬。握手时目光交流非常重要，特别是在商业交易中，这样可以建立信任关系。关系亲密的朋友打招呼的方式是从左脸颊开始，在彼此的脸颊旁轻轻地亲吻。匈牙利人喜欢正式的商务

---

〔1〕《匈牙利统计年鉴》（*Statistical Yearbook of Hungary*），2012年，第165—172页。

〔2〕匈牙利中央统计局网站，http://www.ksh.hu/docs/eng/xstadat/xstadat_annual/i_qpg004.html。

礼服,深色西装和白色衬衫是常态。商务会面时,比较保险的做法是称呼对方的头衔或者姓氏。外出用餐时,每上一道菜,他们通常都会尝一尝。在餐馆吃饭要给小费,一般在餐费的 10% 到 15% 之间。

受邀参观公司时,没必要带礼物。如果受邀到匈牙利人家里做客,受邀者可以带上一盒巧克力、一束鲜花或一瓶西洋酒。不要带葡萄酒,因为匈牙利人为他们自己生产的葡萄酒感到自豪。13 在匈牙利文化中是个不吉利的数字,所以花束中花的个数最好是除 13 以外的奇数。收到礼物一般要在收到时打开。

匈牙利人注重守时观念,也希望别人同他们一样守时。如果受邀到匈牙利人家里做客,可以比约定时间晚到 5 分钟,但准时到达更佳。参加聚会或其他大型活动,不要晚于约定时间 30 分钟以上。进屋前,可能需要脱掉鞋子。不要提出参观主人家的要求,这在匈牙利是很不礼貌的。匈牙利的餐桌礼仪很正式。他们的餐桌礼仪是欧式的——左手用叉,右手用刀。女主人一般希望客人尽情享用每道菜。在女主人开始上菜之前,请不要吃东西。吃饭的时候,最好把双手都露出来,但是不要把手肘搁在餐桌上。主人的好客程度可以从其招待客人的食物分量和种类上窥得。最好每样都尝尝。若是还没吃完,要把刀叉放在盘子上。如果吃完了,则把刀叉平行放在盘子右侧,这样主人就明白了。主客通常会第一个敬酒,一般是祝在场的每个人身体健康。晚餐结束时,也有人会为了表示好客而敬酒。酒杯空了主人会及时帮你满上,如果不想喝了,可以留半杯酒。如果喝的是啤酒,千万不要碰杯。因为奥地利人曾经在杀害 13 个匈牙利烈士后用碰杯而庆祝。之后的 150 年之内,没有任何一个匈牙利人在敬酒的时候碰杯。现在虽然过去很长时间了,但是这个传统还一直保留。

匈牙利的住宿价格合理,在城里可以住到有 2 床或 3 床的时尚传统建筑公寓。财产犯罪比率较高,不过人身安全有保障。医护标准很高,牙科也很好,大多数的工作人员都会讲英语。

（二）商务礼仪

匈牙利人是公事公办型的，业务往来不需要基于长期维护的人际关系，不过如果经由对方信任的人介绍会更利于展开业务。匈牙利人的传统是时刻都保持良好的礼仪，他们以此为豪，也希望别人可以像他们一样遵守传统。社交是建立关系的重要组成部分，邀请、参加彼此的晚宴是建立关系的好办法。匈牙利人喜欢面对面的交谈，认为只用邮件有点冷冰冰的。他们是感性的，喜欢直白的表达，不太喜欢婉转含糊的说辞，常常会讲个故事、轶事和笑话把自己的想法表达出来，所以他们也不太信任沉默寡言、不乐意分享自己想法的人。匈牙利人认为眼睛是最真诚的，认为那些说话时避开对方眼睛的人藏着不为人知的秘密，因此不值得信任。商务洽谈必须以书面形式提前预约。预约应尽量避开星期五下午及 10 月、7 月到 8 月中旬和 12 月中下旬。匈牙利人非常重视时间观念，商务洽谈也必须守时。临时取消会见是大忌，如果不得已推迟会面，必须立即致电并说清合理理由。初次会面是互相了解的阶段，匈牙利人会衡量对方是否值得信赖。正式讨论业务之前，常会闲聊几句，这时候不能把话题移到生意上。商务谈判进展不会很快，中间会穿插大量的进餐和娱乐，匈牙利人非常注重细节，希望在达成协议之前了解一切。他们很擅长谈判，所以要避免采用对抗行为或高压销售策略。商务礼服是正式且保守的，男士穿深色西服和白衬衫，戴领带，女性应该穿西装或优雅的服装，配上典雅的装饰。牛仔裤和短裤是休闲装，不适合商务场合。名片上最好写有本科或本科以上的最终学历和公司的创始日。名片交换没有特别的规定，不过要把名片的一面翻译成匈牙利语。匈牙利语的这一面要把姓氏放在名字前。

在匈牙利开设个人银行账户相对容易，需要护照和地址证明或居民即可。开设商业银行账户则较为复杂，需要先在匈牙利注册企业。注册企业通常采取有限责任公司（LTD）（匈牙利文：KFT），还需要提供商业地址和董事的详细信息,并通知匈牙利税务部门。一般情况下,银行星期六不开门,工作日下午 4 时关门。匈牙利的税务机关权力较大,甚至可以直接控制商业银行账户,以确保开户人按时缴纳税款——这点与匈牙利的"黑色经济"形成鲜明对比。现金仍然是常见的商业货币。有发票的产品和不需要开发票的产品差价很大。许多雇主为了能支付最低工资和较低的所得税,会将工资以现金补贴的形式发放,不过官方一般认可这种做法。过去 15 年,匈牙利从欧盟的重大投资中受益较多,约 6% 的财政得益于欧盟的投资。

匈牙利人还有其他日常习惯。匈牙利烟民比西欧国家多。19% 的成年人每天都吸烟,有 2% 的人偶尔吸烟(2013 年数据,这一比例正缓慢下降)。在大部分地方,如餐厅、酒吧,甚至街道上都禁止吸烟。香烟和其他烟草产品只能在官方烟草商店(店面装修统一)买到。每家商店都能售卖酒水,18 岁以上方可购买(与购买烟草制品的年龄限制相同)。

第四节　文化消费习惯

匈牙利地处欧洲中心位置,是欧洲重要的交通枢纽。得天独厚的地理位置使匈牙利悠久的本土文化融入了外来文化。其文化根据地域不同有着不同的特点,从外高加索地区开始,跨越首都布达佩斯,到与乌克兰和罗马尼亚接壤的大平原,国内文化各不相同,因州而异。匈牙利有着丰富的民俗工艺传统,例如刺绣、陶器的装饰和雕刻。除此以外其文学、雕塑、音乐、绘画和电影等已经成为人类文化遗产不可分割的一部分。匈牙利音乐,从弗朗茨·李斯特的狂想曲、民间音乐到罗马音乐,都是匈牙利文化的瑰宝。匈牙利有许多诗人和作家。语言的隔阂导致匈牙利文学在非本国地区并不是十分流行,但也有一些世界知名的匈牙利作家,如马劳伊·山多尔和因惹·

卡尔特斯,后者获得 2002 年诺贝尔文学奖。

匈牙利的文化发展动向受其政治和经济变化的影响。第一次世界大战后,国家受重创,只剩下一小部分领土。文化政策在帮助国家渡过难关方面起到了战略性作用。第二次世界大战后,文化政策的重点转变为实体重建和政治重建。意见与当政者相左的人被批斗成"人民敌人",受到最残酷的镇压,大批无辜的干部和群众被逮捕和处决,资产阶级传统、保守主义传统、民族传统和公民传统逐渐遭到清算。到了 20 世纪 40 年代后期,资产阶级进步因素被布尔什维克式的文化政策淘汰。直至 1956 年"匈牙利事件"前,匈牙利的文化发展一直在生搬硬套苏维埃模式。

1956 年"匈牙利事件"后,当政的共产党开始逐渐调整其僵化的治理模式。文化教条主义在 60 年代初逐渐开始瓦解,直到 1989 年,文化领域和其他生活领域一样,经历了一个相当漫长的修正过程,共产主义制度弱化,政府对公共资源的集中控制也逐渐减弱,国家开始出资补贴文化。在实行共产主义的几十年里,文化方面的消费获得国家的统一补贴,所以匈牙利民众在读书、看剧、看电影、听音乐会、看展览等文化消费方面也在增长。在这个时期,艺术具有特定的政治意义。20 世纪 80 年代,文化不断走向商业化,匈牙利索罗斯基金会在新兴的金融空缺中发挥了重要作用。

真正的匈牙利传统文化在相对封闭的乡村延续了很久:传统的农民服饰、传统食品、传统娱乐(民歌和民间舞蹈),还有婚礼、复活节和圣诞节的仪式都一直保持到了 20 世纪中期。20 世纪后半期,极端的现代化进程(这个现代化进程在乡村甚至可谓是相当野蛮的)摧毁了这些传统习俗。现在,人们把传统习俗当作民间艺术和旅游娱乐保留了下来。

随着现代化的进展,匈牙利人的日常生活发生了戏剧性的变化。家庭结构也悄然改变——变得越来越小,与大家庭的联系也减少了。

匈牙利的传统文化元素渐渐淡化。服装风格紧随国际风潮，传统的农民服装被蓝色牛仔裤取代。日常生活中，摇滚乐和流行音乐取代了民歌。城市文化之中，融合了传统的咖啡馆文化变得高度国际化，这一点在首都尤为明显。匈牙利人平均每天看四个小时电视，看电视成了流行的消遣方式。

美食是匈牙利最传统的文化元素。匈牙利的食物非常丰富，红肉是常用的食材。炖牛肉（gulyás）、烟熏豆汤和牛肉汤都是民族菜肴。匈牙利美食中最特别的地方是使用辣椒粉。辣椒粉是一种辣椒（capsicum annuum）豆荚制成的香料。

这种调味品并非匈牙利原产，可能是在17世纪时由奥斯曼土耳其人从印度传来。不过，这并不妨碍它成为匈牙利大多数餐桌上的基本配置。辣椒粉目前也是匈牙利重要的出口产品。番茄和香肠做的卤汁、鱼汤、蔬菜汤汁（lecsó）、自制烈酒和各种水果白兰地（pálinka）在匈牙利都很受欢迎。第二次世界大战之前，匈牙利人爱喝红酒，人们难以接受外国食物。但二战后，啤酒却越来越受欢迎，这也意味着在匈牙利定居的外国人越来越多，影响力越来越大。

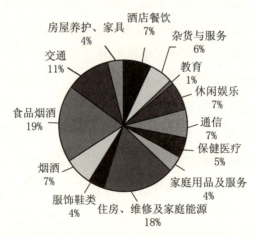

图 3.1　2012 年匈牙利消费者支出情况

资料来源：匈牙利中央统计局（KSH）。

匈牙利对外文化贸易与投资合作研究

匈牙利不属于欧元区,但匈牙利同样受到 2008 年国际金融危机的影响,最近经济才开始复苏(经合组织对 2018 年的 GDP 增长预测为 3.6%)。尽管如此,随着城市人口的增加,匈牙利消费者对高质量食品和速食食品产生了更大的兴趣。这推动了快餐和加工食品的需求,丁克家庭的数量正在增加,匈牙利的老龄人口也在增加,这反过来又会刺激对非必需品和较小分量食品的需求增加。

大城市(主要是布达佩斯)消费者和农村地区的消费者之间存在明显差异,因为主要城市中心的商场和国际品牌集中已形成消费者形象。匈牙利消费者越来越多地选择网上购物,2017 年网购营业额达 16 亿欧元,占零售贸易总额的 5% 以上。目前匈牙利消费者信心指数超过了 2017 年第三季度,达到 71% 的历史高位(欧盟平均水平为 87%)。

除了食品和住房等必需品之外,2012 年匈牙利居民将几乎收入的一半用于各类商品和服务。随着经济复苏,匈牙利居民收入不断增加,恢复了他们在休闲娱乐、餐饮服务、服装鞋类等项目上的自由支出,这类商品的消费在中期内将进一步增加,这对相关的消费品供应商来说是个好预兆。由于外国品牌和产品的不断涌入,匈牙利消费者对品牌和质量的要求越来越多,价格也越来越高。随着生活水平的提高和产品知识的增加,消费者更愿意和能够负担得起更好的产品来代替原来的非优质产品。

从 2015 年匈牙利文化产品进出口情况看,"设计类文化产品"是匈牙利文化产品进出口的重要产品。在 2015 年匈牙利对外文化产品出口中,"设计类文化产品"的出口额占文化产品出口额的比重最高,达 73.40%;其次是"出版物""新媒体"和"视听产品",三类产品合计占比为 23%,其他三类合计占比为 4%。由此可以看出,匈牙利的设计类文化产品出口具有竞争力,而"表演艺术""视觉艺术""工艺品"并不具备出口竞争力(见图 3.2)。

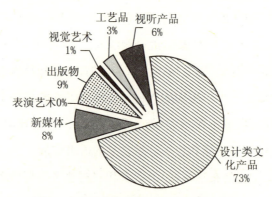

图 3.2　2015 年匈牙利文化产品出口结构

资料来源：根据 UNCTAD datacenter 数据库整理绘制。

在匈牙利的文化产品进口中，"设计类文化产品"进口额在文化产品进口中占比最大，为 55％，其次是"新媒体""视听产品""出版物""工艺品"，这几项占比大体相同，"表演艺术"和"视觉艺术"占比极少（见图 3.3）。这表明匈牙利对物质类文化产品需求比较大，也就是说在匈牙利文化市场上，物质类文化产品有一定的发展空间，国内市场需求比较大。

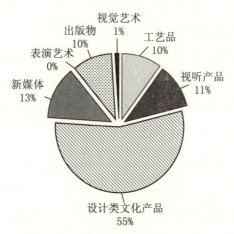

图 3.3　2015 年匈牙利文化产品进口结构

资料来源：根据 UNCTAD datacenter 数据整理绘制所得。

在匈牙利文化服务出口贸易中，"个人文化和休闲服务""计算机与信息服务"占比分别为 26％，"版税和许可费"占比为 20％，其他三项"建筑、工程和其他技术服务""广告、市场调研和民意调查""研发服务"占比合计为 28％(见图 3.4)。

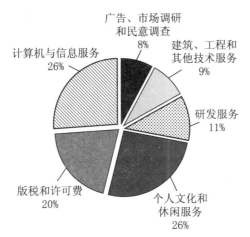

图 3.4 2012 年匈牙利文化服务贸易出口结构

资料来源:根据 UNCTAD datacenter 数据整理绘制所得。

在匈牙利文化服务进口贸易中,"版税和许可费"占比最高,为 29％,"研发服务""个人文化和休闲服务"占比分别为 23％和 21％,其他三项"计算机与信息服务""广告、市场调研和民意调查""建筑、工程和其他技术服务"的占比合计为 27％(见图 3.5)。

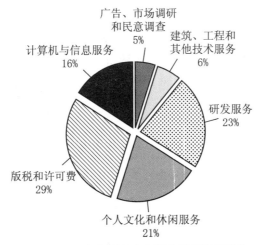

图 3.5 2012 年匈牙利文化服务贸易进口结构

资料来源:根据 UNCTAD datacenter 数据库整理绘制。

综合图 3.4 和图 3.5 可以得出，无论是进口还是出口，"版税和许可费""个人文化和休闲服务"是匈牙利文化服务贸易的重要部分，表明匈牙利非常重视知识产权贸易的发展，人们的精神生活层次较高。

2009 年，匈牙利家庭支出 771 146 福林（比 2008 年减少 0.7%），其中 4.1% 属于文化消费。文化消费在之后几年有所增加，如表 3.3 所示。

表 3.3　2010 年和 2011 年按文化领域家庭人均文化参与和消费（福林）

领　　域	家庭文化支出		占家庭总支出比重（%）	
	2010 年	2011 年	2010 年	2011 年
新闻、期刊	4 053	4 222	0.52	0.51
文化服务（如电影院、剧院、博物馆等）	15 069	14 243	1.92	1.74
文化旅游	14 494	14 463	1.85	1.76
总计	59 761	58 990	7.62	7.20

资料来源：http://www.ksh.hu.

一些时间序列数据反映了 20 世纪 90 年代初政权更迭所带来的中断和动荡：图书馆、出版书籍、放映电影、电影院、剧院及其观众、参观博物馆等的数量下降。其中一些行业在千禧年前后成功地恢复了活力，并保持了增长水平（书籍出版、电影、博物馆及其参观者），抑或近年来又有所下降（电影院和观影人数）；另一些行业则在上升式发展（如剧院）。10 多年来，图书馆书籍借阅量呈现出略有下降的趋势。

第四章
匈牙利文化贸易与投资合作主要领域和产业主体

第一节 重点产业领域及类别

匈牙利是一个有历史文化传统的国家,政府高度重视文化的传承、创新和传播。自1990年制度变革以来,到2009年欧债危机爆发前,国家对文化领域的直接投入逐年增加,占GDP比重保持在1.5%到1.6%,位居欧盟前列。由于投资的加大,匈牙利文化产业快速发展,人们的文化生活非常丰富。

一、重点文化产业领域

（一）出版业

在欧洲历史上,匈牙利是第六个拥有自己出版业的国家,还是国际出版商协会的创始国之一。21世纪初,匈牙利是欧洲图书出版业发达的国家之一,拥有像Athenaeum、Revai、Pallas等一批知名的出版社。第二次世界大战后,出版业一夜之间发生了变化。出版业成为国家集中控制并给予补贴的行业。国家不再将出版看作是一个产业,而是一种旨在"教育大众"的服务。

匈牙利的出版历史，可以溯源到马扎尔部落（匈牙利人祖先）定居欧洲喀尔巴阡平原时期，第一批图书是天主教的礼仪庆典书籍，修道士沿着莱茵河及法国军驻地传入，可惜这些书籍在 1241 年蒙古入侵时已经流失。

1989 年后，匈牙利的出版业经历了一个快速发展的时期。出版社的数量增加了 100 倍，其部分原因是立法规定了对出版商和发行商的利润实行减免 80％的税收政策，结果匈牙利成为人均购书量最高的国家。

但是，这个"复兴"没有持续很久。1990 年至 1992 年原有发行体系解体。根据 1990 年的《私有化法》（Preprivatisation Act），要对近 2/3 的书店进行拍卖，并且不得有任何的歧视。许多书店就是在这种公开拍卖中永远消失了。由于政府的不断更迭，出版业屡遭损害。首先，免征利润税被废除；其次，在 1993 年，对图书开始加征 5％的附加值税（大多数其他商品的附加值税是 25％）。这个时期，书店几乎不复存在，绝大部分图书是通过街头书摊和经营很差的小商店销售的。这种状况反过来对出版商造成了巨大压力，图书品种越来越少，拖延付款使处在高通货膨胀时期的许多出版商纷纷倒闭。

匈牙利书业最困难的时期是 1992 年至 1996 年。但是，今天的匈牙利出版业已基本走出困境。造成这个转变有两个最重要的因素：一是 1996 年，两家前国有图书发行公司实行了私有化，并且按照现代企业的要求进行精简；二是匈牙利人有大量购书的习惯。

随着发行服务的改进，投资者的信心也逐渐增强。新的大型书店纷纷开张，出版业又兴旺起来，遭受文化"饥饿"的匈牙利人重新恢复了与生俱有的读书习惯。

对于长期受政府补助的出版业，1989 年后政府唯一的贡献是，成立基金协助出版具有高度文化价值的书籍。例如，"匈牙利图书基金会"（Hungarian Book Foundation）每年获得部分预算，而"国家文

表 4.1　2000 年匈牙利出版业的状况

排序	出版社	年出版新书(种)	所有权
1	Europa	181	私人
2	Alexandra	165	私人
3	Apaczai	149	私人
4	Magyar Konyvklub	147	私人
5	Osiris	140	私人
6	AKademiai Kiado	130	私人
7	Muszaki	128	私人
8	Corvina	122	私人
9	Kossuth	121	私人
10	Medicina	75	私人

注:表中没有包括国有出版社 Tankonyv Kiado,该社仅出版学校教材并由政府补贴。

化基金"(National Cultural Fund)的经费来源则是所有文化产品的税收。也有一些私人基金会对出版业有所贡献,当中最显著的就是"索罗斯基金会"(Soros Foundation)。

1996 年后,出版业发生剧烈变动。对不同类别的图书出版及销售,政府在经费政策上有所调整,出版业受惠于此而有了复兴的趋势。图书成为匈牙利人文化生活的首选,两大国有发行商完成私有化及结构重整以满足现代需求。因此,商品丰富的大书店(于 1990 年几乎消失)再度出现,1997 年时已有 500 家。当年出版业的营业额增加四分之一。到 2003 年,书店已增加至 750 家。因营业额远超过通货膨胀率,出版业大幅成长。1997 年,书业营收为 97 736 000 欧元,到 2008 年已成长至 270 444 230 欧元。虽然这段时期的图书销售量从 5 200 万册减少到 4 200 万册,出版品的件数及范畴却有长足成长。1997 年,出版品数量为 9 000 件,2008 年已达到 14 447 件。在选题范畴方面,匈牙利也开始赶上以文化著称的欧洲国家。就严肃及高品质的小说来看,已超前于最发达的那些国家,匈牙利文著作及世界文学占图书市场两成,这在欧洲是前所未有的佳绩。

2008 年国际金融危机冲击匈牙利的书业,其后 5 年,匈牙利出版社因销售下滑,损失高达三成。不过终于在 2013 年出现转机,数据显示当年的图书销售额增长了 2.9%,而在 2014 年,该数值又增加了将近 1%。

然而,匈牙利政府政策又使该增长再度停滞,政府统一出版及发行公立学校教科书,导致匈牙利图书市场大幅萎缩。2013 年起,在自由交易的图书市场数据中,已经找不到公立学校教科书的流通资讯。

两个世纪以来,匈牙利出版业非常骄傲地以匈牙利语传递所有领域的新知,与国际发展潮流相一致。匈牙利是人口仅 1 000 万人的小国,不可能仰赖市场机制来大幅出版高阶的科学及专业书籍。1995—2005 年,文化主管机关大力补助科学及教科书出版,因此,工具书和高等教育丛书每年稳定成长。2005 年,文化主管机关开始减少补助,对科学及工具书的出版影响甚巨。在某些领域,匈牙利文图书竟几乎由翻译作品取代。因此,对于匈牙利出版业及"匈牙利出版商及书商协会"(The Hungarian Publishers' and Booksellers' Association,MKKE)来说,扭转这种状况并恢复科学与工具类书的补助成了当务之急。

政治体制变革后的 20 多年,匈牙利的图书市场自行组织并建立结构,形成健全的运作基础。超过九成产值来自 185 家出版社。以整体出版业而言,14 家领头的出版社创造了高达 56% 的营业额,而前 51 家加起来则创造了 82% 的营业额。匈牙利本土企业、外资与加盟公司也维持良好的比例。2001 年,国际出版集团的匈牙利分公司占营业额的 21%。

基于匈牙利与德国出版业的历史渊源,以及德国书商协会的创办人之一是匈牙利人,1999 年匈牙利成为东欧第一个担任法兰克福书展主题国的国家。过去 15 年,20 世纪匈牙利文学在海外获得空前反响,欧洲重新认识桑多·马芮(Sándor Márai)、安东·赛尔伯

（Antal Szerb）、古拉·克吕德（Gyula Krúdy）等作家。政治体制变革后，彼得·纳达斯（Péter Nádas）及乔治·康拉德（Joseph Conrad）的文学成就都在国际上得到认可，特别是因惹·卡尔特斯（Imre Kertész）得到诺贝尔奖时达到巅峰。匈牙利文学打破失意的语言孤岛印象，新一代年轻作家在全球崭露头角，如乔尔吉·德拉古曼（György Dragomán），短短两年内就以《摘郁金香的男孩》（*The White King*）行销全球，先后出版了 25 种语言版本。

很少有国家像匈牙利一样，在过去 10 年内，当代作家夺得所有重要的国际文学奖。最显著的例子是三位年轻的匈牙利作家：诺埃蜜·西琪（Noémi Szécsi）、维克多·霍瓦什（Viktor Horváth）以及艾迪娜·斯佛伦（Edina Szvoren）陆续获得"欧盟文学奖"（European Union Prize for Literature）。2015 年，拉斯洛·卡撒兹纳霍凯因（Laszlo Krasznahorkai），更获颁文学界最高荣誉"曼布克国际奖"（Man Booker International Prize）。

2015 年是匈牙利出版业特别值得纪念的一年，距 MKKE 前身 1795 年成立的"佩斯书商社团"，刚好是 220 周年。

回顾匈牙利 2014 年出版市场，最畅销的类别为文学小说，营业额将近 4 700 万欧元（46 496 479 欧元），占出版市场比例 31.2%。科普书籍的营业额将近 4 500 万欧元（44 862 553 欧元），占出版市场比例为 30.3%。专门书籍例如科学书、百科全书、字典及其他用于高等教育的出版品略有减少。2014 年，营业额为近 1 900 万欧元（18 584 956 欧元），占出版市场 12.6%。童书及青少年小说依然在匈牙利出版市场扮演重要角色，以 3 500 多万欧元（35 224 823 欧元）占 2014 年出版市场 23.8%。以电子书、有声书等形式出版的书籍营业额占整体出版市场的 2.08%，营业额为 300 万欧元（3 075 100 欧元）。

（二）影视产业

因为受语言和人口限制，匈牙利以及其他中东欧国家不大可能成为电影生产大国，然而匈牙利电影产业利用其独特优势，为欧洲电影增添了独特亮丽的色彩。

尽管本国电影产量有限，年均不足 50 部，但匈牙利电影曾四次获得奥斯卡奖。2016 年和 2017 年，电影《索尔之子》和《校合唱团的秘密》分别获得当年奥斯卡最佳外语片奖和最佳真人短片奖。

匈牙利电影产业具有资源优势，历史文化遗产、大量优秀的电影工作室、专业的技术人才、价格相对低廉的服务业等吸引了世界各地电影制作商的目光。《虎胆威龙 5》《慕尼黑》《我是间谍》等大片以及美国流行歌曲"Firework"的 MV 均取景自布达佩斯。近年，佟大为和陈乔恩主演的中国电视剧《人间至味是清欢》，也有大量场景拍摄于布达佩斯。

2017 年 2 月 19 日，第 67 届柏林国际电影节颁奖礼上，匈牙利女导演伊尔蒂科·茵叶蒂（Ildikó Enyedi）执导的影片《肉与灵》（On Body and Soul，2017）一举夺得最佳影片金熊奖。影片讲述了两个在现实生活中有人际交往困难的男女，通过每晚做同一个梦而相爱，最终从梦境走到现实的梦幻爱情故事。这部被媒体称为带有"神秘主义"色彩的"超现实主义"电影，使匈牙利电影再度成为世界电影瞩目的焦点。该片的扶持资金来自匈牙利国家电影基金，继此前的扶持影片《索尔之子》（Son of Saul，2015）获第 68 届戛纳国际电影节金棕榈奖提名，并获得第 88 届奥斯卡金像奖最佳外语片奖以后，再次引起世界各国和扶持机构的关注。从文化政治学的角度来看，匈牙利的电影扶持既有其社会主义时期的国家政策扶持、类国有企业的资金扶持，也有其走向市场经济以后私企和私人的资金和技术扶持，还有其加入欧盟以后欧洲国家间电影扶持机构与基金的扶持。正因为意识形态、政治阵营、政府对文化的态度、经济境况等多重因素的变革，匈牙利电影扶持才在经历过重重历史颠簸发展到今天被万众瞩目，成为东欧国家电影扶持的典范。

此外,为鼓励匈牙利本土的电影生产与电影工业化,匈牙利政府为在匈牙利摄制的本国电影和与他国的联合制片提供一定额度的退税,扶持的电影并不仅限于院线发行,还包括在电视等其他平台发行的电影,包括剧情长片、系列片(series)、纪录片和动画片,但不包括那些带有色情和极端暴力的电影。政府的退税额度根据影片在匈牙利支出金额占预算总额的比例而定。当影片在匈牙利支出的费用超过80%,则享受25%的退税,且最多不超过25%;当影片在匈牙利支出的费用在60%—80%之间,则退税额度降至15%。关于如何判定影片的支出是否在匈牙利本土发生,政府也有明确办法,无论是匈牙利本土制片还是与他国的联合制片,都需要通过在匈牙利注册的制片公司支出制作费用,这就意味着联合制片需要与在匈牙利注册的电影公司签订合同或协议。

匈牙利因其政治阵营的改变为整个国家尤其是电影扶持带来了巨大变化,但匈牙利不仅在"华约时期"效仿苏联发展了电影扶持的国有体系,更是在加入欧盟以后为电影产业发展带来了欧洲电影扶持机构强有力的资金支持。可以说,匈牙利电影扶持是一种"海绵型"的扶持体系,不但可以很快适应"换水",更能随着国家政体的变革而及时作出调整,无论是政策制定、资金供给,还是跨国合作、洲际扶持,都能找到适合本国政治局面和经济发展的一条路径,并为匈牙利的电影工业和民族电影提供了政策和资金上的基本保障。

匈牙利通过扶持民族电影屡屡在国际上享有盛誉,进而使其获取更多的扶持资金和机会,尤其是对"示范性扶持影片"(normative grants)、"预期会成功的影片"(expected successful films)、青年导演和学生的处女作和实验电影特别关注。前两者是对扶持系统质量上的一种保障,后两者则是对民族电影艺术多样性的一种保护。这四种特别扶持既为其后想要申请扶持的影片提供了某种"示范性"作用,也是对本国电影教育的大力支持。

（三）动漫产业

匈牙利的动漫产业也有着悠久的历史，带有鲜明的特色，依托于当地深厚的文化底蕴和优秀的动漫创意人才，动漫市场前景不容小觑。匈牙利动画艺术家们制作了风格繁多的动画电影。其中，代表作家有盖乌拉·马可斯卡西（Gyula Macskassy）、阿提拉·戴盖（Attila Dargay）、羌瑟夫·耐普（József Nepp）、卡沙巴·哇嘎（Csaba Varga）、法兰斯·罗夫茨（Ferenc Rófusz）、桑多·雷森布切尔（Sandor Reisenbuchler）、马塞尔·扬科维奇斯（Marcell Jankovics）和约瑟夫·盖美斯（Josef Gemes）。

匈牙利动画的历史起源于 1914 年的剪影漫画，并延续至今。虽然早期制作了一些大胆的实验性电影，但直到 20 世纪 30 年代才形成实际的动画工作室，主要制作新闻广告和广告形式的宣传材料。两次世界大战期间，由于国际冲突以及前铁幕时期动荡的政治气候导致许多匈牙利动画艺术家移民，这些艺术家在法国、英国和美国等地继续自己的事业。在匈牙利共产党执政时期，所有的动画作品都被国有化。国家对动画的控制虽限制了艺术表达自由，却也确保了媒介的生存。

在 20 世纪 50 年代，匈牙利涌现出了第一代现代动画制作人，主要创作短小的动画，描绘匈牙利民间故事和传说，成为整个共产党执政时期匈牙利动画产业政治安全的中流砥柱。这一代制作人创建了第一个彩色动画。20 世纪 60 年代，在逐渐放松的政治管控制度下涌现了第二代动画制作人。在此期间，动画工作室开始转包动画制作中一些更费力的元素，例如构图和上墨。同时引入了卡通系列/连续剧的概念，并且很快创建了一些匈牙利连续剧，推出了该国第一批有名的卡通人物明星。这一时期也出现了第一部成人动画。20 世纪 70 年代，第三代动画师兴起，他们的作品更加倾向于评论该国的社会状况。

20 世纪 80 年代是匈牙利动画工作的一个高峰,越来越大胆地运用讽刺和寓言描绘共产党统治下的匈牙利情况。在此期间,一些匈牙利电影获得了很高的赞誉和著名的奖项,包括法兰斯·罗夫茨(Ferenc Rofusz)在 1981 年获得奥斯卡奖的影片"The Fly"。这 10 年也是技术实验的复兴,探索了许多非传统图形媒体,如橡皮泥、沙子、煤炭、纺织品和计算机动画。在此期间,基于连续剧的长篇动画创作十分流行。1989 年政治体制变革后,许多独立的动画工作室随之兴起。在这期间出现了新的商业融资问题,工作室采用了各种解决方案,比如积极征求与国外动画工作室的合作,动画作业方式从传统的劳动密集型向技术密集型转变,以及依照员工的贡献给予工作室股份等等。2002 年,匈牙利新政府开始发挥作用,由国家文化遗产部提供资金支持匈牙利民间故事和传说改编动画的进一步发展。

自匈牙利媒体赞助计划(2011 年)开始以来,有 35 个动画工作室开展活动,主要负责制作数字 2D 和 3D 以及传统动画。

中国曾引进匈牙利动画《机器人米克罗比》,讲述一个机器人带着 4 个孩子乘坐飞船到外星球去探险的故事。

(四) 文化旅游

匈牙利是个旅游业十分发达的国家。过去几年,匈牙利开始着重发展文化旅游。除了医疗旅游之外,匈牙利还有一些重要的旅游资源尚未得到充分利用。文化旅游的发展在很大程度上取决于旅游部门的经济、政治、社会和技术环境。在这种环境下,一个具有突出意义的因素是国家对文化旅游的支持。在匈牙利 2005 年至 2013 年期间制定的国家旅游发展战略中,旅游文化和遗产的利用被视为发展文化旅游的优先事项。同时,匈牙利多元化和独特的文化是该国目前未被充分利用的特殊价值之一。下面将介绍匈牙利文化旅游的几大特色。

1. 景点

布达佩斯作为匈牙利首都，是该国主要的政治、商业、运输中心和最大的城市，也是中外游客心驰神往的文化旅游胜地。

布达佩斯有"东欧巴黎"和"多瑙河明珠"的美誉。城内最重要的名胜位于多瑙河畔。在主城分为布达和佩斯两个区域，布达的城堡山上景点众多，大多为富丽堂皇的城堡和宫殿，雕刻考究、造型精致，且由于景点的海拔较高，可以一览布达佩斯的美丽风光。这里还有音乐学院、歌剧厅，内部装修豪华、音乐氛围浓厚，艺术爱好者不容错过。著名的马加什教堂城堡区以及多瑙河畔的景色，从 1987 年开始被联合国教科文组织列入世界遗产。这个区的地下有一个错综复杂的迷宫似的地道机构，并且部分已经能够供游人参观。风景如画的渔人堡位于马加什教堂和多瑙河之间，四周环境优美，景色秀丽，在这里可以鸟瞰布达佩斯全城美丽的风光。另外，塞切尼链桥是这座城市最古老、最著名、最美丽的横跨多瑙河的桥梁。这些历史悠久文化底蕴深厚的美景都深受游客们喜爱。

2. 节庆日

匈牙利每年有许多大型节庆日。布达佩斯春季艺术节是去匈牙利的旅游者们不能错过的节日。它是匈牙利一年一度最有名和最大的艺术节，彰显匈牙利文化的多样性和丰富性。其有音乐、歌剧、舞蹈、古典与现代音乐、电影欣赏等多种表演艺术，呈现出匈牙利艺术家的才华，同时也邀请国外各种表演艺术的艺术家共襄盛举。

面具嘉年华会是匈牙利最大的嘉年华会，狂欢者戴着柳木刻成的面具，面具上漆着鲜明的色彩，手持响板和摇铃在匈牙利南部莫哈其镇的大街上一路游行到广场，用声响赶走冬天。整个城镇用民族表演、民族艺术市场和民族舞蹈庆祝这个节日，并燃烧象征冬天的棺木以庆祝春天到来，然后跳舞狂欢直到黎明。

霍罗克复活节庆也是匈牙利重要的节庆日。距离布达佩斯一百公里处帕罗次(Paloc)的霍罗克坡是民间传奇的故乡,有着丰富的民俗传统,被联合国列为世界遗产,为传统民族文化保护区。每年的复活节节日,被列为遗产的小村庄,老老少少都会穿着鲜艳的民族传统服饰重现古老的民俗传统,整天的民俗节目、民族艺术市场、手工艺品展示以及美食展吸引观光客驻足。

每年五月的巴拉顿湖逐渐恢复生气,初夏的巴拉顿音乐节在巴拉顿湖旁的开斯特黑展开,一连串的古典音乐会、街头戏剧节目等为将要到来的巴拉顿盛夏增添热闹气氛。

纪念公园是一个坐落在匈牙利首都布达佩斯市郊区的露天博物馆,主要是为了纪念匈牙利历史上短暂共产主义时期(1949—1989年)而建立的。园内树立了马克思、恩格斯、列宁等世界共产主义运动伟人以及匈牙利共产主义领导人如库恩·贝拉(Béla Kun)、安德鲁·沙格沃里(Endre Ságvári)及阿帕德·绍考希奇(árpád Szakasits)等人的雕像,深受八方游客的欢迎。经过多年的发展,纪念公园不仅成为布达佩斯一处著名的旅游景点,也逐渐成为一处文化艺术教育基地,每年在此举办多场节日盛典和重大活动,游客源源不断。

3. 美食

匈牙利的菜肴虽不如法式大菜那么有名,但细品起来也颇有滋味。"土豆烧牛肉"(雅古什),实际上就是有名的匈式大菜。到了匈牙利,不去吃"土豆烧牛肉",就犹如到了中国没吃到"北京烤鸭"一样令人遗憾。

20世纪60年代,中苏两国曾为"土豆烧牛肉"与共产主义的关系唇枪舌剑,其中的是非曲直由政治家评说,但匈牙利这道菜肴的出名,却由此可见一斑。匈牙利的饮食,兼受东西方文化习俗的影响,其中意大利、法国、奥地利的地道欧洲风味与斯拉夫、土耳其风味混而有之,可谓世界性的风味荟萃。中国人到欧洲旅游,常会因饮食不习惯而受困扰。但到了匈牙利,情况却大有不同。驻足商业大街片刻,立刻会闻到浓郁的葱油香味。即使游客并非饥肠辘辘,也禁不住被吸引,会逐味而去品尝一番。

匈牙利菜肴兼有东西方饮食特色,色、香、味上的独到之处,使之在国际上获得很高评价,像"萨拉米"香肠、鹅肝、鸡肉、葡萄酒等食品早就驰名于世,受到人们的欢迎。

任何一种饮食文化都有着悠久的传统。中世纪时,匈牙利人的传统饮食习惯是一日两餐。至今,在匈牙利部分乡村仍然保留着这一传统习惯。匈牙利人的早餐被称为"雷格里""埃贝得"或"弗鲁斯托克",后来"埃贝得"也用于表示午餐。据说一日两餐的传统与农家在清晨和下午分别给炉子添两次煤有关。

在春耕、夏收季节,由于农活增多,体力劳动强度加大,人们就在两顿饭之间添一顿午餐。午餐很简单,一块面包夹腌好的咸肉和生葱头,类似快餐"热狗"。在马背上常年驰骋的牧人们,由于体力消耗大,一天分三次进餐。牧人们做饭由青年人掌勺,主要食物有熏肉、干肉条和面包。晚餐最丰盛,不仅各类熟肉充足,还配有适量的蔬菜、水果和沙拉。

4. 民族舞蹈

匈牙利也是一个热爱舞蹈的民族。匈牙利舞的特色是强烈的忧愁与欢乐、高傲与温柔的对比。舞者身体经常保持高耸,像波兰舞者一样表现出骄傲的骑士精神,强烈地散发出自信心与愉快的心情。较不寻常的变化动作是由领舞者开始做,其他的人随着做。舞伴站在相反的位置,彼此的动作就像镜子一样,男性以大跃步或快速的小跑步涵盖很大的空间。女性的动作则与男性相配合,但经常是高雅而又显得娇羞拘束。手臂的运动方向与脚相反,很少举高过顶,只有在往后跳的时候才交叉在胸前。

"夏得西"是匈牙利闻名世界的舞蹈。在缓慢水平行进的段落中，舞者成一圆圈以长滑步行进，然后突然很快地转变成快速而垂直的运动。男性以无比的男子气概有力地跳着、转着。这支舞是匈牙利人威严与激动的浪漫精神对比的象征。

（五）文化保护产业

1. 世界遗产

联合国教科文组织把匈牙利八处名胜地作为全人类遗产的一部分，列入受保护的珍贵财富名册。其中有三处是自然遗产，五处是建筑遗产。下面将一一介绍这八处文化遗产。

（1）奥格泰莱克喀斯特山。

位于匈牙利东北部的奥格泰莱克国家公园建立于1985年，主要是为了保护那里的自然生物资源、地表形成和山洞。奥格泰莱克国家公园75%的面积被落叶森林所覆盖。空旷地如同马赛克一般零散分布，岩石地带和偶尔露出岩层的山坡给稀有植物、昆虫和220种鸟类提供了理想栖息地。在奥格泰莱克国家公园相对较小的部分（大约200平方公里）可以找到200多个大大小小的山洞。

奥格泰莱克地区除了自然景观，建筑与文化方面也有好多吸引人的地方。在鲁道巴尼奥（Rudabanya）周围1000万年到1200万年的褐煤层发现了原始人类遗迹。在这里的矿石和矿物开采博物馆拥有关于匈牙利矿产开发历史最重要的展品收藏。14—15世纪在这个地区建成了内有三个正殿的后哥特卡尔文教派教堂。

（2）霍尔特巴吉国家公园。

霍尔特巴吉是欧洲最大的自然草原，意味着它不是由于森林开伐或者河流治理而形成的草原。霍尔特巴吉作为匈牙利第一家国家公园在1973年建立，是匈牙利最大的自然保护区，面积达820平方公里。霍尔特巴吉国家公园最重要的部分是生物圈保护区，其面积的四分之一享受关于湿地保护而缔结的国际公约的保护。霍尔特巴吉风景优美，是基于合理利用土地、保持生态平衡的原则人与自然和谐共存的独特典范。

（3）布达佩斯老城。

对布达佩斯这座城市,有的人一见钟情,也有人要经过一段时间的了解才会喜欢上它,但了解它的人都认为布达佩斯是世界上最美丽的城市之一。多瑙河将布达佩斯分成两部分,一边是丘陵和山谷组成的布达,一边则是平原为主的佩斯。

在多瑙河岸上的建筑物里,可以找到匈牙利首都各个历史阶段的痕迹。这里拥有世界上最美丽的全景之一。布达地区的世界遗产区域位于理工大学和链子桥之间,包括盖雷特浴室、盖雷特山上的自由神像和围城以及布达城堡区的建筑。随后沿着多瑙河岸一直到玛格丽特桥。

在佩斯地区的保护区包括国会大厦、链子桥佩斯桥头的罗斯福广场以及匈牙利国家科学院和格雷斯汉宫的建筑物,然后沿着多瑙河岸一直到裴多菲桥。对岸的佩斯地区矗立着世界上最美丽的国会大厦之一。国会大厦长 268 米,圆顶高 96 米,在波涛起伏的多瑙河上给人留下了难忘的印象。国会大厦可以接纳团体参观。那里华丽的大厅、流光溢彩的镀金装饰、现代名画家创作的壁画和雕像以及富丽堂皇的楼梯,都使人感到不枉来此一游。在国会大厦,还能看到匈牙利第一位国王圣斯蒂芬的皇冠。

（4）鸦石村。

鸦石村(Holloko)隐藏在大约离布达佩斯 100 公里的切尔哈特(Cserhat)山脉之间。村庄的历史可以追溯到 13 世纪,那时蒙古人入侵,在萨尔山建立了城堡。鸦石村的匈牙利语原名是 Holloko,hollo 的意思是乌鸦,ko 的意思是石头。鸦石村名字来自一个传说:一个庄园主抢了一个漂亮姑娘,她的保姆是个巫婆。保姆在得知女孩被抢后,就和魔鬼达成协议去解救她。魔鬼的手下们化身乌鸦,将庄园的石头搬到现在的鸦石村,另造了个城堡。城堡遗址非常值得一去,那儿有挖掘出来的武器、炮弹和岩刻的展览。从城堡眺望,也可以看到属于别克(Bukk)国家公园一部分的自然保护区的美丽景色。鸦石村最壮观的节日庆典可能是复活节,在那时他们不但展示漂亮的服装,也同时展示复活节民俗和民间工艺。七月的红莓节、诺格拉德民俗节以及八月的城堡运动会,也吸引着游客的到来。九月会举行葡萄收获游行,同时在城堡和教堂举办音乐会。

(5)佩奇早期基督徒公墓。

佩奇(Pecs)位于匈牙利南部,坐落在美切克(Mecsek)山的山脚下,整个城市的气候、植物以及狭窄迂回的街道使其充满着真正的地中海情调。佩奇以其丰富的文化生活(包括剧院、博物馆和艺术节)成为本地区和全匈牙利的重要文化中心。在公元前2世纪初,罗马人建立了这个城市,命名为索匹安那(Sopinae)。在公元4世纪,索匹安那成为繁荣的省会和早期基督教的重要中心。1009年匈牙利的开国国王圣伊斯特万在这里设立了主教区。1367年匈牙利的第一所大学在此成立。长达150年的土耳其占领在这里留下了许多历史性建筑,现今还能见到清真寺、土耳其浴池以及土耳其帕夏的坟墓。

(6)费尔特湖。

费尔特湖位于奥地利和匈牙利境内,由两国联合申请加入世界遗产并取得批准。费尔特湖是由联合国教科文组织于1979年批准的生态保护区费尔特—汉沙格国家公园的一部分,被国际上公认为欧洲最重要的水上栖息地之一。这里有许多本地特有的稀有植物品种和200多种在这里筑窝的鸟类。为了保护它们,国家公园的一些区域必须取得许可后,并在专门导游的陪同下才可以参观。在夏天,费尔特湖非常受到人们的喜爱。在这里,可以游泳、冲浪、驾驶摩托艇和赛艇。

(7)托卡伊传统酿酒地区。

托卡伊的名字早已和葡萄酒联系在一起了。为了保护位于匈牙利东北部的托卡伊地区独特的葡萄培育方法以及酿酒文化,托卡伊也被列入了世界遗产的行列。这里曾发现了远古中新纪时期的葡萄树叶化石,它是现在葡萄品种共同的祖先,证明了葡萄早就在托卡伊扎根生长。这主要归功于这里不同寻常的小气候,火山及后火山运动形成的独特土壤,对葡萄生长有利的小斜坡,以及秋季博德罗格河和帝萨河上的薄雾。用来制作酒桶的橡树木也是当地出产,酒窖墙壁上特殊的霉菌对葡萄酒的成熟大有益处。这里的葡萄酒成品被法国国王路易十五誉为"国王之酒,酒之国王",一直被认为有强身健体的功效。

(8) 潘农哈尔玛修道院。

建在罗马帝国潘诺尼亚(Pannonia)省圣山上的修道院历史,和匈牙利的历史一样悠久。享有大教堂地位的修道院经过 19 世纪的重修,其罗马式、早期与晚期哥特式和文艺复兴样式的各个建筑部分浑然一体。穿过教堂西侧的晚期哥特式回廊与教堂最珍贵的建筑雕刻"装饰门"(Porta Speciosa)相连。在回廊附近有巴洛克式餐厅和修道院档案馆,那里收藏了许多有价值的文献,如最早的匈牙利语与芬兰乌戈尔语言书面范本、帝哈尼修道院修建志、1090 年左右发表的潘农哈尔玛地区人口普查报告以及第一个匈牙利语图书目录。

2. 宗教文化

匈牙利非常注重对宗教文化的保护。在 2015 年的难民危机中,匈牙利的教会组织表现得相当冷漠,部分原因就是担心大批涌入的穆斯林难民会对匈牙利的基督教文化身份构成威胁。

根据匈牙利的《宪法》规定,公民享有宗教自由的权利,但是《宪法》前言明确表达了对匈牙利 1 000 多年前的第一位国王的感激之情,因为正是这位国王把匈牙利与"基督教欧洲"团结起来。为了表达对这位国王的感激,匈牙利还设定了一个重要的法定假日以纪念匈牙利转变为基督教国家。匈牙利的现任总理欧尔班·维克托在修改《宪法》时,甚至还添加了一个条款以强调基督教对维护国家身份的重要性。虽然《宪法》没有规定基督教为匈牙利的国教,但其前言无疑表明基督教才是匈牙利最重要的宗教。事实上,在总人口大约为990万人的匈牙利,至少有一半人口是基督徒,2011年的一项调查显示,有37.1%的匈牙利人是罗马天主教徒,11.6%是加尔文宗教徒,2.2%是路德宗教徒,不到1%的民众信奉犹太教,不到5%的民众包括希腊天主教徒、圣灵降临教派教徒、东正教教徒、其他基督教教派教徒、佛教徒和穆斯林。

匈牙利的政治领导人也极力支持在公立学校推行宗教教育。比如,匈牙利的第二大政党比克党(Jobbik),即"为了更好的匈牙利运动"党,主张伦理课和宗教课程作为匈牙利小学和中学的必修课,并倡导匈牙利人在婚姻登记处登记结婚的同时也要在教堂登记举行婚礼。

二、 中国与匈牙利文化贸易合作潜力与交流情况

匈牙利是首个同中国签署"一带一路"政府间合作的欧洲国家,为两国各领域深化合作提供了政策保障和良好机遇。匈牙利外长彼得·西亚尔托(Peter Szijjarto)表示,匈牙利愿在"一带一路"倡议中发挥重要作用,希望这一倡议能与匈牙利的"向东开放"政策对接,给其带来更多发展机遇。2016年4月,匈牙利"一带一路"考察团前来中国进行考察,就双方合作问题进行了探讨。在"一带一路"倡议和"16+1"合作框架下,中匈在文化领域的交流合作不断深入,中匈文创产业合作潜力很大、前景广阔。

(一)音乐艺术产业

匈牙利是著名的音乐之都。这块土地培育了一批世界上著名的音乐家如李斯特、柯达伊、巴托克、科达伊、萨博、韦伊奈、陶尔多什等,其中最重要的代表人物是李斯特。他不仅创建了布达佩斯音乐

学院,在国内从事演奏活动,而且在器乐创作中大量运用匈牙利人民生活的题材和匈牙利民间音乐的素材,他的 20 首《匈牙利狂想曲》成为匈牙利民族音乐的重要文献。这块土地同样培育了匈牙利人对音乐的热爱,匈牙利到处充满了音乐的气息。

匈牙利最古老、最具盛名的古典音乐圣地要数匈牙利国家音乐科学院,即大家熟知的李斯特音乐学院。李斯特音乐学院建立于 1875 年,1919 年 1 月改为音乐学院,1925 年以李斯特命名。在李斯特音乐学院 120 多年的历史中,众多音乐家和国际音乐大师曾在院内教授学生。学院的教学领域包括:声乐、爵士、小提琴、中提琴、大提琴、低音提琴、管乐器、指挥、合唱团指挥、钢琴、作曲、音乐理论、民族音乐、美声、歌剧、钢琴伴奏等。国家音乐科学院现在仍然是匈牙利乃至全欧洲优秀的音乐高等学府。除了教学,李斯特音乐学院古色古香的建筑也是匈牙利知名的音乐会举办地。其他知名的音乐会场馆,还有 2005 年建成的艺术宫(Fine Arts Palace)和 2010 年建成的佩奇市柯达伊音乐中心(Pecs Kodaly Center)。

除了传统的严肃音乐,匈牙利在现代音乐方面也有突出亮点。欧洲的年轻人几乎都听说过"岛节",指的就是布达佩斯从 1993 年至今每年夏天在多瑙河上一个废弃小岛上举行的持续一周的音乐聚会。匈牙利的艺术节、狂欢节数不胜数。对匈牙利人来说,无论是告别冬季、迎来春天,还是夏日收获、金秋采摘,都会成为人们狂欢的好机会。每当节日来临,就有不少匈牙利人——特别是乡村的农民,习惯穿上传统的民族服装载歌载舞。在许多著名教堂和宫殿内,也经常举办各种音乐会,吸引了众多国内外参与者。

2013 年 5 月,"中国—中东欧国家文化合作论坛"在北京举行。来自匈牙利、阿尔巴尼亚、保加利亚、波兰等中东欧 16 国的文化代表团出席了论坛。本届论坛主题为"深化务实合作,共创美好明天"。匈牙利人力资源部部长鲍洛格·佐尔坦(Balog Zoltán)率团参加。

鲍洛格说："在文化推广上,匈牙利的音乐有着很强大的影响力。音乐是全世界通用的语言,除此以外还有舞蹈等形式。这些交流活动,再加上经济等相关领域的合作,将会为我们建设更好的中匈关系打下基础。"

2018 年 2 月,中国音乐学院麋鹿室内乐团在匈牙利布达佩斯国防军文化中心举办"弦上秧歌闹新春"音乐会,由青年作曲家王丹红改编的乐曲《金蛇狂舞》拉开音乐会的序幕。随后,乐团演奏了经典名曲《春江花月夜》《二泉映月》《鹧鸪飞》《老六板》以及取材于传统皮影戏唱腔的民族管弦乐《影调》等曲目,受到数百名当地观众的热烈欢迎。

(二)传统歌剧产业

匈牙利的歌剧历史悠久,埃尔凯尔·费伦茨(Erkel Ferenc)是匈牙利民族歌剧的奠基人。他的歌剧代表作《洪尧迪·拉斯洛》和《邦克总督》成为匈牙利民族歌剧的经典作品。匈牙利第一家剧院建于1857 年,目前全国共有约 180 家剧院,平均每 5 万人拥有一家剧院。匈牙利最著名的剧院是匈牙利国家歌剧院,建于 1884 年,建筑外观大气华丽,内饰金碧辉煌、高贵典雅。当时匈牙利正处于奥匈帝国繁盛时期,皇后茜茜公主经常光顾歌剧院,剧院专门给她预留了固定的包厢位置,如今"皇后包厢"已经可以被公众预订。每年乐季从 9 月一直持续到第二年的 6 月底,歌剧院除了演出歌剧外,还可以欣赏匈牙利国家芭蕾舞团的演出,许多重要的艺术家受邀来此。近年来,匈牙利剧院建设发展迅速,2008 年全国剧院 74 家,2014 年增长至 180家。在国际合作与交流领域,2009 年,34 个国家歌剧团赴匈牙利演出 388 场次,匈牙利歌剧团赴 32 个国家演出 555 场。2015 年,有 38个国家的 344 场歌剧在匈牙利上演,匈牙利歌剧团对外演出 630 次。

歌剧院在匈牙利文化生活中发挥着重要作用,主要演出歌剧和芭蕾舞剧,有自己的驻院乐队和合唱团,每年大型演出 250 场次,每年12月31日的新年音乐会总是大受欢迎,一票难求。如今,歌剧院在旅游业中也发挥重要作用,每天有成千上万的国外游客到歌剧院照相留念。而对于真正的歌剧爱好者,只有排队购票进入演出大厅,身着盛装欣赏一曲才算尽兴。

中国传统戏剧和欧洲的剧院演出有很大差异,简单互译无法跨越文化和习俗的隔阂,借助创新手法深度合作以搭建沟通桥梁,或许是拉近不同文化消费者之间的有效尝试。2013年,中匈联合制作的首部大型歌剧《阿提拉》在两国巡演,大获成功。歌剧改编自戏剧《匈奴王阿提拉的故事》,讲述了中世纪匈奴国王阿提拉率军征战欧洲的故事。

2018年1月,上海音乐学院一行57位师生,应邀将原创歌剧《汤显祖》带到匈牙利首都布达佩斯李斯特音乐大学青年歌剧节,该演出受到匈牙利观众热烈欢迎。汤显祖是中国明代戏剧家,其代表作《牡丹亭》享誉世界。歌剧《汤显祖》通过充满诗意的重唱、合唱和独唱,回顾了汤显祖虽才华横溢却仕途坎坷的一生,表现了他率真坦荡、不畏强权,为天下黎民百姓慷慨陈词的坚韧与柔情。这出歌剧的音乐融入民族乐器和传统戏曲元素,体现出强烈的中国风和鲜明的民族性。虽然有语言障碍,但借助字幕翻译,欧洲观众也可以看懂《汤显祖》。匈牙利女观众卡洛伊·维多利亚评价说:"这出歌剧非常美。"匈牙利的华人宋一楠说:"我在看这出歌剧之前对汤显祖并不了解,这出歌剧的剧情非常有意思,男主角唱得非常好,很多唱段也写得很棒、很感人。"

(三)演出演艺产业

演艺产业是基础性文化产业,在文化市场中占据重要地位。随着经济的迅速发展,民众的文化娱乐支出比重不断增加,文化消费时间逐渐增多,对文化产品的选择性日益增强,逐渐向高层次的精神文化需要转移,而观看娱乐性强、影响力大的演出节目成为民众最为普遍的文化消遣方式之一。

2014年，中国央视春晚的影子舞蹈《符号中国》类似于中国皮影，只是表演者为真人舞蹈演员，他们通过光影技术和创意设计，用舞姿生动再现长城、故宫、狮子、熊猫等中国元素，现场看起来精彩而新奇。这正是来自匈牙利Attraction影子舞蹈团的创意杰作，也是中东欧地区的演艺作品首度登上中国央视春晚舞台。2017年中秋月圆之夜，该舞蹈团再次登上中国央视，他们用舞蹈和光影再现把酒问青天、嫦娥奔月、中秋赏月等中国传统文化场景。

自2010年春节开始，中国文化部会同国家相关部委、各地文化团体和驻外机构在海外共同推出大型文化交流活动，目的是与各国人民共度农历春节、共享中华文化、共建和谐世界。每年春节期间都会有中国的一些传统及创意演艺项目在匈牙利上演，2018年2月中国春节民族音乐会和中国古典舞《粉墨》在匈牙利布达佩斯艺术宫开演，同时麋鹿室内乐团的音乐会《弦上秧歌》闹新春在匈牙利开展巡演，使匈牙利人民感受了到了中国文化的魅力。

随着"一带一路"建设的推进，中国与匈牙利演出演艺交流频繁。中国与匈牙利的演艺合作将迎来新的发展。2016年12月28日中国文化部对外文化联络局推出了《文化部"一带一路"文化发展行动计划(2016—2020年)》，计划中提出要繁荣"一带一路"主题文化艺术生产，倡导与沿线国家和地区的艺术人才和文化机构联合创作、共同推介，搭建展示平台，提升艺术人才的专业水准和综合素质，为丝路主题艺术创作储备人才资源。同时支持与沿线国家和地区文化机构在戏剧、音乐、舞蹈等领域开展联合创作，在国内沿线区域实施"中华优秀传统艺术传承发展计划"，通过国家艺术基金对"一带一路"主题艺术创作优秀项目予以支持，并围绕演艺、音乐、文化科技装备、艺术品及授权产品等领域，开拓完善国际合作渠道。来自中国政策性的支持，将为中国与匈牙利的深入合作打下坚实的基础。

（四）影视剧作产业与合作

匈牙利是欧洲电影制作的领先者。2010 年至 2014 年，匈牙利的电影制作支出占国内生产总值的 0.15％，在欧洲各国中比例最高。据欧洲视听观察组织（European Audiovisual Observatory）统计，该比例是欧洲各国平均水平的 2.5 倍。

为支持国外电影到本国拍摄，匈牙利对外国电影制作费用给予 25％的退税优惠。此外，匈牙利电影制作的低成本和经验丰富的制作团队使得很多国际电影制作方都选择到匈牙利进行拍摄。《虎胆威龙 5》《慕尼黑》《我是间谍》等大片以及美国流行歌曲"Firework"的 MV 均取景自布达佩斯。

近年来，中国与匈牙利影视合作不断深入。2015 年 9 月，"艺术与传播——2015 中匈交流论坛"在中国召开。中匈电影领域的合作成为此次论坛上被频繁提及的一个话题。匈牙利国家媒体和信息通讯管理局国家电影委员会主任米克洛斯·塔巴（Miklos Taba）[1]指出："匈牙利代表团此行的目的为提升中匈电影在拍摄与出品方面的合作，他希望今后能在匈牙利看到更多中国电影人的身影，促成中匈电影界合作是我长久以来的梦想。""中国电影制作技术专业，匈牙利电影业愿与中国电影业展开合作。目前的困难在于双方能否找到共同的合作主题，我希望能够与中国建立固定机制，使双方合作尽快成型，尽早看到中匈合作拍摄的电影作品。"匈牙利欧洲议会议员、塞格德大学孔子学院理事长乌伊海伊·伊什特万（Istvan Ujhelyi）致辞说，过去一百年，中国电影工业发生了令人难以置信的变化，预计未来几十年还会有长足发展，希望两国相关部门重视电影方面的合作。中匈代表在论坛上就双方电影合作的可能性及前景展开了充分讨论。同年 11 月，中国电影周在匈牙利南部开幕，此次电影周由中国

---

[1] https://www.toutiao.com/i6194664101623153153/.

匈牙利对外文化贸易与投资合作研究

国家新闻出版广电总局、中国驻匈牙利大使馆文化处、塞格德大学孔子学院联合主办,匈牙利哈弗莱斯特国际文化传媒公司和塞格德市电影院协办,共展映 6 部影片,除《狼图腾》外,还有《天将雄狮》《重返20 岁》《中国合伙人》《夜莺》《战火中的芭蕾》。开幕影片《狼图腾》开演后,当地观众比罗·埃迈谢(Biro Emese)对记者说:"我非常喜欢这部影片,把我都看哭了。外景真漂亮,就像在童话故事里一样。"她的同伴西洛什·约瑟夫妮(Silosh Josephine)说:"我也非常喜欢,一直被电影情节所吸引。"两人表示,她们会来观看电影周的其他几部影片。

"匈牙利 2017 中国电影展"在布达佩斯隆重举办。此次中国电影展的推广大使、著名国际影星、第 89 届奥斯卡终身成就奖获得者成龙向观众介绍了《功夫瑜伽》等 5 部展映影片。作为中国内地最早与中东欧国家开展合作的影视公司,杭州佳平影业有限公司全程参与了电影展的筹备工作,全力保障了此次展会的顺利举办。本次电影展展映《功夫瑜伽》《大唐玄奘》《湄公河行动》《北京遇上西雅图之不二情书》《山河故人》共 5 部优秀的中国影片,匈牙利观众可以更进一步了解中国的历史文化和中国人民的生活与情感世界,同时从银幕上领略中国经济、社会、文化发展所取得的成就。借助中国和中东欧国家的交流合作平台,在人文领域举办的重要电影文化交流活动,增进了中匈两国人民之间的相互了解和友谊。

(五)文化旅游产业

旅游文化产业与工业、农业相比具有容易起步、见效快的特点,而且旅游文化产业是各产业中最注重情感交流和文化互通的,它具有柔性发展的特点,容易为不同国家和地区人民所接受。因此,旅游文化产业已成为中国与匈牙利等中东欧各国先行先试、启动较早的产业,成为中国与匈牙利发展文化贸易的重要内容。当前,中国与中东欧国家都在致力于旅游文化市场的开发和利用。中东欧国家对中国的旅游合作寄予厚望,中东欧16国正携起手来,整合旅游资源,以吸引更多的中国游客。2016年,中国游客赴中东欧地区共93.92万人次,同比增长为26.78%,过夜数为151.96万夜次,同比增长23.09%。匈牙利是增幅比较大的国家,在中东欧国家中增幅排名第4位,为36.02%,前三位分别是拉脱维亚增幅为57.8%,阿尔巴尼亚增幅为51.52%,斯洛伐克增幅为46.81%。

中国游客在中东欧过夜人数也在增长,匈牙利位居第3位,增幅36.33%。中国游客在中东欧国家整体入境人数占1.7%,酒店夜次占0.9%,市场占比最高的国家是捷克(3.8%),匈牙利(3.2%)排名第2位。匈牙利也是最受中国游客欢迎的地区之一,捷克排名第1,其次就是匈牙利。2016年,匈牙利接待中国游客17.08万人,增幅为36%。

从2009年到2016年,中国游客赴中东欧国家累计增幅和年均增幅惊人,增幅高达605%,年均增幅30%,增速高于中东欧国家其他主要来源市场。其中,匈牙利累计增长442%。

中东欧国家赴中国旅游总量不大,但增幅可观。2016年,中东欧国家赴中国旅游人数为30.98万人,同比增长15.6%,综合考虑人口规模、经济发展水平等因素,匈牙利是主要的客源之一,匈牙利是2.15万人,增幅为11.8%。

2016年第39届匈牙利"旅游2016"国际旅游交易会在布达佩斯开幕,中国首次以主宾国身份亮相。中国国家旅游局旅游促进与国际合作司司长张利忠表示,近年来中匈友好合作伙伴关系全面发展,两国在旅游领域的交流成果显著,双方游客往来规模稳步扩大。2016年是中国"丝绸之路旅游年",中方愿借参加此次旅游交易会的契机,与包括匈牙利在内的中东欧国家进一步深化旅游领域合作,分享双方旅游业发展经验和成果,实现共同发展。匈牙利经济部部长沃尔高·伊什特万(István Varga)表示,热烈欢迎中国作为主宾国参加本次交易会,这对提高匈牙利旅游展的国际化水平、丰富展览内容具有重要作用。中国在匈牙利开设旅游办事处,将进一步推动中国与匈牙利及中东欧地区的合作。匈方将为办事处开展工作提供支持和便利。至 2017 年、2018 年,中国连续 3 年参加匈牙利国际旅游交易会。交易会期间,中国展团举办了多场中国旅游推介活动,通过展场巨幅广告宣传、专业旅游推介、中国旅游风光多媒体展映、网络社交平台互动以及中国文艺演出等全方位推广方式,聚焦国际旅游业界和匈牙利公众对中国旅游的关注力,留下"超乎想象的中国"的深刻印象,激发他们到中国体验"美丽"的冲动。

综合上述,随着"一带一路"建设的发展,以及中国与中东欧国家关系的进一步发展,可以预见,中国与匈牙利旅游文化产业发展将是两国未来推动文化产业发展的最重要的增长点。

（六）文化保护产业

文化遗产是人类在社会历史实践中创造的具有文化价值的财富遗存,是人类智慧的结晶,其内容可以转化为文化创意产品,为发展对外文化贸易提供丰富的内容。2015 年 9 月,在庆祝扬州建城 2 500 周年之际,中国太平洋经济合作全国委员会会长唐国强表示,中东欧国家拥有悠久的历史和灿烂的文化,他们在文化遗产保护方面取得了丰硕的成果,中国应在该领域加强与中东欧国家的合作与交流。[1]

匈牙利作为曾经强大的奥匈帝国的重要领地,建筑文化和建筑艺术有着特殊的地位,由于匈牙利重视对历史建筑和历史资源的保护、开发和利用,使得其历史和文化遗产至今仍处处彰显着曾经的辉煌。在匈牙利布达城堡山区,伊斯兰风格的建筑和巴洛克式、哥特式建筑得到了完好保存。城堡山区最主要的建筑是布达城堡,作为布达佩斯景观的一部分,布达城堡于 1987 年被列为世界文化遗产。位

---

〔1〕 国际在线:《唐国强:中国与中东欧国家国家应在文化遗产保护方面加强交流》,http://world.huanqiu.com/hot/2015-09/7670779.html。

于多瑙河和德拉瓦河之间的重要城市——佩奇市,号称"匈牙利最美的城市",至今已有2 000多年的历史,也是当年文艺复兴运动的重要中心之一。这里长期是多民族聚居地,各民族传统、风俗、价值观在2 000多年的历史中不断推动当地文化的多元化发展,特别是建筑文化方面的传承尤为突出,如今依旧可以从建筑、街道中窥见当年的繁华。佩奇市的建筑文化与历史建筑保护对世界建筑的贡献巨大,2010年更是被评为欧洲文化之都。佩奇市的重要地标——位于圣伊斯特万广场上古罗马风格的佩奇大教堂,以及教堂内的圣坛、壁画和雕塑拥有极高的艺术价值,教堂前的古基督教墓群在2000年被联合国教科文组织列为世界文化遗产。

目前,中国的世界文化遗产达到50个。[1]中国与匈牙利都非常重视对文化遗产的保护和利用,双方在文化遗产保护以及如何开发文化资源服务于文化贸易等方面,存在互相学习借鉴的空间。

（七）中医药文化服务产业

中医药是中华民族优秀文化的重要组成部分,是中国具有完全自主知识产权的产业,是最能体现中国特色服务的领域。当前,包括中医药在内的传统医药越来越受到国际重视,尤其是匈牙利对中医药情有独钟。近年来凭借令人信服的临床疗效,中医被越来越多匈牙利人接受和认可。2013年,匈牙利国会通过了中医立法,成为欧洲最早对中医立法的国家,13位中医师历史性地得到了匈牙利宝贵的正规行医许可。两国政府于2014年签署《中医药领域合作意向书》。2015年,由匈牙利总理欧尔班签发颁布了中医立法实施细则,其中最大亮点就是匈牙利承认中国高等中医院校学历,中医师有5年相关工作经验并符合相关条件,就可申请在匈牙利独立行医的中医从业人员行医许可证,此举从根本上解决了长期困扰中医师合法

---

〔1〕 钱忠军:《中国世界遗产项目达到50个》,《文汇报》2016年7月18日。

行医的问题。不仅如此,很多匈牙利人见识到了中医带来的神奇效果后,也竞相学习中医药知识。匈牙利前总理,现任欧洲医疗卫生中国传统医学基金会的主席麦杰希·彼得(Medgyessy Peter)指出:"中医药是中华优秀文化的重要组成部分,上千年积累的宝贵经验仍然在服务现代人的健康,我们有理由和信心让世界一同分享中国的瑰宝。中医和西医不是对立的关系,而是可以相互结合的。我支持中医药在匈牙利乃至整个欧洲的发展。"[1]可见,中国在中医药方面的特色文化服务在匈牙利大有可为。

（八）文化创意设计产业

文化创意产业具有高附加值特征。文化创意产业处于技术创新和研发等产业价值链的高端环节,是一种高附加值的产业。文化创意产品价值中,科技和文化的附加值比例明显高于普通的产品和服务。文化创意产业作为一种新兴的产业,它是经济、文化、技术等相互融合的产物,具有高度的融合性、较强的渗透性和辐射力,为发展新兴产业及其关联产业提供了良好条件。文化创意产业在带动相关产业的发展、推动区域经济发展的同时,还可以辐射到社会的各个方面,全面提升民众的文化素质。

匈牙利有创意设计的优良传统,从 18 世纪的国际象棋机(阿尔法狗前身),到风靡全球的魔方系列玩具,再到真正的不倒翁均质平衡器的诞生,都体现了匈牙利在创意、设计和技术领域的杰出成就。如今,匈牙利知名的设计领域有瓷器、钻石加工、文物修复等。匈牙利有两大著名瓷器设计制造商海蓝德(Herend)和若纳伊(Zsolnay)。海蓝德瓷器堪称匈牙利国宝级工艺,曾多次被用于国家元首赠礼。海蓝德瓷器因受到英国维多利亚女王的喜爱,该公司专门设计了一套"维多利亚花纹"的瓷器花饰。

---

[1]《中医药成匈牙利人瞧病新选择 "洋中医"越来越多》,2017 年 6 月 24 日,中国经济网。

匈牙利政府把创意设计视为提高民族竞争力的重要途径。创意设计产业创造的就业岗位占全国就业总数的 4.5%。近 10 年来,设计领域取得迅猛发展,创业产业中 31% 的企业均从事设计,如产品设计、建筑设计、时装设计、绘图等。2008—2015 年,设计领域的企业数增长了 2.5 倍,附加值净增长 3 倍。从需求来看,匈牙利本国市场对创意产业需求有限,绝大多数技术、设计创意均面向全球市场。创意产业出口占比由 2008 年的 14%,上升至 2015 年的 23%。

在第二届中国—中东欧国家文化创意产业论坛、2017 暨第十一届国际服务贸易论坛上,匈牙利外交和贸易部科技司司长玛丽亚·瓦斯-萨拉扎(Maria Vass-salazar)做了《文化创意产业是促进经济增长和国际交流的巨大动力》的主题演讲,他指出:"文化产业可以很好地促进经济社会发展和国际交流合作。"中国和匈牙利两国在文创产业上加强深度合作,这对双方都是一个很好的双赢机会。匈牙利和中国在文化创意领域有很多的互补性,文化创意产业论坛提供了很多宝贵的机会。这些机会可以大大地加强中国和匈牙利两国的合作,增进双方人民对彼此文创产业的了解。同时,作为经济发展的重要组成部分,文创产业如今正呈现出蓬勃的生命力,对经济发展和国际合作都起到极大的促进作用。"中匈两国的文创产业合作前景广大",玛丽亚·瓦斯-萨拉扎对未来充满期待。[1]

第二节　重要行业组织

一、匈牙利国家电影基金

匈牙利民族电影基金是当地电影创作发展的主要官方资源。以项目招投标方式,面向匈牙利电影制作人,为故事片、纪录片和动画

---

〔1〕《匈牙利外交和贸易部科技司司长:文创产业促进经济发展和国际交流》,2017 年 6 月 2 日,中国网,http://www.china.com.cn/guoqing/2017-06/02/content_40952541.htm。

片等不同类别电影提供资助。

匈牙利国家电影基金的资金来源，主要是匈牙利国家第六彩票 (the No.6 National Lottery)的税收。电影法规定，匈牙利国家第六彩票税收的80%提供给该基金。从该基金的总预算来看，2013年约1 700万欧元，2014年约1 760万欧元，2015年约1 600万欧元，2016年约1 620万欧元，2017年约2 000万欧元。可以看出，该基金自创建伊始，其扶持资金的预算一直在稳中求升。单从2014年来看，单片扶持的平均预算约为130万欧元。其中，获得扶持金额最少的是亚当·克萨斯齐(Ádám Császi)的同性恋题材影片《风暴之乡》(Land of Storms)，为40万欧元；获得扶持金额最高的影片是吉乔治·帕菲(György Pálfi)的《多尔第》(Toldi)，高达700万欧元。截至2017年1月，该基金已经为75个电影项目提供了资金，其中22个是匈牙利与他国的联合制片。匈牙利国家电影基金的另一项资金来源是欧洲委员会，其代表性的扶持基金是欧影基金(Eurimages)。为了适合本土发展，欧影基金在匈牙利国家电影基金的账户下运行。

匈牙利国家电影基金在国际上享受盛誉的一个最主要动因是，其扶持的影片在国际电影节上屡放异彩。雅诺丝·萨扎兹(János Szász)的《恶童日记》(The Notebook，2013)是该基金在2011年成立之初扶持的第一部电影，由匈牙利与奥地利、德国、法国联合制作，荣获2013年捷克卡罗维·发利国际电影节水晶球大奖。其后有影响力的有2014年凯内尔·穆德卢佐(Mundruczó Korné)执导的《白色上帝》(White God，2014)，荣获戛纳国际电影节"一种关注"[1]大奖；2015年拉斯洛·奈迈施(Laszlo Nemes)执导的《索尔之子》，获戛纳国际电影节评审团大奖，以及奥斯卡金像奖最佳外语片奖；2017年伊尔蒂科·茵叶蒂(Ildikó Enyedi)的《肉与灵》获柏林国际电影节

---

[1] "一种关注"单元1978年在戛纳电影节正式启动，主要关注国际新锐导演的作品。

最佳影片金熊奖,凯内尔·穆德卢佐(Kornel Mundruczo)的《木星之月》(Jupiter's Moon,2017)获戛纳国际电影节金棕榈奖提名,吉乔治·克里斯托夫(Gyorgy Kristof)的《出去》(Out,2017)入围戛纳国际电影节"一种关注"单元。

匈牙利国家电影基金主要负责组织匈牙利的民族电影参加国际电影节和奥斯卡最佳外语片奖等各类奖项的竞逐,既为匈牙利民族电影搭建一条走向国际的通道,也实现了将其放置在国际交易的平台上,为匈牙利电影制作带来更大的投资、更广的销售渠道的可能性。

二、 匈牙利国家优质及特色品牌协会

匈牙利国家优质及特色品牌协会(MNHSZ)是匈牙利最大型的本土产品联盟,旗下汇聚了历史最悠久、品质最上乘、风格最独特的各类匈牙利本土的品牌和产品。其中,包括被称为"液体黄金"的托卡伊贵腐葡萄酒、驰名全球的鹅肝酱以及别具一格的匈牙利瓷器等等,因此,MNHSZ被称为"最能代表匈牙利制造、匈牙利技术以及匈牙利智慧的本土组织"。

三、 匈牙利旅游局

匈牙利旅游局是一个国有的国家旅游营销组织,其活动的目的是通过促进入境和国内旅行来增加对匈牙利旅游的需求,以促进旅游业的发展。该公司在提高本地旅游服务提供商的业务成果方面发挥了积极作用,并愿意通过活动为提高旅游专业的声誉作出贡献。

全国旅游营销活动的主要方面是实现商业目标,即增加游客晚上住宿的人数和旅游消费。除了国家资源提供的预算之外,外部资金还涉及资助有效的市场营销活动。这是通过与旅游行业的参与者

进行密切合作,开展联合行动,通过共同分担成本,共同分享利益来实现的。匈牙利旅游局为其合作伙伴提供参与多项行动的机会。

匈牙利旅游局的主要职责是消费者营销传播和旅游贸易促销。后者强调的部分是商务旅游(MICE)活动。

匈牙利旅游局是欧洲旅行委员会(ETC)的积极成员。匈牙利旅游局负责旅游营销的副首席执行官是 ETC 董事会的成员,研究部的工作人员担任 ETC 市场情报组的副主席。

四、 凯奇凯梅特动画节

凯奇凯梅特动画节是世界顶尖的国际动画节,在匈牙利第八大城市凯奇凯梅特举行。2017 年刚举办了第 13 届凯奇凯梅特动画节(KAFF),竞赛单元包括了动画长片、动画系列片与特别动画三个部分,参赛者会将系列片中故事较为独立或最精彩的一集进行剪辑,压缩为一部 5—10 分钟的短片进行参赛,展映的作品大部分是面向低年龄观众的动画作品,或者带有作者强烈的个人艺术色彩的动画作品。特别动画则是作者的艺术个性更为强烈,大部分为实验性质,有黏土、剪纸、泼墨等各种表现形式,还有全部由盒子造型的生物所构成的世界。[1]

第三节　重要标杆性文化企业

一、 摩根斯达集团

摩根斯达集团总部位于匈牙利,一直以来该集团致力于融合中欧文化,在国际贸易、文化交流、传媒传播、高科技研发、农业和教育业等方面形成了有效运转网络,极具影响力。近年来,集团同中国、

---

〔1〕 https://www.sohu.com/a/152219817_696247.

匈牙利和欧洲的大型企业及组织在各个领域往来密切,合作前景广泛、空间巨大。

二、 莫拉出版社

莫拉出版社(Móra Publishing)创建于 1957 年,是匈牙利最大的出版社之一,主要出版来自匈牙利和外国作家的经典和现代儿童及青年图书。对于几代匈牙利儿童来说,Móra Publishing 出版的图书已经是他们成长经历的一部分。在此前,莫拉出版社并没有正式的标识(Logo),而仅仅将公司的名字印在书上,书名用什么字体,"Móra"四个字就用什么字体。最近,位于布达佩斯的 Made by Zwoelf 公司为这家出版社设计了新的品牌标识,这个新 Logo 以后也将印在每年出版的近 7.6 万册书的封面上。莫拉出版社新 Logo 的创意是由两个三角形构成 Mora 的首字母"M",两个三角形的位置可以灵活变动,但是必须有规则地构成"M"字。

三、 匈牙利《人民自由报》

《人民自由报》是匈牙利发行量最大的政治日报,由人民自由报股份公司(Népszabadság Rt.)经营,提供各种类型的新闻,涵盖政治、经济、文化、体育、汽车、美食、社评等。它最早出现在 1956 年 11 月 2 日,当时新成立的匈牙利社会主义工人党发行了《人民自由报》的创刊号。它的前身是执政党的喉舌《自由的人民》,后来在"匈牙利事件"期间停止了发行。《人民自由报》接替了《自由的人民》,成为卡达尔执政时期的中央党报。1989 年 10 月 8 日,《人民自由报》成为独立的社会主义日报,1994 年它删去了报头中的社会主义字样。

四、 匈牙利《联合报》

匈牙利《联合报》创刊于 1999 年,专注服务旅匈华人华侨、在匈中资机构,是《人民日报》海外版及中新社的全球首批合作媒体之一,是全球华文传媒理事单位,与全球 117 国华文媒体建立深度合作,是连接中国与匈牙利、匈牙利与全球各国华人世界的最佳纽带。

五、 匈牙利 KEDD 动画公司

匈牙利 KEDD 动画公司是匈牙利最大的动画公司之一,也是目前和中国联系最密切的动画公司之一。2017 年 6 月,匈牙利 KEDD 动画公司与中国国际电视总公司签署了"丝路电视国际合作共同体"备忘录,成为第一家匈牙利地区的共同体成员。

六、 FILMPARTNERS & PARTNERSFILM

FILMPARTNERS & PARTNERSFILM 是匈牙利主要的全方位服务电影制作集团,拥有超过 40 部电影、短片、纪录片的版权和超过 1 000 部电视广告,是匈牙利最悠久的电影生产公司。

该公司负责制作高质量的创意电影内容,已成为当地电影业最大的私人金融家和筹款人之一。公司追求制作出超越匈牙利甚至欧洲边界的杰出故事,致力于接纳匈牙利电影界的新天赋,并为年轻艺术家创造机会,帮助他们培养精湛技艺并发展其特色。

第五章
中国与匈牙利文化贸易与投资合作状况

第一节 中国与匈牙利的政治、经济、文化交流

一、 政治交流

匈牙利于 1949 年 10 月 3 日宣布承认新成立的中华人民共和国,是最早承认中华人民共和国的国家之一,三日后两国建立了外交关系。20 世纪 50 年代中期,中匈友好关系全面发展。到 20 世纪 60 和 70 年代,两国关系由于中苏关系恶化而出现了短期的隔阂。自 20 世纪 80 年代起,两国关系再度快速活跃起来,而 1989 年的匈牙利政治变革又再次造成两国关系的停滞。1994 年和 1995 年匈牙利共和国总统根茨·阿尔帕德和江泽民主席的互访为两国关系带来了真正的突破。1999 年 10 月,两国分别举办了系列活动庆祝两国建交 50 周年。2003 年 8 月,匈牙利总理时隔 44 年后再次访问中国,次年 6 月实现了国家元首的会晤。

匈牙利于 2004 年 5 月加入欧盟后,中匈政治关系的级别获得了提升。在中国国家主席胡锦涛 2004 年 6 月访匈期间两国签署了关于建立"友好合作伙伴关系"的联合声明,这也融入了中欧战略伙伴关系的框架内,中匈关系随之进入了新的发展阶段。毫无疑问,友好

合作伙伴关系业已形成,两国间高层交往已成常态。

在 21 世纪初,中匈关系出现了一个重要的里程碑。2010 年,匈牙利政府宣布了"向东方开放"的政策,在维持和欧洲伙伴的传统关系的同时,将优先关注经贸关系密切的国家,这使得匈牙利在经济危机的风浪中仍能保持强劲的发展。"向东方开放"政策旨在全面发展同东部地区主要国家的政治、经济和文化关系,其中中国是其重要的合作伙伴。

在匈牙利提出"向东方开放"政策的同时,中国和中东欧十六国于 2011 年在布达佩斯宣布了中国—中东欧合作平台的诞生。在中国对外贸易多样化、中国企业走向世界方面,包括匈牙利在内的中东欧国家起着战略性的作用。

近几年频繁的高层访问很好地反映出两国政治关系进展顺利:

2010 年 11 月 2 日,欧尔班·维克托总理在上海访问期间同温家宝总理进行了会谈。

2011 年 6 月 6 日,外交部部长杨洁篪在匈牙利哥德勒举行的第十届亚欧外长会议期间同欧尔班·维克托总理进行了会谈。

2011 年 6 月 26 日,温家宝总理在布达佩斯进行正式访问期间同欧尔班·维克托总理进行了会谈。

2012 年 4 月 26 日,在中国和中东欧十六国合作机制框架内举行的首届政府首脑峰会期间,匈中政府首脑在华沙进行了双边会谈。

2013 年 11 月 26 日,在中国和中东欧合作机制框架内的第二次政府首脑峰会之际,中国总理李克强和匈牙利总理欧尔班·维克托在布加勒斯特进行了会晤,并就双边关系进行了会谈。

2014 年 2 月 12 日至 13 日间,习近平主席会见了在北京进行正式访问的匈牙利总理欧尔班·维克托。另外,匈牙利总理还同中国总理李克强,以及中国全国人大常委会委员长张德江进行了会谈。

2014 年 10 月 28 日,匈牙利外交和对外经济部部长西雅尔多·

彼得(Szijjártó Péter)在华访问期间同中国外交部长王毅进行了会晤。

2014 年 12 月 17 日,在中国和中东欧国家合作框架内,在贝尔格莱德举办的第三次政府首脑峰会期间,匈中两国总理进行了第二次会晤和会谈。

2015 年 6 月 5 日和 7 日间,中国外交部长在时隔 15 年后对匈牙利进行了正式访问。2015 年 6 月 6 日,外交部部长王毅在欧洲之行布达佩斯站访问时,同匈牙利总理欧尔班·维克托和共和国总统阿代尔·亚诺什(Áder Jáno)进行了会见。中国外交部部长王毅也在同一天与匈牙利外交和对外经济部部长西雅尔多·彼得进行了会谈。

2015 年 9 月 2 日,匈牙利外交和对外经济部部长西雅尔多·彼得在北京参加为庆祝世界反法西斯战争胜利 70 周年举办的纪念活动之际,同中国外交部部长王毅进行了当年第二次会晤和会谈。次日,中国国家副主席李源潮又同匈牙利外交和对外经济部部长就中匈双边关系进行了会谈。

2016 年 11 月,第五次中国—中东欧国家领导人会晤在拉脱维亚里加举行。中国国务院总理李克强和中东欧各国领导人出席会晤。与会各方围绕"互联、创新、相容、共济"主题,共同制定和发表《中国—中东欧国家合作里加纲要》。

2017 年 5 月,中匈两国确立"全面战略伙伴关系"。

2017 年 6 月,中国国务院副总理刘延东与匈牙利副总理谢姆延(Semjén Zsolt)共同出席第三届中国—中东欧国家卫生部长论坛开幕式并致辞,此次论坛以"促进全民健康"为主题,发表了《第三届中国—中东欧国家卫生部长论坛布达佩斯宣言》。

2017 年 11 月,第六次中国—中东欧国家领导人会晤在匈牙利布达佩斯举行。中国国务院总理李克强出席会议,各方围绕"深化经贸金融合作,促进互利共赢发展"主题,共同制定和发表《中国—中东欧国家合作布达佩斯纲要》。

外交和对外经济部部长西雅尔多·彼得在出任部长之职之前,从 2013 年 3 月起,他作为协调匈中双边关系的政府专员,在双边关系的发展中发挥了积极的作用。

从上述种种可以看到,匈牙利政府向对华关系倾注了特殊的关注,两国的合作目前已处于一个多层次的综合体系之中,涵盖各领域的广泛交流与各种形式的合作正在不断深化。中匈关系正处在历史最好时期。

匈牙利和中国之间不存在亟待解决的历史问题,也不存在根本的利益冲突。友好合作伙伴关系符合两国和两国人民的根本利益。通过双方的共同努力,中匈关系体系今后仍将不断持续发展。

二、 经济交流

1984 年,中国与匈牙利经济、贸易、科技合作委员会成立。1991年 5 月,中国与匈牙利签署《关于鼓励和相互保护投资协定》。

1992 年 6 月,中国与匈牙利签署《关于对所得避免双重征税和防止偷漏税的协定》。上述两个协定的签署为两国经济合作提供了法律和机制保证。

2002 年 12 月,中国正式批准匈牙利为中国公民出境旅游目的国。2006 年 12 月,中国与匈牙利政府间经济合作联合委员会第 14次例会在北京召开。

2015 年 5 月,布达佩斯—北京直飞航班开通,此举促成 2015 年到匈牙利旅游的中国游客数量增长近 40%。

2015 年 10 月,中国银行在布达佩斯举办匈牙利人民币清算行启动仪式。此前,6 月 28 日,中国人民银行授权中国银行担任匈牙利人民币清算行,这是中东欧地区首个人民币清算行,2017 年贸易额近

100 亿美元,意向合同近 40 亿美元。

2016 年 3 月,中国国家旅游局驻布达佩斯办事处成立。

近年来,两国企业间的相互投资不断扩大,合作领域日益拓宽,涉及金融、航空、旅游、农牧、家电、科教等多个部门。海信集团、中兴通讯股份有限公司、华为科技公司、中国国际航空公司、海南航空公司等都已进入匈牙利市场,中国银行在布达佩斯开设了分行。据不完全统计,目前中国企业在匈牙利的机构有 4 000 多家,总投资额达 2 亿美元。匈牙利在中国的实际投资额约 2.5 亿美元。中国与匈牙利的经济合作主要以承包工程的方式进行,中国企业在 2005 年和 2006 年分别完成营业额 735 万美元和 888 万美元。匈牙利已成为中国企业在中东欧地区投资最多、合作最有成效的国家之一。

匈牙利与中国的经济关系随着匈牙利"向东方开放"政策的宣布而获得新的动力,近年来硕果频现。两国中央银行签署了货币互换协议,同时两家进出口银行也签署了信贷额度协议。中东欧地区最重要的基础设施发展项目之一,匈塞铁路的现代化改造项目将主要依靠中国的财政援助来实现。

中国对匈牙利的投资近来也呈现稳步增长趋势。中国银行在布达佩斯建立了中东欧地区中心,这也是欧洲第五个人民币清算中心。匈牙利化工业的领先企业博苏化学公司被中国万华实业集团收购,成为世界第三大异氰酸酯生产商,也是欧洲最大的甲苯二异氰酸酯制造商。华为公司在匈牙利创建了欧洲供应中心和物流中心,后者负责整个欧洲和中东地区。作为世界上最大的轮胎模具制造商,豪迈集团在匈牙利塞克什白堡附近建立了其欧洲制造基地。同时,联想集团和延锋汽车内饰公司也在匈牙利扩大了生产能力。另外,中国丰原集团公司在索尔诺克的柠檬酸工厂和比亚迪在科马罗姆的第一家欧洲电动公共汽车工厂的项目也具有重要意义。

三、 文化交流

匈牙利是东西方文化交汇的国家,与中国有着非常亲近的关系,地理位置位于东欧的中心。匈牙利是最早与中国建交的欧洲国家之一,但由于某些政治方面原因,两国建交后刚刚兴起的文化交流曾不得不中断。直到 21 世纪初,两国的文化交流才得以重启。此后,两国文化交流活动不断发展,交流层次不断提高。

(一)两国文化交流的历史

两国文化交流的历史回顾如下:

1953 年,举办布达佩斯中国电影节。

1954—1955 年,中国国家足球队留学匈牙利。

1954 年 4 月,25 名中国国家足球队的青年运动员在匈牙利开始了为期一年半的留学生涯。

1955 年,版画艺术家多米杨·约瑟夫(Joseph Domeyoung)来华。多米杨·约瑟夫与中国现代绘画之父齐白石相识,两人开始了一段真挚友谊。

1955 年,匈牙利援建中国中部的广播塔移交使用。

2007—2008 年,中国举办匈牙利文化季。

2008 年,中国作为主宾国参加第 15 届布达佩斯国际图书展。

2008 年,四川汶川大地震之后,匈牙利为灾区的孩子们提供了到匈牙利过假期的机会。有 50 名年满 12 岁的孩子可以在假期到匈牙利旅行。他们当中的大多数人从未走出过县城。启程之前,匈牙利驻华大使馆邀请著名喜剧演员陈佩斯一起为孩子们举办了践行招待会。

在过去几年里,两国文化交流又有了新的变化:

2011 年,为纪念李斯特诞辰 200 周年,中国举办了一系列活动。例如,华裔钢琴家克劳迪娅·杨钢琴音乐会、一系列大型李斯特音乐会、向中国国家大剧院捐赠李斯特雕塑以及在中央音乐学院举办彼得·纳吉音乐会(彼得·纳吉是李斯特音乐学院钢琴系主任)。

2011 年 6 月 20 日，中国美术馆举办了名为"匈牙利艺术"的展览。展览共有 8 个展厅，占据了美术馆的两层楼，展出了 33 位匈牙利艺术家的 303 幅作品。此次展览是《双边文化合作计划》的一部分。继而在随后一年，在布达佩斯举办了中国当代艺术家的作品展。

2012 年 8—9 月，布达佩斯举办了当代中国艺术展。

2012 年 11 月 8 日，匈牙利授予艺术家袁熙坤匈牙利政府文化勋章。勋章由公共行政与司法部国务秘书彼罗（Pero）博士授予。典礼上"新李斯特室内合唱团"演唱了弗朗茨·李斯特（Franz Liszt）的作品。

2013 年 5 月 14 日，第一届中国—中东欧国家文化论坛在北京举办，匈牙利人力资源部部长鲍洛格·佐尔丹代表匈牙利出席。鲍洛格·佐尔丹和中国文化部部长蔡武签署了《2013—2015 双边文化合作工作计划》。

2013 年 8 月，在匈牙利总理欧尔班·维克托的邀请下，100 名中国学生到匈牙利旅游并学习匈牙利文化。在匈语桥夏令营这个项目中，学生们可以参观匈牙利的名胜古迹，到多瑙河湾和维斯普雷姆游玩，还可以在罗兰大学孔子学院学习匈牙利语。

2013 年 11 月 13 日，北京匈牙利文化中心开幕典礼。中国文化部对外文化联络局局长谢金英，时任匈牙利总理府负责外交与对外经济的国务秘书、匈牙利政府负责中国关系的专员西雅尔多·彼得先生，共同为北京匈牙利文化中心揭幕。在开幕典礼上放映了第一部中匈合拍的《中国、匈牙利和足球》。来宾们还观看了"Gombold Újra"时装秀，这场秀包含了对匈牙利传统的反思。

2014 年 2 月 13 日，匈牙利总理访问北京匈牙利文化中心并授予钢琴家克劳迪娅·杨匈牙利政府文化荣誉勋章。此时正在北京访问的匈牙利总理欧尔班·维克托出席了本次活动。参加本次活动的还有同行的匈牙利和中国官员以及文化领域的专家。

2014年3月29日,《致春天》展览在北京中华世纪坛举行。这次展览由中国文化部直属的中国书画院和北京匈牙利文化中心共同举办。观众可以在展览上看到中国艺术家创作的有关匈牙利的作品。

2014年10月7日,两国建交65周年之际,匈牙利在布达佩斯举办云南之声音乐会。

2014年11月11日至31日,两国建交65周年之际在北京匈牙利文化中心举办了《永远的朋友》——多米杨·约瑟夫和齐白石对话展。

2014年12月12日,匈牙利授予高建进教授最高文化勋章。授予仪式在北京匈牙利文化中心举行。齐丽大使授予高建进教授勋章,以表彰她在推广柯达伊教学法上所做的贡献。文化部副部长丁伟、中央音乐学院院长王次炤和匈牙利驻华大使齐丽分别致了欢迎词。来自中国的北京爱乐小学六年级一班合唱团、中央音乐学院附中音乐合唱团和中央音乐学院合唱团参加了本次活动。

2015年1月29日,《米哈伊·蒙卡奇和他的时代——十九和二十世纪之交的匈牙利绘画》展览在北京开幕。本次艺术展览是双边文化交流的重要成果。这是自63年前蒙卡奇作品首次在中国展览之后的第二次。中国观众在北京就可以欣赏著名匈牙利画家的作品。展览期间,匈牙利国家美术馆和北京画院签署了合作协议。2015年4月,中国著名画家齐白石的作品将在布达佩斯的匈牙利国家美术馆展出。

2015年3月,"匈牙利狂想曲"在北京民族饭店举行。在这一个月里,来宾们不仅可以了解匈牙利美食,还可以了解骠骑兵、民间舞蹈、民间音乐和习俗、匈牙利发明以及匈牙利高等教育。

2015年6月1日,"体育与教育讨论会"在北京举行。本次活动是为庆祝中国和欧盟建交40周年,由匈牙利驻华大使馆和北京匈牙利文化中心共同举办的。

2015 年 11 月 13 日,匈牙利人力资源部负责文化的国务秘书霍帕尔·彼得(Hepar Péter)和中国文化部长雒树刚共同签署《2016—2019 双边文化合作工作计划》。

2016 年 3 月,匈牙利文化美食月活动在北京民族饭店举办。基于前一次活动的成功经验,本次美食月又增加了新的活动。除了饭店餐厅里的匈牙利菜,还增加了一系列儿童活动。

2016 年 5 月为中国匈牙利月。在匈牙利外交与对外经济部的支持下,匈牙利驻华大使馆和北京匈牙利文化中心在一个月内举办了一系列促进匈牙利高等教育和文化的推广工作。匈牙利月共包括 22 个主要活动和一些附属活动。其中"文化聚会"因其意义深远,被中国外交部正式列入 2016 中国—中东欧民间文化项目。

2016 年 8 月,匈牙利举办了"北京国际书展"。匈牙利作为主宾国中东欧 16 国之一参与了这将近一周的活动。匈牙利外交与对外经济部负责文化与科技外交的国务秘书伊斯特万(István)致欢迎词。

2016 年 11 月 30 日,中国召开"一带一路"文化、教育、旅游工作组会议。匈牙利外交与对外经济部国务秘书伊戈雅托·伊斯特万带队的文化、教育、旅游工作组,由来自匈牙利外交与对外经济部、人力资源部和匈牙利旅游署的成员组成。

2017 年中匈文化交流团体达 54 个,这表明中国与匈牙利的往来非常密切。

2017 年 4 月底,应匈牙利总理欧尔班·维克托的邀请,中共中央宣传部部长刘奇葆与匈牙利人力资源部部长鲍洛洛·佐尔丹,于 4 月 23 日下午在布达佩斯马拉尼奥国家影剧院共同宣布由中国驻匈牙利大使馆、中国国家新闻出版广电总局和匈牙利人力资源部共同主办的"匈牙利 2017 中国电影展"开幕。中国电影展的推广大使、奥斯卡奖终身成就奖获得者成龙向现场匈牙利观众介绍并推广了《功夫瑜伽》,并与当地匈中双语学校小朋友们一起演唱了歌曲《国家》。

4月24日中共中央宣传部部长刘奇葆又在匈牙利科学院为中国—中东欧研究院揭牌。这标志着中国第一家在欧洲独立注册的研究型智库机构正式运营。

2017年6月底,中国国际电视总公司(中国广播电影电视节目交易中心)组织中国联合展团参加NATPE 17匈牙利电视节,并在匈牙利电视节期间成功举办中国影视节目推介会。

2017年9月,匈牙利人力资源部部长出席"第三届中国—中东欧国家文化合作部长论坛",与各国代表团就加强16+1文化合作达成广泛共识,一致通过了《中国—中东欧国家文化合作杭州宣言》《中国—中东欧国家2018—2019年文化合作计划》,共同签署了《中华人民共和国文化部和中东欧国家文化主管部门关于在马其顿共和国设立中国—中东欧国家文化合作协调中心的谅解备忘录》。论坛举办期间,在杭州成立"中国—中东欧国家音乐院校联盟"和"中国—中东欧国家艺术创作与研究中心",并举行"中国—中东欧国家图书馆联盟倡议书"的发布。

2017年是中国—中东欧国家媒体年。11月6日,由中国国际广播电台主办的"中匈媒体合作研讨会"在布达佩斯索菲特酒店举行,匈牙利主要电台和电视台等10余家媒体的负责人、编制制作人和记者应邀出席。

2017年12月3日,第15届布达佩斯国际动画电影节在布达佩斯闭幕,中国动画电影《大鱼海棠》斩获最佳动画长片奖。

目前,匈牙利共有4所孔子学院。同时拥有全欧洲唯一一所中匈双语学校,这所学校是由中国政府与匈牙利政府共同发起开办,目前两国政府正在商讨共同创办大学的设想。

关于小语种人才缺乏的问题,近几年中国逐步开始改善。目前,北京外国语大学、北广传媒、北二外、四川大学均已开设匈语专业。

(二)匈牙利参加的重要欧盟活动

匈牙利参加的重要欧盟活动如下:

2016年"多彩欧洲"。"多彩欧洲"系列活动由欧盟群组、欧盟代表团·北京、匈牙利驻华大使馆和北京匈牙利文化中心共同举办。本季活动旨在展示欧洲多彩的文化,每周活动在不同的文化中心或使馆举行。

2016年"欧盟物语"。"欧盟物语"系列是2016—2017年度由欧盟群组、欧盟代表团、匈牙利驻华大使馆和北京匈牙利文化中心共同举办的活动。本季活动旨在唤起人们对环境保护的关注。每月活动在不同的文化中心或使馆举行。

北京匈牙利文化中心是匈牙利鲍洛希院的一个分部。鲍洛希院成立于2007年3月1日,主要职责是向全球推广普及匈牙利文化,作为一个专门的基地和专职总部,它在匈牙利教育国际网络上起着支柱作用。匈牙利文化政策主要目标之一就是使它的文化水平和竞争力得到稳定、持续的发展。在21世纪,文化外交已经被重新评估,并逐步成为国际关系中的"第三支柱",因此开展文化外交就成为鲍洛希院及其分支机构的主要任务。

(三)北京匈牙利文化中心

北京匈牙利文化中心于2013年11月13日向公众开放,它地处北京的"心脏"地带,坐落于由扎哈·哈迪德设计的华丽壮美的银河SOHO大厦之中。这个地点的选择有着象征意义:匈牙利文化政策不仅是宣传匈牙利文化传统和文化遗产,同时也重视现代文化趋势,因此中心选址最终落户在这个兼具现代艺术和怀旧气息(传统的中国院落概念)的综合商厦中。

在所有中东欧国家中,匈牙利在北京建立"匈牙利文化中心",是第一个在中国首都建立文化中心的国家。中心的作用不仅限于中匈人民之间语言和文化交流的桥梁,也能让中国人对匈牙利有所了解,并通过文化中心开展的项目和举办的各种活动,使其成为中匈对话的一个有机组成部分。文化中心的教育项目由三个不同的部分组成:首先,传播匈牙利语和文化是其主要职责,为那些有需求的人提供专业和个性化的语言课程;其次,开展 Pop Up Hungary(留学匈牙利)计划,即一项旨在让中国学生和匈牙利具有代表性的教育系统建立联系的计划;第三,匈牙利在全球设立的所有文化中心当中,北京中心是唯一获准在教育组合中推广科达伊教学法的,在中国传播这项匈牙利为世界作出的最重要文化贡献之一的音乐教学法。

除组织文化教育活动(音乐会、电影放映、展览等)之外,同时中心还出现在社会媒体上,目的明确地利用可用的平台,找到目标受众。那些有兴趣在匈牙利文学、历史、传统、节日和基础文化遗产方面扩展视野的人,不用通过学校的课程计划,而是通过参加中心组织的活动或者来参观中心就能实现。通过参观中心,不仅可以了解匈牙利的文化和创造力,也可以了解匈牙利的整体情况。

中心在各地组织、机构的帮助配合下,尽可能将匈牙利语和匈牙利文化宣传到中国各地。

中心在匈牙利外事和对外经济关系国务秘书的主持下,于 2013 年 11 月 13 日揭幕。匈中关系政府专员西亚托·彼得和鲍洛希院负责人郝托什·帕尔做了精彩的讲话,突出强调了在新的两国关系、新的共同发展领域里中心的重要性,中心有助于建立对匈牙利多样文化的国际认知。

匈牙利总理欧尔班·维克托先生出席了中心 2014 年的开年仪式,并启动了中心 2014 年各项活动。

(四)中国—匈牙利出版合作现状[1]

1. 匈牙利图书在中国翻译出版

2016 年是"中国—中东欧人文交流年",人文领域的交流渐趋深化。文化交流是民心相通的重要载体,而出版业在推动中国与匈牙

---

〔1〕 黄平、刘作奎:《中国和中东欧国家人文交流:过去、现状和前景》,中国社会科学出版社 2017 年版,第 85—93 页。

利人文交流、促进双方民心相通方面发挥的作用是长效的、全天候的。在此背景下,中国与匈牙利在出版领域开展的双边合作也呈现出良好的发展态势。

根据国家新闻出版广电总局图书在版编目数据显示,2013 年以来,我国从中东欧国家翻译出版的图书品种数较过去有所增加,截至 2016 年 8 月,合计达 600 余种,占 2000 年以来翻译出版总量的近 50%。其中,从匈牙利引进的图书超过 100 种。由于匈牙利具有优良的文学创作传统,成果丰硕,因此文学类图书成为译介出版的主角。

近年来在集中引进中东欧文学类图书方面,广东花城出版社"蓝色东欧"丛书成绩最为突出。截至目前,该套丛书已出版四辑,共收录东欧国家的具有艺术性、思想性、代表性与当代性的经典文学作品 36 部。其中,第二辑出版了匈牙利作家瓦莫什·米克罗什(Miklós Vámos)的小说《父辈书》;第三辑出版了匈牙利作家查特·盖佐的《遗忘的梦境——查特·盖佐短篇小说精选》;第四辑出版了匈牙利作家马利亚什·贝拉的小说《垃圾日》。

2. 哲学与第二次世界大战历史等出版选题

匈牙利是中华人民共和国成立后与我国建交的第一批国家,与中国有着传统友谊,而第二次世界大战期间中国与匈牙利均有被侵略和干预的共同命运,因此,在出版选题上,匈牙利的马列哲学著作以及第二次世界大战历史类题材的图书出版在中国保持着相当的热度。其中,黑龙江大学出版社的"东欧新马克思主义译丛"系统引进并翻译了以匈牙利布达佩斯学派的新马克思主义思想家为代表的"东欧新马克思主义"的著作,包括匈牙利马克思主义思想家阿格妮丝·赫勒(Agnes Heller)的《社会主义的人道主义》等,对于深刻、完整地理解 20 世纪马克思主义研究具有重要价值。

匈牙利在第二次世界大战中饱受法西斯蹂躏,之后虽又经历了

20 世纪 90 年代的政治、经济以及社会、文化等全方位的转型,但近年来在中东欧国家仍然先后出版了不少记录第二次世界大战、反思纳粹的历史类图书。共同历史记忆使匈牙利国内出版机构对这类选题非常热衷,这也为中国读者提供了多角度、多侧面了解第二次世界大战史与法西斯罪行的鲜活史料。如人民文学出版社引进的《焦点不太准——卡帕二战回忆录》再现了匈牙利战地摄影记者罗伯特·卡帕(Robert Capa)随盟军出生入死,转战大西洋、北非、欧洲的历程。[1]

3. 中国出版"走出去"

随着中国国力的不断提升,中国模式在之前同为社会主义阵营的东欧国家引起了人们探究的兴趣。匈牙利的读者对中国国家领导人的执政理念及其所承载的东方智慧的关注程度不断提高。2015年,中国与匈牙利安道尔知识中心出版社签订协议,合作翻译出版《习近平谈治国理政》匈牙利文版本。

除此之外,中国文化、文学类图书也颇受匈牙利出版商的青睐。中国文化类著作输出最具代表性的成果就是《中华文明史》(四卷本)。它是由北大中文系教授、著名学者袁行霈先生主持编写、北京大学国学研究院组织撰写的一部重要学术著作,具有极大的版权输出意义和价值。继英文版由剑桥大学出版社成功输出之后,又签订了匈牙利文版、日文版、韩文版、俄文版、塞尔维亚文版等版权输出协议。

文学类的作品也表现不凡。2009 年,《狼图腾》的版权输出到匈牙利。2008 年,中华版权代理总公司与匈牙利出版机构签订版权输出合同,首次将中文作品输出到匈牙利,扩大了中文作品在匈牙利的影响;2009 年年初,又成功将阿来、央珍、扎西达娃等 10 位作家的作品输出到匈牙利,进一步加深了与匈牙利出版机构的合作。

---

〔1〕 参见徐来:《从 CIP 数据看我国与中东欧 16 国出版交流——文学书成译介主角,国际合作动作频频》,《中国新闻出版广电报》2016 年 8 月 24 日第 6 版。

与此同时,双边出版国际合作也有一些新的举措:2015年北京出版集团与捷中国际文化交流协会合作,在布拉格搭建了中国文学面向中东欧小语种国家的推介平台——"十月作家居住地·布拉格"。

通过梳理近年来中国与匈牙利出版合作的状况,可以看出匈牙利的读者和出版商对中国图书市场的了解以及图书主题的选择范围仍然有较大的局限性。其中,除了中国对海外图书产品推广的政策导向及出版商的宣传策略及发行渠道需要加强,更关键的问题是出版界需要摸清海外读者的阅读喜好,提高选译作品在海外的接受度。

第二节　中国与匈牙利文化贸易发展现状

匈牙利是第一个同中国签署关于共同推进"一带一路"建设的政府间合作文件的欧洲国家,是第一个同中国建立和启动"一带一路"工作组机制的国家,是第一个中国在中东欧地区设立人民币清算行的国家,是第一个发行人民币债券的中东欧国家,是第一个设立中国国家旅游局办事处的中东欧国家,同时也是第一个在国内设立母语和汉语双语教学的欧洲国家。中国是匈牙利重要的经济合作伙伴,匈牙利是中国在中东欧地区的第三大贸易伙伴,中国为匈牙利在欧盟以外的第二大贸易伙伴。匈牙利是中国企业通向欧洲市场的绿色通道。但就文化贸易而言,目前中国与匈牙利的发展规模不大,速度增长较慢。

一、中匈双边贸易发展概况

（一）中匈双边贸易发展历程

1869年,奥匈帝国和清朝缔结条约,建立外交关系,并于1871年正式执行。1881 年,清朝开始向奥匈帝国派驻钦差大臣,首任为李凤苞,于 1881 年 4 月 5 日获任命。起初,驻奥匈帝国钦差大臣一职为兼职,至 1902 年起改为专使。而奥匈帝国则在 1896 年起于北京设立公使馆。1900 年八国联军之役期间,奥匈帝国为参战国之一。1906 年,清朝代表团首次访问了奥匈帝国,1910 年代表团再访奥匈帝国。在这两次访问中,中国与奥匈帝国共签署了七项贷款协议。

1917 年,正逢第一次世界大战,中国向奥匈帝国宣战,两国外交关系由此中断,直到 1926 年才重新缔结和平条约。第二次世界大战结束后,两国关系步入一个新阶段,中国和匈牙利成为同一个全球政治集团的一部分。匈牙利人民共和国宣布成立后不久,便承认中华人民共和国的合法地位,两国重新建立了外交关系,两国之间的对外贸易借此得以发展。"文化大革命"之后的一段时间里,两国的关系逐渐疏远,直到 1978 年中国开始改革开放,两国关系才恢复正常。

1949—1990 年,两国贸易关系受政治影响很大。而 1990 年以后,尽管匈牙利政权更迭,但两国关系一直保持稳定平衡,贸易关系有所改善。如今中国是匈牙利第 5 大进口贸易伙伴,是排名第 15 的出口目的地。

2015 年 6 月,两国签署了《中华人民共和国政府和匈牙利政府关于共同推进"丝绸之路经济带"和"21 世纪海上丝绸之路"建设的谅解备忘录》。目前,中国是匈牙利在欧盟以外的第二大贸易伙伴,仅次于俄罗斯,匈牙利是中国在中欧地区的第三大合作伙伴,仅次于波兰和捷克。

2003 年,匈牙利总理麦杰希·彼得率领代表团访问中国,此次访问时间虽短,但取得了圆满成功。麦杰希总理与中国国家主席、国务院总理、全国人民代表大会常务委员会委员长展开国事讨论。这次访问是一场特殊的政治事件,它不仅是一次政治之旅,也是匈牙利重建自信的表现。而为了进一步加强这种自信,增进两国关系,2004

年4月19号,在北京举行了匈牙利—中国联合经济委员会会议。会议不仅讨论了经济问题,还就一些政治问题也展开了热议。在会议之外,匈牙利还扩建了其驻华大使馆,并设立驻华代表处。

2006年,中国"十一五"规划生效。此次规划开辟了中匈新的合作领域,这对匈牙利来说是一次机会。中国领导人希望通过此次规划提升工业及环境友好型农业技术,这为匈牙利的农业发展提供了条件,尤其是在产品水平和技术水平方面。这一年还有两个大事件:在布达佩斯举办的中国高科技博览会和香港现代生活展。

2007年,"匈牙利节"在北京开幕,这不仅是一场经济盛会,也是一场旅游和文化活动。该节上的经济项目让中国接触到了关于匈牙利经济和投资环境方面的知识,这为日后举办商业峰会提供了支持,并间接为匈牙利企业成为2008年北京奥运会的供应商提供了机遇。2008年,不仅是两国企业丰收的一年,也是两国政治关系稳定发展的一年,其间两国举行了多场会议。

2009年是两国建交60周年,这一年中国成为布达佩斯国际博览会的主宾,中国证券交易所与匈牙利投资发展贸易局达成协议,支持匈牙利中小企业与中国合作伙伴建立合作关系。2010年匈牙利大选后,"向东方开放"的政策成为新匈牙利政府的首要任务,中国自然包含在内。匈牙利与中国绝大部分省份和城市都有贸易往来,但主要的合作伙伴还是北京、广东、广西、江苏、上海和天津。

(二)中匈双边贸易发展总体情况

与欧盟的其他成员国一样,匈牙利与中国的对外贸易在过去20年中有所增加。其中,中国加入世贸组织起到了积极的作用,不仅与整个欧盟和匈牙利的贸易量得到了增长,还产生了贸易逆差(如图5.1所示)。2003—2004年以后,中匈两国贸易量(尤其是从中国进口)增长相当迅速。在2000年之后的10年中,贸易量增加了10倍。

匈牙利对外文化贸易与投资合作研究

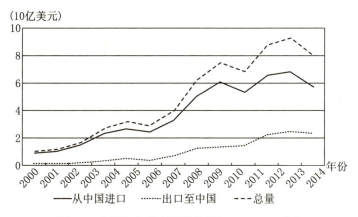

（10亿美元）

——从中国进口　　……出口至中国　　- - -总量

图 5.1　中国与匈牙利贸易总量（2000—2012 年）

　　2005—2008 年,双边贸易额逐年增长,中国的出口增长快于进口,贸易顺差不断扩大。2009 年,中国对匈牙利出口出现 12.4% 的降幅,虽然进口增加了 6.1%,但双边贸易额仍有所下降。2010 年,中国与匈牙利贸易额达 87.2 亿美元,同比增长 28%,已超过国际金融危机爆发前的水平。其中,中国自匈牙利进口 22 亿美元,同比增长 49.9%;中国对匈牙利出口 65.2 亿美元,同比增长 22.0%;中国顺差 43.2 亿美元,同比增长 11.6%。中国成为匈牙利在欧洲以外的第一大贸易伙伴,匈牙利则是中国在中东欧地区仅次于波兰和捷克的第三大贸易伙伴和第一大进口来源地。2011 年,中国与匈牙利贸易额达 92.6 亿美元,同比增长 6.2%。其中,中国出口 68.1 亿美元,增长 4.4%;中国进口 24.5 亿美元,增长 11.6%;中国顺差为 43.5 亿美元。

　　2012 年全年,中匈贸易额为 80.6 亿美元,同比下降 12.9%。其中,中方出口 57.4 亿美元,下降 15.7%;进口 23.2 亿美元,下降 5.3%。2013 年,中匈双边贸易实现恢复性增长,但增长总体呈现前高后低态势。全年贸易额 84.1 亿美元,同比仅增长 4.3%。其中,中国对匈牙利出口 56.9 亿美元,同比下降 0.83%,中国自匈进口 27.2 亿美元,同比增长 16.9%，创历史最高水平。中国为匈在欧洲以外第一大贸易伙伴，匈保持中国在中东欧地区第三大贸易伙伴地位。

2014 年，中匈双边贸易实现恢复性增长，中国自匈进口增速远高于出口，贸易结构日趋平衡。全年贸易额 90.24 亿美元，同比增长 7.3%。其中，中国对匈出口 57.6 亿美元，微幅增长 1.2%；自匈进口 32.6 亿美元，增长 20.1%，顺差 25 亿美元，同比下降 16%。创 2007 年以来最低，双边贸易更加趋于平衡。2015 年，中匈贸易额为 80.7 亿美元，下降了 10.56%，其中，中国对匈出口 52 亿美元，同比下降了 9.82%，中国自匈进口 28.7 亿美元，同比下降了 11.86%。

2016 年，中匈双边贸易额达 88.9 亿美元，同比增长 10.1%，匈牙利继续保持中国在中东欧地区第三大贸易合作伙伴地位，中国也是匈牙利在欧洲外第一大贸易合作伙伴。其中，中国自匈牙利进口 34.6 亿美元，同比增长 20.5%，匈牙利是中国在中东欧地区最大的进口来源国；中国对匈牙利出口 54.3 亿美元，同比增长 4.4%。

表 5.1　2005—2016 年中国与匈牙利贸易统计表　　　（亿美元）

年份	总额	同比增长	中方出口	同比增长	中方进口	同比增长	顺(逆)差
2005	28.6	−8.6	24.9	−5.9	3.7	−23.1	21.3
2006	39.9	39.4	32.9	31.8	7	91.3	25.9
2007	62.3	56.1	50.1	52.6	12.1	73	38
2008	74.8	20.1	61	21.6	13.8	14.2	47.1
2009	68.1	−9	53.4	−12.4	14.7	6.1	38.8
2010	87.2	28	65.2	22	22	49.9	43.2
2011	92.6	6.2	68.1	4.4	24.5	11.6	43.5
2012	80.6	−12.9	57.4	−15.7	23.2	−5.3	34.1
2013	84.1	4.27	56.9	−0.83	27.15	16.88	29.75
2014	90.24	7.3	57.64	1.21	32.6	20.07	25.04
2015	80.7	−10.56	52	−9.82	28.7	−11.86	23.3
2016	88.9	10.1	54.3	4.4	34.6	20.5	19.7

匈牙利对外文化贸易与投资合作研究

（三）中匈贸易结构

中国与匈牙利的贸易结构十分相似，主要的进出口产品为机电产品、通讯设备及零部件以及汽车及零部件。2014年的中匈双边贸易结构如表5.2所示。

表5.2　2014年中匈双边贸易结构

中方出口产品	大类(2位税号)：约85％为机电产品，其中60％为电子电器、13.6％为仪器仪表、10.8％为光学医疗设备
	小类：通讯设备及零部件36.39％、液晶显示面板9.29％、电脑及零部件4.2％
中方进口产品	大类(2位税号)：约66％为机电产品，21.68％为车辆；在机电产品中，31.9％为仪器仪表、21.68％为电子电器、12.57％为光学医疗设备
	小类：汽车发动机15.85％、汽车14.8％、变流器5.06％、电脑及零部件4.78％

2009年国际金融危机爆发时，进出口产品类别减少，直到2010年才恢复增长。之后的两年，匈牙利从中国的进口逐年递减，尤其是一些不太重要的进口产品，如动物源性产品、矿物燃料、润滑油、蒸馏产品、炸药、烟火、火柴和引火物品。匈牙利从中国进口的主要产品参见图5.2。

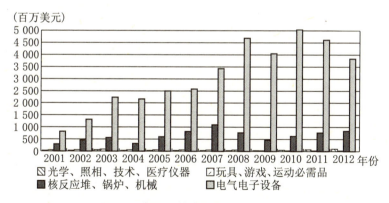

（百万美元）

图5.2　匈牙利从中国进口的主要产品

资料来源：经济合作与发展组织（OECD）。

如果看看周边国家的进口商品，我们就能看到类似的情况，即进口产品主要包括制成品、运输设备和其他机械设备。

与进口一样,在 2002 年至 2012 年这 10 年里,匈牙利对中国的出口也大幅增加。出口产品主要是机械和电气电子设备。这些产品由欧洲最大的跨国公司出口,它们在匈牙利有子公司,包括奥迪、西门子、IBM、艾利森和诺基亚(现已被微软收购)。除铁路和电车轨道外,汽车出口额的增幅最大,其 2012 年出口额比 2000 年高出 31 倍。原因是上述跨国汽车公司的生产量不断增加。2000 年以来,最大的跌幅是家具、照明、标志、预制装配式房屋等产品(见图 5.3)。

图 5.3 匈牙利出口至中国的主要产品

资料来源:经济合作与发展组织(OECD)。

影响未来贸易量和贸易价值的国内外因素有很多,如果未来几年匈牙利国内外经济政治稳定,那么预计 2019 年匈牙利从中国进口的商品总额将达到 100 亿美元,而匈牙利对中国出口的商品总额将是 50 亿美元。

在进口方面,近年来,中国从匈牙利进口呈逐年增长的趋势。2005 年,中国从匈牙利进口货物总额约 3.66 亿美元,占中国进口市场份额 0.06%,排名 65 位。2014 年,中国从匈牙利进口约 32.60 亿美元,占中国进口市场总额的 0.17%,排名第 58 位;与 2005 年相比,进口总额增加约 28.94 亿美元,增长近 8 倍,市场份额增加 0.11 个百分点,排名提升 7 位。

2005 年,中国从匈牙利进口的产品主要有电机电气、音像设备及零附件、机械器具及零件、核反应堆、锅炉、车辆及零件(轨道除外)、药品、塑料及制品等。其中,电机电气、音像设备类产品进口额最高,达 1.45 亿美元,占中国从匈牙利进口市场总额的 39.75％。

2014 年,中国从匈牙利进口的产品主要有机械器具及零件、核反应堆、锅炉、电机电器、音像设备及零附件、车辆及零件(轨道除外)、光学及医疗精密仪器、轨道车辆及零件,进口额增长 724.86％,排名提升 1 位,但市场份额减少 2.59 个百分点;电机电气、音像设备类产品进口额增长 386.92％,市场份额减少 18.04 个百分点,排名下跌 1 位;车辆及零件(轨道除外)、光学及医疗精密仪器类产品市场份额分别增加 9.67 和 9.81 个百分点;药品、塑料及制品虽然进口额有所增加,但市场份额却分别减少 1.58 和 2.02 个百分点,排名分别下跌 2 位和 5 位。

2018 年,电气和电子设备进口的增长速度将超过机械设备。机械设备的进口价值将达到 10 亿美元,电器设备的进口价值将在 2019 年之前超过 80 亿美元。光学、照片、技术和医疗器械的进口价值也将增加,在未来 5 年里,进口值会翻倍。

在出口方面,中国对匈牙利货物出口整体呈增长趋势。2014 年,中国对匈牙利出口货物总额约 57.64 亿美元,占中国出口市场总额的 0.25％,排名第 49 位;与 2005 年相比,出口额增加约 32.71 亿美元,增长约 131.17％;排名下跌 11 位,市场份额减少约 0.08％。2014 年,中国对匈牙利货物净出口约 25.05 亿美元,比 2005 年增加 3.77 亿美元,增长约 17.70％。[1]2005 年,中国出口至匈牙利的产品主要有电机电器、音像设备及零附件、机械器具及零件、核反应堆、锅炉、光学、摄影、医疗精密仪器、针织服装、鞋靴类等。其中,电机电气、音

〔1〕 联合国商品贸易统计数据库,https://comtrade.un.org。参见李敬、肖伶俐:《"一带一路"相关国家贸易投资关系研究》,经济日报出版社 2017 年版,第 81—87 页。

像设备类产品出口额最高,约 15.31 亿美元,占中国出口至匈牙利市场总额的 61.40%。

2014 年,中国出口至匈牙利的产品主要有电机电气、音像设备及零附件、机械器具及零件、核反应堆、锅炉、光学、影像、医疗精密仪器、车辆及零件(轨道除外)、家具、寝具、灯具、活动房等。其中,电机电气、音像设备类产品出口额仍然最高,约 34.78 亿美元,占中国出口至匈牙利市场总额的 60.34%。

与 2005 年相比,2014 年中国出口至匈牙利的主要产品出口额明显增加。2014 年出口额排名居前的依然是电机电气、音像设备、机械器具及零件、光学、医疗精密仪器类,但电机电气、音像设备和机械器具及零件类产品市场份额分别减少 1.06 个和 1.91 个百分点,光学、医疗精密仪器市场份额增加 4.59 个百分点;车辆及零件(轨道除外)排名提升 4 位;针织服装和非针织服装市场份额略有减少,排名分别下降 2 位和 1 位;有机化学、塑料及制品、钢铁制品排名纷纷跻身前 10;家具、寝具、灯具类产品排名提升 1 位,市场份额变化较小。

从当前的趋势看,机械产品出口额在 2018 年将超过 20 亿美元,电工电气设备出口额在 2017 年超过 10 亿美元。汽车可能仍然是第三大出口商品,但由于中国汽车工业的发展,汽车在匈牙利整体出口中的比例将略有下降。越来越多的跨国汽车公司选择在中国设立子公司,主要是因为中国劳动力成本较低。主要出口产品中,医药产品的比例在过去 10 年中显著增加(国际金融危机期间除外),在未来两年内将超过 7 000 万美元。木材和木制品的出口在未来几年将有较大幅度的变动,这主要是受人们多变的需求的影响。从发展趋势判断,有两种商品将从匈牙利的出口名单中消失,即钢与铁,人们对它们的需求正在不断减少。

从中国对匈牙利的进出口情况看,不难发现两国之间的贸易存在竞争互补的关系。

（1）中国与匈牙利的贸易互补关系很强。2013年，以中国出口计算的贸易互补指数为0.398 1，在中国与"一带一路"沿线国家贸易互补关系中排名第一。

（2）中国与匈牙利贸易互补关系呈继续增强的趋势。这从以中国出口计算的数据中可以看出，中匈贸易互补关系近年得到一定程度的提升和改善。

（3）以中国出口计算的贸易互补指数大于以匈牙利出口计算的贸易互补指数，表明两国贸易有利于中国出口，同时有利于匈牙利进口。2005年，以匈牙利出口计算的经贸互补指数为0.276 5，以中国出口计算的贸易互补指数为0.395 0；2013年，以匈牙利出口计算的贸易互补指数为0.270 3，以中国出口计算的贸易互补指数为0.398 1。

（4）中国与匈牙利的贸易竞争关系激烈，两国出口产品结构存在同质化趋势。2005年，两国贸易竞争指数为0.458 1，贸易竞争关系激烈，匈牙利在中国与"一带一路"沿线国家贸易竞争关系中排名第2。2013年，中国与匈牙利的贸易竞争指数为0.345 5，贸易竞争关系强，匈牙利在中国"一带一路"沿线国家贸易竞争关系中排名第4。与2005年相比，2013年中国与匈牙利的贸易竞争指数减少了0.112 6，排名下跌了2位，贸易竞争关系呈变弱的趋势，两国出口产品相似度降低，整体有利于中国产品出口。[1]

在过去的几年中两国签署了许多协议，但与中国相比，匈牙利经济总量较小，供应跟不上需求，匈牙利的企业和生产商没有足够的能力填补供需之间的差距。虽然中国通过外国直接投资的方式支持匈牙利成为其通往欧洲的门户，但外国直接投资不能缩小两国双向贸易的巨大差距。

---

[1] 联合国商品贸易统计数据库，https://comtrade.un.org。参见李敬、肖伶俐：《"一带一路"相关国家贸易投资关系研究》，经济日报出版社2017年版，第81—87页。

但也有一些乐观的看法,比如中匈两国具备开展农业合作的前景,在这方面匈牙利目前还没有任何行动。中国是世界上最大的农产品生产国,但也存在严重的生产和供应问题。如果匈牙利能够扩大农产品出口,调整其出口结构,双方就可以在抗旱作物、生产实践、食品安全、葡萄加工和葡萄酒生产等领域开展新的合作。

虽然中匈双边贸易持续增长,但隐含的问题也需要引起重视。专家研究称,匈牙利对中国的出口产品中大约91.24%是由活跃在匈牙利的多国企业的出口产品组成的,相当一部分实际上是企业内部贸易。就进口而言,一般都认为匈牙利对中国的进口大部分是衣服和鞋子,但事实上,它们所占比例不超过0.7%,约85.4%的进口商品是机械和车辆。所以,匈牙利进口的很大一部分也可能是企业内部贸易,比如在匈牙利组装后再出口的零部件,这种现象多发生在电子行业。

二、 中国与匈牙利文化贸易发展现状及特点

(一)中国与匈牙利文化产品贸易总量不大,总体呈现下滑趋势

在2006—2015年间,中国与匈牙利文化产品进出口贸易总额从99.93百万美元下降到91.47百万美元,年均增长率为-0.08%。2006—2010年间,年均增长率为11.05%,从2010年后开始下滑,呈现负增长(图5.4)。

(二)中国对匈牙利文化产品贸易呈现顺差,进出口严重不平衡

从中国对匈牙利文化产品贸易平衡度来看,在2006—2015年间,中国对匈牙利文化产品出口额从99.45百万美元减少到83.98百万美元,进口额从0.48百万美元增加到7.49百万美元,进口额和出口额相差很大,出现严重顺差。就2015年而言,出口与进口的比例约为11:1(见图5.4),进出口出现了严重失衡。

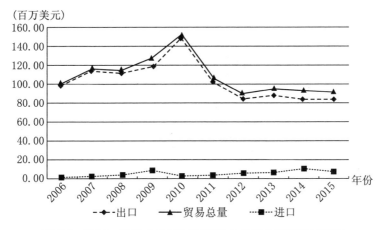

图 5.4　2006—2015 年中国与匈牙利文化产品贸易发展状况

资料来源：根据 UNCTADdatacenter 数据库整理。

（三）中国与匈牙利文化产品出口主要是设计类文化产品，进口
主要是视听产品

从文化产品贸易结构来看，中国与匈牙利文化产品出口主要
是设计类文化产品。在 2006—2015 年间，中国对匈牙利出口的设
计类文化产品年均占比为 55.47％，就 2015 年来看，占比为 69.58％
（见图 5.5）。中国对匈牙利进口文化产品主要是视听产品，年均占比
为 33.70％，就 2015 年而言，占比为 61.45％（见图 5.6）。

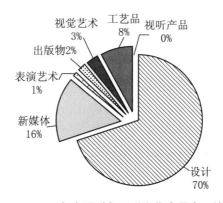

图 5.5　2015 年中国对匈牙利文化产品出口结构

资料来源：根据 UNCTADdatacenter 数据库整理。

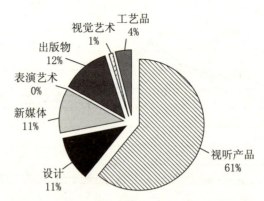

视觉艺术 工艺品
1% 4%

出版物
12%

表演艺术
0%

新媒体
11%

设计
11%

视听产品
61%

图 5.6 2015 年中国对匈牙利文化产品进口结构

资料来源：根据 UNCTADdatacenter 数据库整理。

（四）中国在匈牙利的文化产品贸易中占比很低

匈牙利的文化产品贸易伙伴主要是欧盟。在 2006—2015 年间，匈牙利与欧盟的文化产品进口贸易平均占比为 79.66％，2015 年占比为 82.21％；匈牙利出口到欧盟的产品平均占比为 80.12％，2015 年占比为 82.80％。匈牙利出口中国的文化产品年均占比为 0.45％，2015 年占比为 0.57％；匈牙利从中国进口的文化产品年均占比 7.21％，2010 年占比最高为 10.48％，自 2011 年后逐渐下降，2015 年的占比下降到 6.41％。可见，匈牙利的文化产品贸易主要对象国是欧盟。

综上所述，可以得出以下结论：

第一，在 2006—2015 年间，匈牙利文化产品贸易年均增长率为 4.11％，低于同期世界文化产品年均增长率（4.47％），出口增长快于进口增长速度，出口高于进口近 8 个百分点，文化产品贸易由逆差转为顺差，表明匈牙利文化产品在国际市场上的竞争力逐渐增强。

第二，文化产品进出口均以设计类文化产品为主，设计类的文化产品的出口额占文化产品出口额的比重最高，达 73.40％，表明匈牙利的设计类文化产品出口具有竞争力。设计类的文化产品进口额在文化产品进口中占比最大，占比为 55％，表明匈牙利国内市场对物质类的文化产品需求比较大。

第三,文化服务贸易与文化产品贸易同步增长,但文化服务贸易快于文化产品贸易增长。文化服务贸易是从逆差转为顺差,该趋势说明在匈牙利拥有文化产业发展的良好基础,文化服务贸易具有较大的优势。

第四,匈牙利文化服务贸易进出口"版税和许可费""个人文化和休闲服务"占比较高,表明匈牙利非常重视知识产权贸易的发展,人们的精神生活层次较高。

第五,中国与匈牙利文化产品贸易总量不大,总体呈现下滑趋势。中国对匈牙利文化产品贸易呈现顺差,出口与进口的比例约为11∶1,进出口严重不平衡。

第六,中国与匈牙利文化产品出口主要是设计类文化产品,进口主要是视听产品,一定程度上说明中国和匈牙利在发展程度上有一定的差距。中国出口到匈牙利的是低端物质类的文化产品,从匈牙利进口的是精神类的文化产品。

第七,中国在匈牙利文化产品贸易中占比很低,欧盟是匈牙利重要的文化贸易伙伴,中国应积极拓展与匈牙利的文化贸易发展空间,加快中匈文化贸易发展。

第三节 中国与匈牙利投资合作情况

一、 中国对匈牙利直接投资现状及其国际比较

匈牙利在中东欧地区具有明显的吸引外国直接投资的比较优势。首先,匈牙利地处欧洲心脏地带,区位优势非常突出,是通往欧盟大市场最繁忙的交通枢纽;其次,匈牙利拥有中东欧地区性价比最高的劳动力资源,单位 GDP 劳动力成本在中东欧国家中是最低的,平均工资要比西欧国家低 1/3 左右,而且劳动力人口中绝大多数都

接受过中等以上良好的教育和培训;再次,匈牙利政府为吸引外资颁布了大量的优惠政策,涵盖税收优惠、就业补贴等各个方面,使得外资企业获得的投资补贴最多可达投资总额的一半以上;最后,匈牙利在汽车、电子、通信、生物制药、酿酒等许多领域都具有独特的产业优势,许多技术和工艺极具特色,对外资具有很大的吸引力。上述优势使得匈牙利成为欧洲生产基地以及物流集散中心。很多世界500强企业纷纷在匈牙利投资设厂或建立研发及物流中心,外资企业增加值占匈牙利 GDP 的 1/3 左右,出口额占匈牙利总出口额的 70% 以上。在诸多有利因素的推动下,近年来中国对匈牙利的直接投资也呈快速上升趋势,具体数据参见图 5.7。

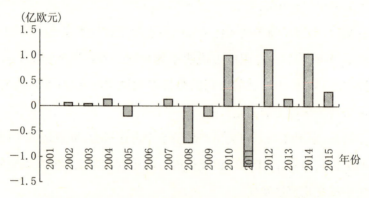

图 5.7　2001—2015 年中国对匈牙利直接投资流量净额

对外直接投资流量净额包括新增股权投资、当期收益再投资以及债务工具投资。如果中国对外直接投资中出现收益再投资为负值(如当年境外企业对以往年度的未分配利润进行分配)、债务工具为负值(如境外企业到期归还中国境内母公司贷款)、新增股权为负值(如境外企业撤资、注销等)时,中国的对外直接投资流量净额就可能为负值。

在 2008 年国际金融危机以前,中国对匈牙利的直接投资并不活跃,规模很小,2007 年仅投资 0.1 亿欧元。然而,从 2010 年开始情况发生变化,当年直接投资流量猛增至 1 亿欧元。此后虽然 2011 年出现回

匈牙利对外文化贸易与投资合作研究

落,但从 2012 年开始又大幅提升,2012 年和 2014 年分别达到 1.1 亿欧元和 1.02 亿欧元。根据中国商务部的统计,截至 2015 年年底,匈牙利是中国在中东欧地区直接投资存量最多的国家,占比达到 23.5%。

尽管中国对匈牙利的直接投资近年来大幅提升,但从匈牙利吸引投资的国家排名来看尚不突出。截至 2015 年年底,匈牙利吸引的外国直接投资存量为 773.151 亿欧元,其中欧洲国家占有绝对优势地位,达 90%;亚洲是向匈牙利投资的第二大洲,但仅占 5%,其中排名前三位的国家分别是韩国、日本和新加坡,投资额分别为 12.738 亿欧元、7.538 亿欧元和 4.001 亿欧元。2015 年,中国对匈牙利的直接投资存量为 2.147 亿欧元,在亚洲排名第 4 位,与位列前三甲的国家仍有较大差距,韩国对匈牙利的投资存量是中国 6 倍之多。从整体来看,中国对匈牙利的投资份额仅占亚洲国家对匈牙利直接投资的 6.6%,全世界的 0.28%。这说明中国对匈牙利的直接投资还有很大的拓展空间。匈牙利外国直接投资存量详情参见表 5.3。

表 5.3　2008—2015 年匈牙利外国直接投资存量(净额)　(亿欧元)

年　份	2008	2009	2010	2011	2012	2013	2014	2015
欧　洲	494.790	529.519	571.114	539.071	645.314	636.435	650.379	693.315
奥地利	91.102	93.814	87.336	78.608	91.183	86.311	83.853	128.898
英　国	3.527	15.198	17.314	16.849	29.041	31.096	31.161	39.609
荷　兰	86.451	124.949	118.927	120.558	97.282	89.811	121.881	217.287
德　国	140.818	150.236	157.729	193.709	194.999	190.714	187.448	173.132
北　美	30.730	31.732	33.176	25.858	26.390	20.460	20.692	−5.328
美　国	28.898	29.169	30.045	21.641	21.804	16.547	15.689	−10.781
亚　洲	18.867	19.568	17.404	20.082	21.933	23.854	30.849	35.088
韩　国	7.797	8.947	8.039	8.627	10.471	11.164	11.560	12.738
日　本	9.590	8.175	7.936	8.691	7.726	8.159	11.597	7.538
中　国	0.295	0.074	0.986	−0.249	0.652	0.803	1.865	2.147
新加坡	0.729	2.607	2.698	3.331	4.065	3.574	4.105	4.001
合　计	624.906	686.587	679.995	660.092	788.919	788.698	817.649	773.151

二、 中国对匈牙利直接投资的主要特征

从企业规模上看,在 2009 年华为公司入驻匈牙利以前,中国对匈牙利的直接投资主体完全由中小企业组成,投资数额较小,并未表现出较强的投资活力。现阶段,尽管中国对匈牙利的直接投资仍以中小企业为主,但是为数不多的大企业以其在投资额中的绝对优势对带动中国在匈牙利的直接投资作出了巨大贡献。这些企业包括中匈宝思德公司、华为匈牙利公司、比亚迪匈牙利公司等。

中资企业万华集团收购宝思德集团后实施全方位的整改措施,使得宝思德集团成功跨越经济危机余波,在 2014 年扭亏为盈。宝思德化工厂占地 4.5 平方公里,有 3 000 多名员工,生产包括汽车在内的各类产品的基础性塑料原材料。在全球化工行业寡头垄断的背景下,万华集团在匈牙利收购项目的成功进一步提高了其在世界化工生产中的地位。在此基础上万华集团依托宝思德集团建立了匈牙利最大的以化工为主导的园区,2014 年宝思德工业园区正式更名为中匈宝思德经济园区。2016 年该园区经中国商务部、财政部考核批准,晋升为国家级境外经济贸易合作区。目前,万华集团在园区内累计完成投资近 17 亿欧元,基础设施投资约 4 亿欧元。该园区不仅吸引了来自中国和匈牙利的企业,美国、法国、德国等国家的企业也强势入驻,也因此成为中国在境外合作的产业园区的典范。

华为公司是继万华集团后在匈牙利投资的第二大中资企业。华为匈牙利代表处于 2005 年成立,华为欧供中心于 2009 年成立。2012 年 5 月,华为公司斥资 15 亿美元进行绿地投资,这是迄今为止华为公司在匈牙利数额最大的投资项目。现在,华为公司已经在匈牙利设立了服务于整个欧洲地区的全球第二大物流中心。与此同时,华为匈牙利公司还为中亚、北非、中东和西非的供应商组装和运输电信产品。2015 年,该公司在匈牙利创造了 675 亿福林的收入,雇用员工超过 2 000 人。2016 年 7 月华为公司与万华宝思德化工集团

签署战略性合作协议,华为将向万华提供最先进的产品,以促进智能生产领域发展,同时实现其业务发展目标。万华宝思德化工集团在华为的技术支持下将在匈牙利建立区域信息通信中心,以提高其产品的供应效率、公司的全球竞争力,实现长期可持续发展目标。

比亚迪公司在匈牙利北部建设了其第一个欧洲电动汽车工厂。作为世界上最大的纯电动汽车制造商,比亚迪正在匈牙利城市街道上掀起一场绿色革命——推广零排放汽车。2017年4月,该公司投资62亿福林,并获得匈牙利政府9.25亿福林的补助用于建立比亚迪在欧洲的第一家汽车制造工厂。该投资项目将在投资初期实现年产400辆电动公共汽车的目标,并将出口欧洲各大城市,这将有助于匈牙利实现全球化气候贸易政策目标。

除此之外,中兴通讯服务有限公司在布达佩斯设立中兴通讯中东欧拓展处,长虹集团设立四川长虹电器股份有限公司匈牙利代表处。中国企业正加紧对匈牙利的投资,以匈牙利作为中东欧国家的中枢抢滩中东欧市场。

从投资领域看,中国对匈牙利的投资已经逐渐从以往的餐饮、纺织等劳动密集型行业转移到资本密集型和高附加值行业,尤其是化工业。这一方面是因为万华集团是一家化工企业,其较高的投资数额决定了其在对匈牙利直接投资项目上的绝对地位。另一方面,万华集团对宝思德集团的并购带动了中国其他公司对宝思德旗下其他化工公司以及匈牙利其他化工公司的注资和并购,尤其是中匈宝思德经济园区的成立和建设更吸引了一系列化工类投资项目的涌入。目前,中国企业已涉足匈牙利特种胺、氯碱、塑料等化工产品的制造。除了化工行业外,贸易及绿色能源产业的投资也逐渐发展起来。这是由于中匈两国贸易迅猛增长带动了进出口贸易的发展,同时绿色能源既是匈牙利政府重点发展的行业也是中国具有领先技术优势的行业,对其进行的投资项目更易获得支持和开展。

第六章
"一带一路"倡议与中匈文化贸易与投资合作发展展望

第一节　中匈文化贸易发展与投资合作发展新契机

一、"一带一路"倡议与文化贸易发展的关系

2013 年 9 月,中国国家主席习近平在哈萨克斯坦纳扎尔巴耶夫大学演讲时,首次提出了"共建丝绸之路经济带"。这是在古代丝绸之路的概念基础上形成的一个新的经济发展区域,它是世界上跨度最长的经济走廊,也是世界上最具发展潜力的经济合作带。发端于中国,贯通中亚、东南亚、南亚、西亚乃至欧洲部分区域,东牵亚太经济圈,西系欧洲经济圈,覆盖约 44 亿人口,经济总量约 21 万亿美元,分别占全球的 63% 和 29%。"一带一路"倡议确定了五大国际合作重点领域,即政策沟通、设施联通、贸易畅通、资金融通、民心相通,其重点合作内容是投资和贸易。

"一带一路"建设倡导的是亚非欧地区的共同发展。"一带一路"建设彰显的是发展中国家对西方贸易规则不合理性的呼吁,发展中国家联合在一起为共同利益制定合理的贸易规则。"一带一路"建设是开放的、自愿的,具有极大包容性的平台,是在政治互信、经济互惠、文化互

通的基础上开展的广泛合作,有很强的生命力。"一带一路"建设是以中国为代表的发展中国家自己掌控规则,突破发达国家不平等贸易规则,发挥发展中国家比较优势。通过消除由发达国家把持和制定的贸易投资规则中损害发展中国家利益的条款,补充没有体现和顾及发展中国家利益诉求的内容,使任何国家都可以在全球贸易中获利。

自从"一带一路"倡议提出以来,中国与"一带一路"沿线国家开展了密切的贸易往来,加强了中国与各个国家之间的政治、经济与文化交流,加强了中国在国际贸易中的竞争力。但是,由于文化、宗教、制度等方面的差异,也出现了中国与沿线国家经济交流不畅、纠纷不断、成本增加等一系列的问题,亟需寻求破解之道。而文化贸易的发展,有利于解决"一带一路"建设过程中所面临的一系列困境。以文化贸易为先导,加强"一带一路"沿线国家之间的文化交流,增强相互信任、加深彼此感情,增加彼此之间的经济合作机会,是推进"一带一路"倡议可持续发展的根本保证。

总之,"一带一路"倡议的提出,不仅是对历史的传承,更是在当今新的时代背景下,秉承"和平合作、开放包容、互容互鉴、互利共赢"的丝绸之路精神,通过沿线国家的通力合作,促进各国繁荣发展的重要纽带,也是沿线各国加强政治经济文化交流的重要平台。

二、"一带一路"背景下中匈文化贸易和投资面临的新契机

(一)"一带一路"倡议为中匈文化贸易奠定了坚实的基础

"一带一路"倡议为中国与包括匈牙利在内的中东欧国家开展文化贸易提供了重要契机。历史上,张骞开辟的丝绸之路就为汉朝和西方的文化交流提供了平台,不仅宣扬了西汉的博大文明,也让西汉人民领略了西方异域文化的独特风采。作为东方民族的后裔,自古以来匈牙利人就与东方世界有着广泛的经济与文化联系。1949 年中华人民共和国成立后,作为社会主义大家庭的一员,匈牙利 10 月

4日就宣布承认中华人民共和国,是与中国建交最早的国家之一。20世纪80年代,随着中国的改革开放,两国的经济、政治与文化交流得到了全面加强。2004年,两国一致同意将双边关系提升为友好合作伙伴关系,为两国未来的合作奠定了牢固的基础。

借助"一带一路"建设的良好平台,为中国与匈牙利提供了难得的文化交流的机会。目前,中国与匈牙利文化产品出口主要是设计类文化产品,进口主要是视听产品,中国出口到匈牙利的是低端物质类的文化产品,从匈牙利进口的是精神类的文化产品;近年来,随着两国经济交流的增多,包括手工艺品、出版物、视觉艺术等在内的产品我国文化产品开始进入匈牙利文化市场,文化贸易的品种有逐渐扩大的趋势。但就文化贸易总量而言,由于种种原因,目前中国与匈牙利发展规模不大,速度增长较慢。在2006—2015年间,中国与匈牙利文化产品进出口贸易总额从99.93百万美元下降到91.47百万美元,年均增长率为−0.08%;2006—2010年间,年均增速为11.05%;从2010年后开始到现在,一直在低水平徘徊,停滞不前。这说明,中国与匈牙利的文化贸易还有很大的上升空间。

从总体上看,随着"一带一路"倡议得到更多国家的响应,中国与匈牙利的政治、经济与文化交流将不断扩大,文化贸易作为一种加强两国人民文化交流的重要载体,其重要性将日趋上升。只要中国各类文化企业能够充分利用"一带一路"建设平台,一定会在不远的将来,将中国与匈牙利的文化贸易规模做大,档次提高,让文化贸易变成两国人民增加相互了解的一座友谊桥梁。

(二)"16+1"合作机制为中国与匈牙利合作提供了新的契机

近年来,中国加快与中东欧国家建立各种合作机制,为中国企业投资中东欧创造良好的外部环境。2012年,中国—中东欧16国领导人在华沙的会晤,标志着"16+1合作"框架的正式开启,通过会议交流达成共识,起草并通过了加强中国与中东欧国家合作的12项举措。自此以后,中国与中东欧合作以机制建设为基础,双边关系不断深化拓展,呈现出全方位、宽领域、多层次的良好发展态势。2014 年和 2015 年,中国与中东欧国家领导人分别在贝尔格莱德和苏州举行了第三次和第四次国家领导人会晤,并发表《贝尔格莱德纲要》和《苏州纲要》,明确了进一步合作方向和前景;2016 年 5 月 5 日,中国与中东欧国家最高法院院长会议通过《苏州共识》,为进一步深化中国与中东欧国家间的国际司法交流与合作奠定了基础。以上一系列促进双边合作的纲领性文件,为中国与中东欧国家搭建了一个多层次、宽领域、全方位的合作交流平台。

"16+1 合作"框架体现了以市场为主导的企业选择结果,成为"一带一路"建设的重要载体,为中国与中东欧国家间的经贸合作提供了新机遇。在"16+1 合作"框架下,中国与匈牙利提供了互联互通产业的合作机会,产能合作提升了产业发展水平的机会、大企业重大项目合作投资机会,以及中小企业入园投资机会等等。

(三)金融危机和欧债危机为中国投资匈牙利提供了战略机遇

东欧剧变之后,匈牙利国家体制由社会主义向资本主义转变,经济模式也由计划经济体制向市场经济体制转变,经济命脉和资产逐步通过多种形式向私有制发展,经济模式逐步向西欧发达国家靠拢,形成了依托和附属关系。2008 年国际金融危机后,西欧各国受本身货币和债务问题的困扰,银行紧缩信贷,企业在匈牙利的投资较低,导致匈牙利内需减少,出口下滑,经济发展受到严重影响。这使得包括匈牙利在内的中东欧国家调整对华战略,通过采取吸引外部投资的政策作为促进经济增长的手段,这给拥有充裕资金的中国企业投资匈牙利带来了较为宽松的政策环境。

(四)匈牙利的"向东开放"政策,为中匈经济对接提供了合作通道

作为历史上东方游牧民族的后裔,匈牙利与东方文化有着千丝

万缕的联系。2010 年,匈牙利实行了"向东开放"的政策,旨在全面发展同亚欧大陆东部地区主要国家的政治、经济和文化关系,这与中国提出的"一带一路"倡议正好对接,双方一拍即合,签订了大量的政治、经济、文化等方面的合作协议,两国在各领域的交流都达到了历史新的高度。特别是在金融、投资和基础设施建设等方面双方都取得了重大进展,中国的服装、机电产品大量出口匈牙利,华为、中兴、联想集团等中国知名企业都已经在匈牙利投资,与当地企业开展合作。目前,中国已经成为匈牙利在欧洲以外的第一大贸易伙伴,这意味着"一带一路"倡议在匈牙利已经取得了初步的成效。

第二节　中匈文化贸易发展与投资合作发展新态势

在"16+1 合作"框架以及匈牙利"向东开放"政策指引下,中匈两国间的相互投资不断扩大,合作领域日益拓展,特别是在金融、投资和基础设施建设等方面都有重大进展。

2002 年 12 月,中国正式批准匈牙利为中国公民出国旅游目的地国。为了让更多的中国投资者实现在匈牙利投资的目标,匈牙利政府在 2012 年 12 月底修改了《第三国公民入境和居留法》。根据新法,投资者购买 25 万欧元的 5 年期国债,即可取得 5 年期的匈牙利居留许可,取得该居留许可 6 个月并满足一定条件后,即可取得永久居留权。

2013 年 1 月 25 日,第 113 届中国进出口商品交易推介会在匈牙利首都布达佩斯举行;7 月 1 日,2013 高交会匈牙利分会在布达佩斯举行;9 月 9 日,中国人民银行行长周小川与匈牙利中央银行行长马托尔奇在瑞士巴塞尔国际清算银行总部共同签署了中匈双边本币互换协议,旨在加强双边金融合作,促进两国贸易和投资,共同维护地区金融稳定,互换规模为 100 亿元人民币/3 750 亿匈牙利福林,有效期 3 年,经过双方同意可以延期。2013 年 11 月,中国—中东欧国家领导人在罗马尼亚布加勒斯特举行会晤,中国总理李克强宣布,中国愿意深入推进与中东欧国家在农业、人文、金融、清洁能源等方面的合作;匈牙利总理欧尔班·维克托表示,匈中商定的合作项目取得积极进展,合作规模不断扩大,有力地促进了匈牙利经济、社会发展,匈方支持中国与中东欧国家的关系,尤其是支持中国来匈牙利投资。同时,中国总理李克强、匈牙利总理欧尔班和塞尔维亚总理伊维察·达契奇(Ивида Дачић, Ivica Dačić)共同宣布,三国合作建设连接贝尔格莱德和布达佩斯的匈塞铁路,投资规模达到 100 亿元人民币,成为中国与中东欧合作中的标志性项目。此后,匈牙利外交及对外经济国务秘书兼中匈双边关系政府专员彼得·西亚托(Peter Cciatore)多次访问北京,推动中匈在基础设施建设、投资和文化等方面的合作。在 2013 年 4 月的访问中,彼得·西亚托与中国外交部副部长宋涛举行了会谈,双方均表示继续发展匈中经济关系是两国的重要目标。西亚托还与中国商务部副部长蒋耀平及中国土木工程有限公司和国家开发银行高层会晤、协商双方如何将 10 亿欧元中国贷款用于中国土木集团参与的匈牙利铁路建设。

2014 年 2 月 12 日,匈牙利总理欧尔班·维克托到访中国银行时表示,匈牙利政府将支持中国银行成为当地人民币业务清算行,人民币可以在需要时参与匈牙利市场的融资活动;2 月 22 日,在北京举办了中国—匈牙利经贸论坛。

文化交流方面,2013 年 5 月,匈牙利人力资源部部长鲍洛格·佐尔坦(Balog Zoltán)率团参加了中国—中东欧国家合作文化论坛;8 月,中国在匈牙利成立了第三所孔子学院;11 月,匈牙利文化中心在北京正式揭牌。

匈牙利已经成为中国企业进入欧洲市场的桥头堡。目前,中国银行、华为、中兴、烟台万华、上海建工、钱江摩托、联想集团、七星华创等知名企业相继在匈牙利开展贸易与投资活动,匈牙利已经成为中国在中东欧地区中资企业最为集中的国家。截至 2013 年底,中国对匈牙利累计投资达到 29.6 亿美元,雇用本地员工超过 5 000 人,投资领域集中在金融、化工、新能源和通信、污水处理、水资源管理、建材、食品加工和家禽饲养等行业,在匈牙利投资的中国公司已达数千家之多。匈牙利已经成为中国在中东欧最重要的贸易伙伴之一,而中国为匈牙利在欧洲以外的第一大贸易伙伴。

从企业层面看,中国银行已经在匈牙利设立了中东欧地区最早的一家直属行。2013 年 4 月,匈牙利政府与中国华为技术公司签订了战略合作协议,华为将进一步扩展匈牙利生产厂的业务,并将吸纳更多当地供应商进入其供应链。目前,华为科技公司在布达佩斯西部建立了 3 万多平方米的物流中心,华为的所有产品将通过匈牙利进入欧洲市场。另外,作为世界第二大异氰酸酯生产商的中国万华集团,2011 年以 12.6 亿欧元收购包思德公司进入匈牙利市场,是目前在匈牙利最大的投资项目,2012 年 12 月又与匈牙利政府签订了再投资 16 亿欧元的协议。2010 年初,北京七星集团在匈牙利注册成立独资子公司格林斯乐后,投资 237.5 万欧元收购匈牙利 Energosolar 公司,计划在欧洲建立一个集设备研发、生产和运营功能于一体的综合业务平台;2013 年 6 月公司开始向建设、安装和运营大规模地面光伏电站转型。

匈牙利独特的地理位置和发展潜力为中国企业进入欧洲市场提供了便利。匈牙利地处欧洲中部,交通方便,企业运营成本相对较低。匈牙利属于欧盟成员国,这一特殊身份为中国商品和企业进入欧盟市场提供了便利,使其成为中国企业进入欧洲的“桥头堡”。匈牙利经济总量较低,表明其有巨大发展潜力和较多的市场投资机会。

第三节　中匈文化贸易发展与投资合作发展新问题

以"一带一路"倡议为指导,结合"16＋1 合作"框架推进中国与匈牙利的经贸合作,由于种种主客观因素的影响,也面临着不少困难与挑战。这些挑战一方面来自当前国际政治经济关系的复杂性,特别是国际政治中民粹主义的抬头和经济全球化速度放缓的大环境的不利因素;另一方面还来自中国与匈牙利等中东欧国家在政治、经济、文化和法律制度等诸多方面较大的差异性。概括起来,主要体现在以下几个方面。

一、　匈牙利与中国的贸易逆差,影响匈牙利贸易合作信心

近年来,中国与匈牙利关系平稳发展,双方也已成为政治上高度互信的好朋友,经济上互利合作的好伙伴;匈牙利加入欧盟后,成为欧盟大市场的一部分,有利于中国企业立足匈牙利、向整个欧盟市场辐射。对于中国企业来说,匈牙利具有独特的区位优势和良好的投资环境,是在中东欧地区投资的首选国家之一。但由于市场结构问题,在很长的时间里,中国同匈牙利的贸易处于低水平且严重失衡状态。目前,中国与匈牙利的双边贸易存在着高增长与高失衡,投资存量较少而且分布不均的问题。这主要是因为匈牙利的出口结构与中国的进口需求不匹配,而中国的出口结构比较符合匈牙利进口需求而导致的。目前中国对匈牙利的投资仍然较少,无论是占中国对外投资存量比重,还是占匈牙利从欧盟吸引外资存量比重都是微乎其微。如果不能增进从匈牙利的进口,未来这种不对称的贸易所表现出来的,将是中国大量的资金通过贸易的方式进入匈牙利,并且表现为匈牙利对中国的债务。显然,这种状况不能持续过长的时间,否则必定导致贸易条件恶化,引发贸易摩擦。

比较合理的做法是，一方面有目标地对来自匈牙利的某些产品给予特惠（比如农产品）以扩大其对中国的出口；另一方面积极实施出口产品的投资替代，即中国企业把出口转变为在匈牙利投资设厂，把产品更多地瞄准当地市场或者除中国以外的其他市场，并同时大幅扩大对匈牙利企业的服务进口，用服务贸易来调节货物贸易失衡，以求将贸易失衡最小化。[1]

二、 来自欧盟和周边等大国利益有关方的挑战

欧盟的存在是中国与中东欧国家深层次的双边关系发展不可回避的地区力量，欧盟对中国与中东欧国家之间建立合作关系和发展机制充满疑惑，欧盟机构及部分成员国猜测中国试图"分裂欧洲"，因此对中国的介入十分敏感和警惕。可以预测，随着中国与中东欧双边合作关系的进一步深入，可能面临欧盟和相关成员国政府和企业设置一些障碍。作为欧盟的成员国，无论是政治方面还是经济方面，匈牙利对欧盟的依赖都是很深的。由此，中国在以"一带一路"倡议发展同包括匈牙利在内的中东欧关系时，都面临着如何消除欧盟的疑虑问题。尽管中国频频释放善意，但并不能完全消除这种疑虑。因此，中国在依托"一带一路"建设和"16＋1 合作"框架推进与匈牙利经贸合作的同时，应当明确自己的利益诉求，确保中国企业能够立足于包括匈牙利在内的中东欧国家。

欧洲内部不断上升的民粹主义和极端主义思潮也正在成为影响对欧投资的不利因素，虽然匈牙利的民粹主义和极端主义思潮发展不如一些西欧国家如此迅猛，但一直以来西欧地区对中东欧地区的巨大影响力使得这种思潮的蔓延不容小觑。

此外，俄罗斯、土耳其等同中东欧国家有密切地缘政治和地缘

---

[1] 黄平、刘作奎：《中国和中东欧国家人文交流：过去、现状和前景》，中国社会科学出版社 2017 年版，第 37—39 页。

经济关系的非欧盟大国,作为利益相关方也对中国企业投资中东欧相当敏感,表现出怀疑态度,担心中国实力进入中东欧会分食甚至抢占本国既得的经济利益和国际影响力,也会对中国与中东欧国家的经贸合作形成冲击。中国进入中东欧国家有可能与这些大国的企业形成市场竞争关系,从而受到来自这些国家更高层面的非经济阻力影响。

三、 文化、生活习俗差异等构成的文化折扣影响

匈牙利地处欧洲中心位置,是欧洲重要的交通枢纽,得天独厚的地理位置使匈牙利悠久本土文化融入了外来文化,构成其文化多元性的特点。从宗教信仰来看,匈牙利人口中,罗马天主教徒占37.1%,加尔文教徒占11.6%,路德教徒占2.2%,希腊天主教徒占1.8%,其他宗教占1.9%,无宗教的有18.2%,其他占27.2%,说明匈牙利人大多数都是信教的。

文化、宗教的多样性决定了匈牙利各个民族、各个地域的文化习俗的差异性。而且,由于受到西方媒体的舆论导向,匈牙利部分普通民众对中国存在某些误解,不了解中国政府的政策制度,加之匈牙利国内右翼媒体的鼓动,匈牙利的一些民众、非政府组织和某些在野党政客,对中国企业进入该国市场持偏执的态度,并时常发表不利于双边贸易与合作的舆论,给中国企业投资匈牙利造成负面的舆论压力。

虽然匈牙利政府非常欢迎并支持中国企业投资匈牙利,但当地媒体的导向可能会对中国品牌和产品造成一些不良影响。匈牙利人对中国整个国家和中国产品的了解大多都是通过媒体得到的,有时候媒体所宣传的内容和信息并不完全符合事实。媒体所关注的是一些负面的消息,比如中国产品再次出现问题等等。此外,匈牙利人比较保守,对产品的忠诚度很高,说服他们用一种新产品很难。因此中

国企业要在匈牙利投资并以自己的牌子进行生产并销售产品有一定的难度。

一般来说，两国间经贸往来同其地理距离呈反向关系，也同其经济制度、政治、社会、法律和语言文化差异而衍生出来的"文化距离"呈反向关系。中国企业对匈牙利当地文化习俗、制度法规等不够熟悉，缺乏对当地语言文化、市场制度标准和法律法规的了解，同样在这些方面，匈牙利企业对中国也缺乏了解，这些都成为中匈经贸合作的阻力。

四、匈牙利国内政局动荡与政策变动风险

东欧剧变后，和大多数国家一样，匈牙利仿效西方建立了多党执政、议会民主和三权分立等西方式政治体制。由于各党派执政时间不长，各党派缺乏参政议政经验，在与其他党派发生矛盾时，往往缺乏妥协与合作精神，造成联合政府处于分裂状态，由此导致对所议问题悬而未决，或者在执行过程中决而不行的局面。尤其是在政党执政更替时，往往会出现政策发生逆转，这种国内局势的混乱和不稳定最终会影响国家的发展方向，导致双边贸易出现阻碍，很多已露端倪的合作项目也因这些负面影响而宣告失败，无法持续。

匈牙利的政治势力分为左、右两大派别，政策分歧较为明显，其经济政策的走向具有一定的不确定性。因此，中国企业到匈牙利投资，一定要关心匈牙利政府的换届与国会选举，尤其要关心投资所在地方政府的选举情况，关心当地政府的最新经济政策走向；要了解中央政府和地方政府的相关经济职责，了解国会各专业委员会的相关职责和其关注的焦点、热点问题；要对匈牙利国会所关注的焦点、热点问题予以关注，对与中国企业相关的重要议题企业可旁听国会辩论；与所在辖区尤其是对经济、产业与就业事务有影响力的议员保持沟通，报告公司发展动态，以及企业对当地经济、社会发展所作出的贡献，反映

企业发展过程中遇到的困难与问题;对企业可能在匈牙利当地产生重大影响的事务,要听取议员的意见,获得当地议员的支持。

国际观察家认为,近几年匈牙利的投资形势不断恶化。从测量企业活动便利性的指数上看,匈牙利由 2009 年的第 46 位下滑到 2016 年的第 54 位。在投资保护方面,匈牙利 2011 年是第 120 位, 2012 年是第 128 位,在欧盟国家中最差。2013 年的"世界经济论坛"全球竞争力指数排名表上,匈牙利也下滑了 12 位。原因在于政府在经济政策中采用了一些非常规、非传统的手段,如征收银行税等等。匈牙利政府对银行的税收政策对银行贷款产生了很大影响,使得银行没有足够资金放贷。政府的政策中对投资者规定了要缴纳特别税,并对大企业增加税收,这对国内外大企业的投资意识产生了不利影响。"非正统的"经济政策对于投资者来说,意味着难以预测的、不可靠、不稳定的法律和经济环境。最主要的原因是,政府的税收政策,表面是减税,但实际上是增加了税收。匈牙利经济专家表示,本届政府的经济政策是不成功的,没有达到原来的经济设想,很多方面都不符合欧盟的习惯和标准。

五、 商务合作中面临的制度、法律和环保等问题

作为欧盟的成员国,匈牙利的进口标准和制度规范十分严格,对环保、卫生、安全等方面都有详细的规定。中国产品进入匈牙利时,不仅要符合欧洲标准,还需要多重认证,这难免对中国企业出口或投资造成影响。与此同时,匈牙利本国的企业和经营者也会阻止中国企业进入匈牙利,原因在于本地企业在招标、采购和流通等方面都和中国企业存在竞争关系,中国企业的进入势必威胁到其生存。因此,他们会要求当地政府在招标条件、参与标准、进入规定、签证等方面严格限制外国企业的发展。此外,中国企业对匈牙利公司的联合经营、兼并模式等也不完全掌握,对特许经营类项目的跟踪和运作还缺

乏经验和综合实力等。

匈牙利是一个非常注重环保问题的国家,其生态环保的重点领域是土壤、大气和水体。如果企业在生产经营中可能产生废气、废水和其他废弃物,影响环保,应该事先进行科学评估。因此,要经常关注匈牙利环保方面的政策和法规,并在规划设计过程中选好解决方案。在匈牙利,环保是一个独立的产业,市场上由专门的环保企业承担污水和废气处理业务。中国企业在投资合作中,要做好环保预算,根据规划方案选择适当的专业环保企业解决环保问题。

六、 对匈牙利当地市场不了解面临盲目投资的风险

近年来已经有越来越多的中国企业进入匈牙利市场,但是由于对这一地区并不熟悉,许多企业难免走过弯路。不论是中国的民营企业还是国有企业都存在这个问题。按目前的情况来说,在匈牙利投资大多获得成功的中国企业都在电子通信行业内。匈牙利近年提出各种吸引外资的优惠政策以及对国外投资者很有吸引力的条件,可能会吸引不少中国企业前往投资。当众多企业都看好这个市场时,越来越多企业为了能分一杯羹,就会盲目投资到当地的这一领域。由于企业入市之前没有做好市场调查,不了解当地市场,之后才发现当地需求不足进而造成重复投资、恶性竞争,最终影响了投资的整体效益。也就是说,企业没有进行市场论证,只是"走出去再说"。此外,有些中国企业为了避免上述的投资风险并防止犯错误,会找一些当地的合作伙伴。但是选择合作商并非易事,不少中国企业主要是中小企业,因为在投资初期过于相信当地商人和潜在的合作伙伴,或没有妥当选择合作伙伴,结果严重影响了合作效率。

七、 劳务合作方面面临的问题

作为欧盟的成员国,匈牙利有完善的《劳动法典》和《工会法》,中

国企业进入匈牙利,需要熟悉当地工会组织的发展状况、规章制度和运行模式;要严格遵守匈牙利关于雇佣、解聘、社会保障等方面的规定,依法签订雇佣合同、按时足额发放员工工资,缴纳退休保险、劳动基金和职工福利保障基金等,并对员工进行必要的技能培训。如果要解除雇佣合同,应该按照规定提前通知员工并支付解雇补偿金。中国企业还需要认真了解企业所在地工会组织的发展情况,积极参加当地雇主协会,了解当地业内工资待遇水平和处理劳务纠纷的常规办法,在一些设有行业工会的产业,只有参加雇主协会才能够与产业工会进行谈判对话。在日常的生产经营活动中,中国企业要与工会组织保持必要的沟通,了解员工的思想动态,发现问题要及时处理;为建立和谐的企业文化,应该要求工会成员参加企业管理,激发并保护员工的积极性。

在劳务合作方面,匈牙利针对外来劳务人员的现行管理办法,是依照 1999 年颁布的《外国公民在匈牙利工作许可证法令》。该法令的原则是严格控制外国公民在匈牙利就业,保证本国公民的就业权。目前,中国公民在匈牙利就业,只能申请工作许可,就业的主要行业为餐饮业。匈牙利对外籍劳务政策严格、办理条件苛刻,工作许可证只发给雇主,而且有效期仅仅一年,超过一年需要重新办理。

八、 社会治安方面的问题

与大多数欧洲国家一样,匈牙利社会秩序整体良好,针对外国人的暴力事件不太常见。但以下一些情况也应该引起注意:针对自驾旅行者的盗窃案件时有发生,不要搭理陌生人,不要轻易离开车辆,不要在车厢内放置包、箱等;人群集中的地方要谨防小偷,重要证件和钱物要贴身保管好,不要随身携带及暴露大量现金,女性不佩戴贵重首饰;出入酒吧、夜总会及咖啡屋时,需提防被诈骗,尽量拒绝主动提供、劝诱的服务;不在街头换汇,在正规兑换点或银行兑换并保存单据；夜间外出最好结伴而行，有当地人陪同最好；遇到警察查验身份，应该积极主动配合，同时需保持警惕，以防遇上骗财的假警察，被查公民有权询问并记下警察的姓名、代号等。过去临近圣诞节期间，在中国人经常出入的地方，曾经出现过多起抢劫和暴力事件。此外，匈牙利国内也存在少数排外、仇外的极右势力，对这类人要敬而远之。

我国企业在投资匈牙利时，应该审慎评估各种投资经营风险，特别是投资并购后的经营风险，如商业、政治、法律、宗教、文化投资决策和管理等诸方面的风险。为规避政治风险，可通过匈牙利子公司或寻找合适的匈牙利企业组建联合体进行投资。同时，我国政府相关部门应积极引导、为我国企业投资匈牙利发布预警和提供指南等。

第四节　中匈文化贸易发展与投资合作发展新思路

一、促进中国与匈牙利文化贸易与投资合作的路径选择

"一带一路"，文化先行。通过进一步深化与匈牙利为代表的中东欧国家的文化交流与合作，促进区域合作，实现共同发展，让命运共同体意识在"一带一路"沿线国家落地生根。在推进文化贸易发展的过程中，应当注意路径的选择，选择行之有效的方式方法，以促进文化交流，进而推动"一带一路"倡议的实施。

（一）加强文化交流，树立"合作共赢"的发展理念

匈牙利与中国在语言、宗教信仰、生活理念等方面都存在差异。这种差异既有利于两国之间相互借鉴文化，发挥各自文化的禀赋优势，实现精神产品的优势互补和资源共享，又会构成两国文化交往的障碍，甚至出现文化冲突。因此，加强文化交流，树立合作共赢的发展理念，是打造中匈命运共同体的重要基石。

人文交流是中国与中东欧合作机制的主要组成部分。在《布加

勒斯特纲要》中,人文交流合作的内容有6条;在《里加纲要》的人文交流版块中相关内容扩展至20条,内容涉及智库对话、教育对接、媒体互访、青年互动、旅游推介、文学艺术交流及签证便利化等方面。人文交流形式丰富、领域繁多、行为主体多元、社会效应广,人们能够持续地体验和感受到对方国家的文化魅力,这对于化解摩擦、舆情导向、营造良好的政治环境与商业环境具有积极的促进作用。

"一带一路",文化先行。一是要正确处理中华文化与匈牙利文化的关系问题,要秉持"文化平等"的原则相互交流,反对文化歧视;二是要正确处理不同宗教之间的关系问题,要坚持"尊重宗教信仰"的原则,秉持"宗教无小事"的理念,充分尊重匈牙利人民的信仰自由;三是要尊重匈牙利文化风俗与生活习惯,要坚持"入乡随俗"的原则,只有这样才能获得对方的信任,达到文化融合与交流的目的。

中国企业进入匈牙利投资,首先要"入乡随俗",尊重当地人民的生活习惯,尊重其宗教信仰自由。匈牙利是一个多民族的国家,文化传统不同,宗教信仰多样化,要在了解其文化背景的基础上,尊重其文化习惯与生活习惯,并且融入匈牙利文化圈,与当地人交朋友,才能够为投资与贸易创造一个宽松的社会经济发展环境。在此基础上,可以通过文化旅游、文化服务、文化会展等多种方式,在互动交流的过程中促进国家之间的文化交融。要以"文化融合、互学互鉴"的丝路精神为指针,大力推进与匈牙利的文化事业交流,减少中国对外经济、政治交流中由于"文化折扣"的存在而产生的不必要的摩擦与阻碍。应该从国家层面、地区层面、企业层面、个人层面展开与匈牙利的全方位交流。要通过各种形式的文化交流,为深化与"一带一路"沿线国家的双边和多边合作奠定坚实的民意基础。可以采取文化事业合作模式、文化产业发展模式、文化贸易服务模式、文化政策协作模式等不同模式,根据"一带一路"沿线国家的不同国情,进行经济、社会、科学、人文、教育、宗教等领域的文化交流。在文化产品走出去的过程中,应当在充分了解匈牙利人民的消费习惯和审美情趣的基础上,通过现代化的诠释方式实现文化多样性和民族性的融合,再加以高科技元素予以演绎,才能使文化产品和服务在匈牙利市场上大放异彩。

(二)促进文化贸易与投资体制创新

推进文化贸易体制改革,必须立足于"一带一路"建设的需求。文化贸易体制的改革,不仅仅是单纯地对现有对外开放体制的完善,还需要结合现阶段中国政治、经济、文化发展需求,以及"一带一路"建设的实际需要,在借鉴文化产业发达国家成功经验的基础上,才能有条不紊地进行下去。要以"一带一路"沿线国家的文化融合、资源融合、产业融合和市场融合为目标,推进文化贸易体制改革,以实现沿线国家合作共赢的区域经济发展大目标。

由于涉及众多的文化贸易参与国,情况复杂多变,所有针对"一带一路"沿线国家的文化贸易体制改革,首要的是要搞好顶层设计,通过签订多边文化与经济合作协议,才有可能推进彼此之间的文化产业与贸易合作进程。政府在促进文化贸易发展过程中,对外需要通过与沿线国家签订文化合作协议,成立文化产业与贸易专业管理机构,为文化企业走出去创造一个良好的外部发展环境。对内则需要通过体制创新与监管完善,全力扶植文化贸易企业的发展,大力培养文化贸易人才,建立完善的法律制度等,以促进保护文化贸易产业的发展。其具体思路如下:

第一,设立权威文化贸易部门,统一领导与中东欧的文化贸易发展。在处理文化事务的过程中,文化管理部门容易产生职责重叠、权责不一、相互推诿责任等问题;部门利益也可能阻碍文化要素的合理流动和配置,阻碍文化领域的改革。可考虑成立由文化部挂帅的"对外文化贸易办公室"作为协调总机关,负责沟通文化部、中国人民银行、财政部、发改委、商务部等文化产业与贸易部相关部门的任务,按产业管理和调控方式来指导中国与中东欧国家的对外文化贸易工作,协调区域内资源配置与流向问题,同时建立各部门的内部协调机制以形成合力,更好地推进中国与中东欧各国文化贸易与投资活动的发展。

第二,重视社会参与,成立文化贸易中介组织。为文化产业与贸易提供监管服务的除了政府之外,文化中介组织也能发挥积极的作用。中介组织作为政府与文化行业之间的纽带,能有效维护两者之间的互动关系。可考虑由商务部牵头成立"中国对外文化贸易促进会",如同韩国在振兴文化产业发展过程中所组织的"文化产业振兴院"所发挥的作用,主要强化产业自我治理、促进对外文化贸易的活力和企业间的合作,通过放权分权给予产业自我管理更多的空间和自主,充分发挥对外文化贸易企业的自主性,鼓励通过民间方式促进产业资源的聚合与流动。其中,针对包括匈牙利在内的中东欧国家,特别成立"中国对外文化贸易促进会中东欧分会",具体负责指导中国与中东欧国家的文化贸易与投资的具体活动与事项。

第三,政府监管内容与方向的转变。政府监管体制改革总的方向是简政放权、放松管制。政府从全能型政府向有限型政府转变,从管制型政府向服务型政府转变,行政法制从单纯依靠政策行政到依法行政,再到建设法治政府和服务型政府。监管内容从微观转向宏观,监管公共服务和公共安全领域;政府监管方向由事前向事中和事后转变,政府的监管重点从过去的贸易前的监管转变为在企业贸易过程中以及贸易过程后的监管,这将大大简化审核程序,提高文化企业经营效率。

在监管内容上,可考虑从直接的市场准入审批转向竞争者的资质管理和行为监督,突出对文化产品的内容和质量进行监管,制定限定性标准和禁止性底线要求,如"负面清单"的投资准入管理、企业诚信平台、投诉处理平台、质量跟踪监控、企业交易信息与政府信息共享等；强化对文化污染的防治，培育多种非政府性质的控制机制，包括竞争者的互相监督、行业协会的行业自律、消费者及其组织的监督以及舆论监督等；充分发挥市场功能，逐步减轻政府监管市场的行政负荷，调动社会资源，提升产业素质和潜能，为文化"走出去"营造良好的外部环境。

具体到中国与匈牙利的文化贸易与投资活动，可考虑在双方驻对方大使馆设立文化贸易协调部门，统一领导中国与匈牙利的文化贸易发展，由大使馆经济参赞负责领导等等。

（三）完善政策配套体系

作为"一带一路"沿线重要的文化贸易对象国，中东欧国家文化背景不同，经济发展水平参差不齐，文化产业发展水平更是有着天壤之别，像波兰、匈牙利等国，文化产业发展水平相对较高，而有的国家则相对落后。这就要求针对中东欧地区不同的国家、不同的文化与贸易产业，实行有区别的文化贸易与投资政策，其基本的思路如下：

第一，以顶层设计的方式，推动商务部、文化部、国家广电总局、新闻出版总署等文化贸易相关部委，针对我国与中东欧文化贸易与投资活动发展的需要，出台配套不同的文化贸易发展政策，这将在很大程度上决定了我国与中东欧文化贸易的发展速度与规模。同时，可考虑将一部分文化贸易发展政策下达给北京、上海和深圳三个国家对外文化贸易基地，在基地分设行政许可审批办理点或代理机构，将行政许可审批和监管功能延伸至基地。目前，外商投资、网络、动漫、电子游戏、游艺（戏）机机型机种、营业性演出活动、音像制品经营、出版物及电子出版物进出口、出口商品配额等，均涉及行政许可审批，可在基地试点设立现场审批点或代理机构。

第二，与国家外汇管理局等相关政府部门积极协调，适时突破国内目前外汇政策科目设置上的局限，为文化企业寻求文化与资本相融合的投资方式，为文化产业项目的对外合作便捷顺畅地"走出去"

和"引进来"寻求外汇政策配套和创新突破。特别是解决中国企业在对国外的影视项目投资过程中,投资资金与盈利收益的资金无法顺利进出的问题;解决外国优秀演出剧目引进到中国,参与投资演出后投资收益及投资资本的汇出存在的局限性问题。

第三,协商解决艺术品营业税差额征收,艺术品的监管、商检,保税仓储中的艺术品所有权归属,艺术品保税展示的事先核价、归类、艺术品展示现场完成征税问题等政策设计和突破,寻求文化无形产品出口退税途径。建议通过我国北京、上海、深圳三大文化贸易基地,或经由入驻基地的经纪机构代理,也可以通过国内其他海关出口,可以享受出口退税政策优惠。

第四,与海关、商检、外汇管理等政府职能部门协调,解决文化设备的通关运输难题,降低文化项目实施企业的前期运作成本,优化文化产品贸易的行政流程。如对艺术品、演艺设备道具等简化商检程序,提高商检效率。在海关方面,梳理多种文化产品的归类问题,进行有关文化产品的通关程序优化。在文化企业资产入境过程中,提供保税区在估价、海关申报、查验、缴税、设备仓储和自用等环节的特别功能服务和帮助。

第五,加强对文化贸易的相关服务,对企业海外维权应进一步加大支持力度。强化知识产权的保护工作,构建文化知识产权的价值评估体系,熟悉并掌握境外知识产权、法律规范以及适用范围等有效信息并及时提供咨询服务。创新发展对外文化贸易公共信息的服务措施,对国际文化的市场动态,以及产业政策的改变,要及时跟踪和发布。加强对外文化贸易综合人才的培养,吸收更多高素质人才加入。完善行业的中介机构组织,在促进出口、国际交流和行业自律方面,鼓励其发挥积极作用。

此外,可通过实施出口产品的投资替代战略,鼓励中国企业把出口转变为在匈牙利投资设厂,把产品更多地瞄准当地市场,同时大幅扩大对匈牙利企业的服务进口,用服务贸易来调节货物贸易失衡,最终达到双边贸易的总体平衡。

（四）以国家对外文化贸易基地为平台,完善市场运行平台

国家对外文化贸易基地致力于打造两类平台,第一类是公共服务平台,通过借鉴国际经验,加强政府政策的引导和扶持,提升公共服务平台水平,针对文化企业需求、文化产品特性、文化创意产业发展趋势,为文化企业、文化产品营造良好的"走出去"环境;第二类是市场运作平台,在政府政策引导推动下,对外文化贸易关键还是要靠市场、靠企业、靠具有竞争力的文化产品,研究并完善国家对外文化贸易的市场运作体系,通过市场形成对文化资源的有效配置。

依托国家对外文化贸易基地,以集聚的方式实现要素的合理流动打通国内市场与国际市场的产业链结构;基地应与当地文化产权交易所建立互利共赢的合作机制,打造我国文化产权交易第一平台;根据各基地的发展强项、当地资源禀赋优势和发展战略,共同开发新交易品牌,共同探索新技术条件下文化产权交易方式、渠道策略和推广方式;各基地应整合现有文化类国际会展品牌,形成较高知名度的对外文化贸易基地品牌,改善目前中国缺乏自身品牌知名度和自有会展平台的问题;应与海内外重点高校文化产业研究机构合作,共同致力于核心问题的研究与突破;应主导设立中国文化对外贸易协会,借鉴韩国文化产业振兴院的运作模式,发挥政府、企业和行业协会的协同治理效应,解决复杂问题,提高创新效率。

具体来说,我国三大国家对外文化贸易基地发挥平台作用的路径有二:

第一,积极开拓文化贸易市场及新兴渠道。以"文化通促民心通"为思路,坚持"引进来"和"走出去"并重,加强平台建设,提升功能效益:一是在原有企业集聚、贸易规模的基础上继续保持稳定增长,做好政策对接、创新服务功能,推动自贸试验区内文化领域产业链式

发展;二是聚焦新型文化业态、原创宣传推广、民族创意品牌,推动中华优秀传统文化传承,多层次多渠道开展文化交流,推动文化"走出去";三是积极集聚资源、拓展渠道、做大平台,培育文化贸易新业态新模式,提升贸易增长的促进作用。

各大基地还可以结合举办国际博览会的契机,将文化贸易的元素和市场、博览会有机结合,将"一带一路"沿线国家的文化产品、项目和企业引入博览会,在"引进来"的同时,利用博览会的主场便利,继续开拓与扩大"走出去"的渠道和力度,在国家搭建的国际大平台上继续努力开拓文化贸易的市场与空间。

第二,积极开拓产业版块,创新服务功能,优化贸易模式。大力推动文化新兴业态以及文化与其他产业融合发展的业态的繁荣与发展,尤其是涉及科技、金融、投资、服务等业态融合发展项目的开拓,积极推动影视、印刷制作加工和装备类企业或项目落地基地,积极促进与推动中外影视企业等在影视制作项目上开展合作,继续努力创新基地文化装备及技术加工制作(影视、出版印刷等)的案例落地。充分利用基地综合服务平台的优势,进一步集聚影视、印刷等文化重点企业、项目,吸引文化产业链在自贸区内的培育和发展,推动优秀的文化产品、项目、企业乃至资本从基地出发,拓展全球的市场和参与全面竞争。

(五)加强对匈牙利商务与投资环境研究,注意风险防范

在匈牙利开展投资、贸易和劳务合作过程中,要特别注意事前调查、评估和分析相关风险,事中做好风险规避和管理工作,以保障自身利益不受侵害。其内容主要包括:对项目或贸易客户及相关方的资信调查和评估,对投资或承包工程项目的政治风险和商业风险的分析和规避,对项目本身实施的可行性分析等。相关企业应该积极利用保险、担保、银行等保险金融机构和其他专业风险管理机构的相关业务保障自身利益。这包括贸易信用保险、投资信用保险、承包工

程和劳务类信用保险、财产保险、人身安全保险、银行的理财业务、各类担保业务等。

针对我国企业缺乏熟悉当地语言、文化、法律、制度等方面相关人才，可能面临"水土不服"的问题，可通过与匈牙利企业联合有效解决技术和经验方面的问题。为规避法律风险和商业漏洞，可以选择合适的咨询公司、潜在的当地分包商及代理等为企业提供商业、法律及文化习惯等方面的准确信息和服务。同时应该努力培养相关人才，了解当地法律制度，提高技术标准，以实现顺利接轨当地经济社会环境。

为了规避风险，企业在开展对外贸易与投资过程中，可以使用我国政策性保险机构，如中国出口信用保险公司提供的包括政治风险、商业风险在内的信用风险保障产品，也可使用中国进出口银行等政策性银行提供的商业担保服务。通过信用保险机构承保的业务，由信用保险机构定损核赔、补偿风险损失，由相关机构协助信用保险机构追偿。

除了企业间的主体交流外，还需要充分发挥我国智库、高校等研究机构的作用，积极开展对对方国家方方面面的研究，以增进彼此的了解，为中匈双方开展实质性经贸合作铺平道路。

二、 促进中国与匈牙利文化贸易与投资合作的政策体系构建

完善的文化产业与贸易发展政策，可为文化企业"走出去"发展创造更加宽松、自由的内在环境，是文化产业和文化贸易发展繁荣的重要保证。在完善文化贸易政策体系中，要遵循"平等、合作、共赢"的大原则，以文化交流带动"一带一路"沿线国家文化贸易的长期可持续发展。

文化贸易"走出去"政策是我国目前对外贸易政策体系中较为薄

弱的一个环节,充分利用文化资源,加强自身的竞争力,鼓励文化企业"走出去",推进"一带一路"沿线国家文化贸易的大发展,是完善我国目前文化贸易政策的基本方向,其具体内容主要包括以下几个方面。

(一)财政政策

我国文化贸易发展的历史不长,规模不大,尤其是文化服务贸易水平较低,长期处于贸易逆差的状态,需要政府从税收等政策上给予大力扶植。首先,国家财政资助文化贸易符合相关国际文化公约的具体要求,并不违反 WTO 反补贴协议;其次,国家资助文化贸易出于保护本国文化独立性、多样性,保障公民文化权益等的考虑。国家各部委要大力设置文化发展基金或文化贸易专项投资基金,专门用于文化贸易基地的功能建设、海外营销基地建设以及文化"走出去"扶持和奖励工作。在条件成熟时,由中央与地方合作设立"文化'走出去'专项资金",支持、扶持或投资文化产品和服务出口发展,重点奖励产品出口业绩十分突出的文化企业。除了资金保障之外,还需加强转型资金的运行,构建对外文化贸易专项资金常态化、制度化的资金供给和运用机制,保证年度资金有效用于推进对外文化贸易活动的开展;还需加强资金使用的后评估,可委托第三方机构对每年使用资金的情况进行后评估,找出资金使用过程中的问题,不断加以完善,以提高资金的使用效率和效益。

要充分发挥京沪深三大国家对外文化贸易基地在财政税收政策方面的调控作用。京沪深三大基地作为我国重要的文化保税区,为文化保税制度的创新提供了"试验田"。三大对外文化贸易基地的文化保税实践所指向的重点行业有所差异。北京基地重视艺术品保税创新,海关政策支持开展文化保税展示交易、艺术品保税拍卖、保税修复,支持并计划将保税区政策平移到国贸大酒店,运用物联网监控技术,在保税区外提供监管服务。上海基地除了艺术品保税创新外,还积极创新其他文化产品保税业务,如演艺设备、电影胶片等保税仓储、保税租赁业务;出口文化产品的文化企业实行税收优惠政策,按有关规定享受出口退税待遇;园区内进口生产性机器、设备和其他基建物资予以免税;为加工出口产品而购进的原材料、零部件、元部件、包装物件予以保税;在园区内开展的保税加工、保税仓储、保税展示没有时间限制,保税商品在园区内可自由买卖;出口加工实行零税率,对区内企业间或与区外企业的保税贸易免征贸易环节增值税等。深圳基地则在建设好现有文博会的基础上,还应大力发展对外文化艺术品交易业务。

文化保税区是将国际贸易中针对普通商品的保税政策和做法延伸到文化领域,并根据文化产品创意、设计、生产、存储、销售特点进行政策整合和制度创新,为实施文化"走出去"提供一个全新的平台。上海是国内首个推行文化保税理念的城市,也是众多文化保税区中业绩最为突出的一个,2010 年外高桥保税区被《金融时报》旗下 FDI 评为世界自由贸易区综合排名第一。

文化保税是一个新概念,在当前背景下,我国文化保税区发展势头良好,但仍然面临诸多问题。概括而言,文化保税实践仍处于初级阶段,仅局限于文化产品保税方面,尚未在文化服务保税领域上有所突破,或许是由于规模较小,又或许是由于管理上的复杂性;在管理方面,关于文化保税区全国统一立法滞后、政出多门、自由度比较低、不同部门不同形式的海关特殊监管区域和国内外相关机构协同竞合不足;在当前社会经济发展形态下,文化保税区还面临制度创新、功能提升、发展方式转变等方面的挑战。

(二)金融投资政策

我国文化产业的金融支持体系是由政府和企业合力完成的,已初步形成投资主体多元化、融资渠道多样化、资本市场多层次的文化金融体系。

2014 年由文化部、中国人民银行和财政部发布了《关于深入推进文化金融合作的意见》(以下简称《意见》)。《意见》表明应充分认识深入推进文化金融合作的重要意义,通过创新文化金融服务组织形式、建立完善文化金融中介服务体系和创建文化金融合作试验区等方式,加快创新符合文化产业发展需求特点的金融产品和服务,加快推进企业直接融资。国家对文化产业的金融支持主要概括为以下几个方面:在税收、信贷、债券、保险、担保和外汇管理等方面加大金融支持措施;降低投资准入门槛,鼓励引导各类社会资本进入文化产业,参与国有经营性文化单位转企改制;扩大财政扶持力度,如中央财政设立"文化产业投资基金"和"国家艺术基金"等。

除了政策支持外,我国文化产业市场融资渠道主要包括银行信贷、上市、投资基金、信托市场和债券市场等,其中银行信贷是文化企业最主要的融资方式,信贷融资增速高于同行业平均水平。

但是,我国的文化金融支持体系由于存在的历史不长,也存在着一系列问题,主要表现在:第一,相较于政策支持力度,金融市场对文化贸易的自发性支持不足。金融机构对文化企业的支持个案都是在政府主导下完成,而且在同等信誉水平下,金融机构更倾向于向国有经营性文化单位、大型文化企业、行业龙头企业提供信贷服务,中小文化企业因规模小、资产轻、管理弱、风险高,面临融资难问题,这一状况制约了外向型中小文化企业开拓海外市场。第二,政策性壁垒的存在,文化产业存在着限制及禁止投资领域,准入条件的不宽松使得民间投资、外资利用率低,不利于文化金融支持体系的建设。第三,金融专业化服务的不完备,金融机构整体实力偏弱。对无形资产(如版权)的评估和交易缺乏经验,知识产权抵质押制度不完备,缺乏符合文化贸易发展需求特点的金融产品和服务,造成文化企业在金融市场中融资难问题。第四,对文化产业投资主体没有明确的定位,民资、外资、政府等主体没有明确的职责要求和投资方向。

针对文化产业与贸易方面金融支持不足的问题，可以通过"文化贸易＋金融"的模式来解决文化投资短缺的问题。第一，积极吸引民间资本和外资。在保持我国文化自主权的前提下，吸引国内外投资促进机构和优秀海外资金投资中国文化企业；鼓励国外资金进入国内文化项目；鼓励国外金融机构进入我国文化贸易领域。第二，聚焦富有竞争力的中小型文化企业，成立专门服务平台。第三，充分发挥三个文化贸易基地的融资平台功能。基地可以通过集聚国内、国际投融资及特色金融服务资源，大力整合国际化的文化风险投资机构、文化金融服务机构和专业性的担保机构、信用保险机构，探索创新文化金融服务形式，逐步构建国际文化金融服务和文化金融创新平台，大力发展行业内投资基金和中小企业无形资产担保风险补充基金，为科技和文化含量高的中小文化企业"走出去"提供形式多样的资金或融资支持；基地可以吸引金融机构下的融资租赁公司和专业性的融资租赁公司入驻，尝试视听设备的保税业务和融资租赁业务，降低国内文化企业的运营成本；基地也可借鉴货物产品中的出口信用保险和再保险机制，尝试文化服务产品出口信用保险和再保险产品的开发。

（三）知识产权保护政策

文化创意和科技创新作为文化产业发展的驱动力，除了需要宏观政策和法律给予知识产权方面的保护，还需要微观经济主体对自有知识产权进行经营，从而形成知识产权的保护和赢利的经济体制。在这样背景之下，各级政府要重视建立文化产品知识产权体系，成立文化产权交易所，为各类文化产业与贸易纠纷提供知识产权方面的保护服务。文化产权交易所是集文化产权交易、投融资服务于一体的综合文化产权交易服务机构，具有合理配置资源、文化资源价值发现、健全多层次资本市场体系和制度规范等功能。

要充分发挥文化贸易基地文化产权交易所的服务功能。基地通过提供文化资源整合、资产重组、产权转让、版权交易等服务,推动原创文学作品、音乐作品、戏曲作品、舞蹈作品、美术作品、摄影作品、影视作品、动漫作品以及游戏作品等版权出口和交易。为了进一步提升市场运行平台职能,基地应依托当地文化产权交易所,重点推动基地文化产权版权交易市场发展。基地应与当地文化产权交易所建立互利共赢的合作机制,根据当地基地的发展强项、当地资源禀赋优势和发展战略,共同开发新交易品牌,形成实质性的交易网络;共同探索新技术条件下文化产权交易方式、渠道策略和推广方式;通过文交所平台,努力推进入驻企业同国内外知名出版商合作,形成重点产品交易目录,共同开发新品牌和网络交易流程,逐步推动基地文化产权版权交易市场的发展。

从上海基地来看,要充分利用地处自贸试验区的政策优势,按照"先行先试"原则,尝试知识产权方面的政策创新:一是争取开展外国文化经纪人注册试点,在基地内先期进行外国文化经纪人注册试点,允许外籍人士通过一定的条件取得在中国从事文化经纪活动的资格,从而提高我国文化经纪业的水平。二是争取开展文化企业"离岸账户"设置试点,由于跨国经营的文化企业需要对不同国家的下属企业开展资金的集中管理、跨国收付,离岸账户可以为境外业务提供结算便利,因而要积极争取文化部、国家外汇管理局、中国银监会等部门的支持,研究确立相关标准,允许符合条件的且注册在基地内的对外文化贸易企业开设离岸账户等等。

具体到匈牙利,可以考虑与华东政法大学和上海对外经贸大学等高校、科研机构合作,以科研项目合作的形式,对涉及文化产业与文化贸易知识产权方面的理论与实践问题展开专项研究,为文化企业"走出去"提供专业的咨询与决策服务。

(四)贸易政策

西方发达国家关于文化产业(包含文化贸易)立法经过多年的探

索和发展,已形成一套在市场经济体制中实施较完备的法律制度体系。各国要依据自身文化产业的主导行业的不同,通过立法机制形成适应于本国国情促进本国文化产业崛起的法律制度体系,其中包括对外文化贸易的外汇管理、项目审批、商品结构、区位重点和税收优惠政策等。

我国对外文化贸易与发达国家地区相比,还处于起步发展阶段,在确立企业作为文化贸易主体地位的同时,应发挥政府在发展对外文化贸易中的推动作用,其中最重要的一项是进一步建立一整套经常调整的、重在促进对外文化贸易的法律和政策;在应对我国已经承诺开放的领域进行立法,通过制定鼓励文化贸易出口的投资优惠、税收优惠、基金扶持等经济政策,通过规范文化贸易的市场准入、贸易审批、统计报表、海关出入境、违规处罚等管理体系,通过推出反垄断、知识产权保护、劳动保障等一系列配套政策和法律法规,以体制创新来积累竞争优势,提高文化产业的市场化程度和开放度,打破地区行政界限,促使文化资源有效整合和文化产业做大做强,加强工商、海关、文化版权统计等部门之间的协调配合,形成促进对外文化贸易发展的活力,加快文化市场的整合,规范文化市场的秩序,完善文化市场的体系。

中央政府已经意识到立法对于构建一个有活力且保持健康发展的文化产业体系的重要性,草拟中的文化产业促进法作为我国首部文化产业基本法,将明确地方政府在促进地方文化建设中的义务。希望该法在文化贸易领域规定系列、周全的鼓励、指导、支持和补助措施,为中华文化"走出去"营造一个良好的环境。

要继续完善文化企业外汇管理,提高文化产业贸易投资便利程度,便利文化企业的跨境投资,满足文化企业对外贸易、跨境融资和投资等合理用汇需求,提高外汇管理效率,简化和优化外汇管理业务流程,促进文化企业提高外汇资金使用效率,降低财务成本,提高我国文化企业核心竞争力,加强国际合作,推动中华文化"走出去"。要充分发挥北京、上海、深圳三个国家对外文化贸易基地"先行先试"的政策优势,积极探索我国文化"走出去"的新路径,为促进我国文化贸易体制改革提供新的思路和方法。

具体到匈牙利这一块,可考虑以上海市商务发展委员会为主体,建立一个针对中东欧的"文化贸易政策研究室",专门研究文化企业"走出去"的文化贸易政策问题,为相关部门领导决策提供参考与建议。

(五)人才政策

文化产业的竞争归根到底是人才的竞争。人才是文化经营和文化贸易中最为关键的因素之一,决定了一个地区是否拥有提高文化资源的挖掘和配置能力。专业性人才是创新的主体,尤其是发展由创意、创作和智力因素主导的文化贸易的根本。从20世纪六七十年代开始,许多发达国家将政府工作方向调整到支持美术、艺术教学和公众阅读等方面,其目标之一就是要提高艺术创作人才和表演人才的劳动条件,而培育专业性人才是提升文化竞争优势的主要手段。精通外语、法律、文化产业制作与国际贸易知识的复合型人才的缺失是制约我国对外文化贸易发展的最大因素。

首先,需要针对不同文化产业类别文化企业的特征和特殊需求,研究定制专项培训计划,如艺术品、演艺和影视等不同行业对人才的培养方向是不同的。其次,各文化企业与平台需要与国内外高等院校、专业机构进行战略合作,一方面可以为高校提供实践的平台,共同探索科学培育和使用人才的机制,运用产学研一体化模式培养国际化、应用型、创新性国际文化贸易专门人才,并通过战略协作的方式鼓励高等院校设立文化贸易相关科目;另一方面,对基地而言,有助于引进一批文化产业智囊团队,有针对性地开展不同文化产业类别文化贸易项目培训,培养一批符合文化"走出去"需求的,具有金融、贸易、文化、管理等多层次知识结构的文化产业复合型人才,为文化企业开展对外贸易输送专业经营管理精英。再次,文化企业可以选拔有实践经验的文化企业的优秀管理者、经营者出国研修,学习国际先进的文化产业运作经验,培养具有国际水准的专业人才。最后,要为文化产业方面与贸易方面的人才提供宽松的工作和生活环境,解除他们的后顾之忧。各级政府应加快研究制定并出台文化贸易经营管理高端紧缺人才的认定标准、优惠政策和奖励办法,对引进的高端紧缺人才提供人才公寓、医疗保障、子女就学等各种便利条件,吸引海内外一流的文化贸易经营管理人才,优化人才结构。

具体就中国与匈牙利的文化贸易与投资发展而言,目前最缺乏的是既懂匈牙利语言又懂匈牙利文化、政治、经济和社会发展情况的复合型人才。可考虑通过与上海外国语大学合作,通过办培训班乃至脱产班的形式,加大力度培训匈牙利语言方面的人才;与上海对外经贸大学合作,利用其在匈牙利设立的孔子学院优势,组织文化产业与贸易方面的企业家或专业人员,去匈牙利学习、考察,加强彼此之间业内人员的政治、经济与文化交流。同时,凡是涉及匈牙利的文化经济活动,无论是政府组织的还是社会组织的,国家对外文化贸易基地(上海)都要积极组织相关企业去参加,加强与匈牙利的人员交流,以便从多方面借鉴人才短缺、交流不畅的问题。

附录：
对外文化贸易与投资典型案例分析

案例一：中国与匈牙利在影视产业方面的合作

匈牙利政府高度重视文化的传承、创新和传播。自1990年制度变革以来，到2009年欧债危机爆发前，国家对文化领域的直接投入逐年增加，GDP比重保持在1.5％到1.6％，位居欧盟前列。匈牙利民众对文化生活有极大的热情，花费的时间占业余时间的三分之二，人均每天约3小时。文化活动消费支出占日常支出的9％。文化活动依次为阅读、电视节目、影院、博物馆、展览馆、音乐会、剧院和图书馆。

2017年2月19日，第67届柏林国际电影节颁奖礼上，匈牙利女导演伊尔蒂科·茵叶蒂（Ildikó Enyedi）执导的影片《肉与灵》（On Body and Soul，2017）一举夺得最佳影片金熊奖，使匈牙利电影再度成为世界电影瞩目的焦点。匈牙利的电影扶植独具特色。从文化政治学的角度来看，匈牙利的电影扶持既有其社会主义时期的国家政策扶持、类国有企业的资金扶持，也有其走向市场经济以后私企和私人的资金和技术扶持，还有其加入欧盟以后欧洲国家间电影扶持机构与基金的扶持。从制作地来看，匈牙利既扶持在匈牙利制作的电影,也涉足匈牙利与其他国家的合拍项目,尤其是与欧盟国家的联合制片。在本国摄制影片既有利于振兴匈牙利的电影产业,也为匈牙利电影制作注入了其他国家的电影观念和电影思维;联合制片则是对电影业全球化发展的一种应和,与欧盟国家联合制片是向欧洲文化政策共同体的一种靠近。匈牙利电影扶持的对象和方式多种多样,如对匈牙利语影片的扶持等,其目的基本都是在发展本国电影工业的基础上,扶持匈牙利的民族电影艺术。从电影扶持作为一种文化政策来看,国家扶持可以分为直接扶持和间接扶持。直接扶持包括电影资助当局的目标、资金分配的决议、资助管理,间接扶持主要有政府的退税和私人资助等方式。国家直接扶持主要针对匈牙利本国制作的电影及与其他国家的联合制作,国家间接扶持主要针对电影及相关项目的税收优惠。

匈牙利电影扶持资金的来源较为多元,主要可以分为政府的政策扶持、国家电影机构的资金扶持与技术指导、欧洲国家间电影机构的扶持、私企和私人资金扶持四个层面。为鼓励匈牙利本土的电影生产与电影工业,匈牙利政府为在匈牙利摄制的本国电影和与他国的联合制片提供一定额度的退税。匈牙利政府的退税政策有两个主要的扶持倾向,一是在匈牙利制作的电影,二是匈牙利语电影。在匈牙利制作的电影,既包括匈牙利民族电影,也包括联合制片,且两者在退税上的扶持力度基本相当,均最高 25%。匈牙利电影产业具有资源优势,历史文化遗产、大量优秀的电影工作室、专业的技术人才、价格相对低廉的服务业等吸引了世界各地电影制作商的目光。作为一个前社会主义国家,匈牙利电影扶持最重要的来源除了政府退税以外,便是类国有企业的匈牙利国家电影基金。该基金成立于 2011年 9 月,是一个由匈牙利政府直接管辖的公共机构,受到 2004 年匈牙利电影法的监督和保护。从匈牙利整个国家电影扶持系统的历史来看,匈牙利国家电影基金的创立是一次转型和升级。2010 年,匈牙利新总统决定削减电影扶持的资金额度,这使得原匈牙利国家电影扶持的主要机构匈牙利电影公共基金(Motion Picture Public Foundation of Hungary)在扶持项目日益增加的同时,扶持资金遭受严重削减,迫使其向银行贷款以维持基金的正常运行,最终却因资金无法到位而负债5 000万美元,被政府关闭。为改革匈牙利电影扶持资金的融资系统,2011年,匈牙利总理欧尔班·维克托采纳了匈牙利裔好莱坞制片人安迪·瓦纳(Andy Vajna)的建议,决定由匈牙利政府拨款16亿福林(约合8.7亿美元)成立匈牙利国家电影基金,扶持资金的总额大幅度提高。匈牙利国家电影基金的成立,取代了原有的匈牙利电影基金会和匈牙利电影公共基金会。其中,匈牙利电影基金会的原有职责,诸如审批、预算,均由匈牙利国家电影扶持基金执行;匈牙利电影公共基金会保留,现隶属于匈牙利国家电影基金国际部。自此,匈牙利电影扶持系统得以改革,并日渐趋于稳定至今。匈牙利国家电影基金的资金来源主要是匈牙利国家第六彩票(the No.6 National Lottery)的税收。2011年以来,该基金平均每年向10—15部获批资助的电影制作商提供共计90亿福林(约合2.2亿元人民币)的资助,资金全部来自6号乐透彩票的创收。尽管本国电影产量有限,年均不足50部,但匈牙利电影曾四次获得奥斯卡奖。2016年12月,匈牙利国家电影基金已向超过80个电影项目批出制作资金,其中包括18项国际合拍计划。由国家电影基金支持的电影,近年的成功例子有:《天堂无门》(Son of Saul),该片赢得2015年康城大评审团奖及2016年奥斯卡最佳外语片奖;《校园合唱团的秘密》(Sing),该片夺得2017年奥斯卡最佳短片奖。

政府退税和国家电影基金的资金与技术扶持都有欧盟电影扶持机构的资助。欧盟委员会对匈牙利电影的此项扶持主要有三种:第一,该项目在扶持匈牙利民族电影的基础上,更注重对匈牙利与欧洲其他国家的联合制作,该项目为这种联合制作额外再提供30%的奖励。第二,为提高该项扶持基金的审批和到位效率,自 2013 年起,该项扶持计划的资金由匈牙利国家电影基金运营的存款账户运行。第三,需要符合欧洲文化共同体的"意识形态"和"政治正确"。

匈牙利通过扶持民族电影屡屡在国际上享有盛誉,进而使其获取更多的扶持资金和机会。在当前的电影化浪潮之下,联合制片为民族电影艺术带来了跨国别、跨语言、跨地域的更多可能性。匈牙利是首个同中国签署"一带一路"政府间合作的欧洲国家,为两国各领域深化合作提供了政策保障和良好机遇。在"一带一路"倡议和"16+1"合作框架下,中匈在文化创意领域的交流合作不断深入,匈牙利在影视、音乐、演艺等领域的突出表现,使得越来越多的匈牙利文化创意产品走进中国,受到中国消费者的关注和喜爱。2013 年 5 月,首届中国—中东欧国家文化合作部长论坛在北京举行。同年,中国与匈牙利首次合作拍摄电影《中国足球元老留学匈牙利往事》("China, Hungary and the Soccer"),匈牙利文化中心也在北京成立。2015 年 9 月 15 日,第十二届匈牙利米什科尔茨国际电影节邀请中国导演宁瀛担任评委。中国电影资料馆共为影展选送了 8 部影片,其中《有一个地方只有我们知道》作为中国电影展开幕影片,《煎饼侠》作为参赛影片角逐电影节的新人新作奖项。同年 10 月,首届中东欧国家广播电视节目制作研修班在中国上海举办。2015 年 11 月,第二届中国—中东欧国家文化合作部长论坛在保加利亚索非亚举行。2016 年 6 月,首届中国—中东欧国家文化创意产业论坛在塞尔维亚贝尔格莱德举行。2016 年 10 月,中东欧国家国际戏剧节艺术总监团访华。

近年来,随着中国—中东欧国家友好往来的不断升温,中国与匈牙利之间在电影等文化领域交流与合作的步伐不断加快。2017 年是中国—中东欧国家媒体年,各方将先后举办多场相关活动,通过举办电影节展深化相互间在电影领域的交流与合作,促进双方电影业的共同繁荣与发展,为中匈两国的深度合作,互联互通营造良好的人文环境和氛围。2月24日,中国—中东欧国家媒体交流年开幕式暨中东欧主题电影展在北京开幕。在开幕仪式上播放了匈牙利影片《狐仙丽莎》,这部带有异域奇幻风情的轻喜剧打开了中匈电影交流的窗口。3月,中国著名导演、北京电影学院博士生导师谢飞在匈牙利开展了一系列电影交流活动。其间,谢飞导演不但与匈牙利电影院校的教师、学生进行了广泛的专业性交流,其代表作《香魂女》《黑骏马》和《益西卓玛》还在塞格德大学孔子学院的组织下在该市作了影展。4月23日,由中国国家新闻出版广电总局、中国驻匈牙利大使馆、匈牙利人力资源部共同主办的"匈牙利2017中国电影展"在匈牙利首都布达佩斯开幕。电影展是借助中国和中东欧国家的交流合作平台,在人文领域举办的一次重要电影文化交流活动,目的是通过电影增进中匈两国人民之间的相互了解和友谊。其间,展映了《功夫瑜伽》、《大唐玄奘》、《湄公河行动》、《北京遇上西雅图之不二情书》、《山河故人》共5部优秀中国影片。这些影片题材丰富,风格多样,展现了中国电影艺创和技术制作方面的最新成就。通过这些影片,匈牙利观众可以更进一步了解中国的历史文化和中国人民的生活与情感世界,同时从银幕上领略中国经济、社会、文化发展所取得的成就。6月20日至23日,中国国际电视总公司/中国广播电影电视节目交易中心组织中国联合展台参加NATPE 17匈牙利电视节(东欧地区最大的电视节),成功举办了中国影视节目推介会。中国联合展台的参展机构包括中国国际电视总公司、上海五岸传播有限公司、江苏广播电视台以及浙江中南卡通,四家媒体机构均准备了丰富的精品影视节目进行重点推荐,包括上海五岸传播有限公司的《海上丝绸之路》《极限挑战Ⅱ》,江苏广播电视台的《魔林匹克》《超级战队》,浙江中南卡通的《魔幻仙踪》《天眼传奇》等。中国国际电视总公司为参加此次电视节准备了电视剧、纪录片、卡通片等各类电视节目2 000小时。其中,近1 500小时节目译制为英语、法语、阿语、德语、西语等近

30 种语言。12 月 3 日,第 15 届布达佩斯国际动画电影节在布达佩斯闭幕,中国动画电影《大鱼海棠》斩获最佳动画长片奖。

案例二:国家对外文化贸易基地(上海)

一、背景

2011 年 11 月,党的十七届六中全会将"文化"作为中共决策层的集中讨论课题,会议上就深化文化体制改革,推动社会主义文化大发展大繁荣等问题展开了深入探讨,提出并部署"文化兴国"战略,这为我国文化贸易发展奠定了基础。在当今全球化浪潮下,文化越来越凸显其软实力,成为评判综合国力不可或缺的构成要素。具有 5 000 年底蕴的中华文化"走出去",逐步由传统的国际交流、对外宣传,让各国了解中华文化,向依托项目合作、文化贸易等文化产业发展方式转化,成为提升我国文化核心竞争力的主要载体。

贯彻并落实党的十七届六中全会精神,我国首个国家对外文化贸易基地 2011 年在沪揭牌,其前身是成立于 2007 年的上海国际文化服务贸易平台。位于浦东外高桥保税区的国家对外文化贸易基地,采用"政府推动、企业运行"的运营模式,意在利用保税区内的特殊便利,以及上海推进多年的"四个中心"建设、进军"科创中心"的综合优势,通过政策扶持、资源集聚等方式,以及外汇管制、金融创新、投资便捷等创新举措,着力构建中华文化"走出去"与国外优秀文化"引进来"的传播平台。截至 2016 年年底,基地已经集聚超过 450 家各类企业,入驻企业注册资本超过 100 亿元人民币,外资超过 3.7 亿美元;目前基地正在努力搭建五个功能平台——国际文化贸易服务创新、展示推介、信息咨询、人才培训以及政策试验平台,旨在为文化产业和文化贸易发展创造更为开放的环境与机遇。

二、 文化"走出去"的运作实践

2007年4月,中共上海市委宣传部和浦东新区人民政府共同在外高桥保税区设立上海国际文化服务贸易平台(以下简称平台),旨在利用上海外高桥保税区海关特殊监管区的区域优势,利用浦东综合改革配套与先试先行政策以及上海建设国际经济、金融、贸易、航运中心的有利条件,通过提供资源、渠道和配套服务等多项举措,大力推动与促进国内文化企业、产品和服务走出去。经过4年的探索实践,平台初具了"整合政策、开拓渠道、便利企业、吸引人才、促进合作、推动发展"等各项功能,尤其是经过上海世博会文化装备集成租赁服务平台项目的实践与运作,在国际文化贸易领域体现出了积极的示范和引领作用。2011年10月,国家文化部正式批准命名平台为全国首个"国家对外文化贸易基地"(即上海基地),上海基地在部市共建的框架下,以国家文化发展、"走出去"战略为指针,努力实践,大胆创新,寻求文化贸易快速健康发展的新模式、新方法和新途径,大力推动中华文化"走出去",加大产业集聚,不断做大文化贸易的总量和走出去的增量,为提升与扩大中华文化影响力不懈努力。

从2011年基地设立以来,基地紧紧围绕既定目标,着力搭建五个功能平台:一是国际文化贸易服务创新平台;二是国际文化贸易展示推介平台;三是国际文化贸易信息咨询平台;四是国际文化贸易政策试验平台;五是国际文化贸易人才培训平台。2014年9月28日,又被国家版权局命名为国家版权贸易基地。

在国家文化部、上海市委宣传部及国家各有关部委、上海有关委办局的指导和支持下(设立基地联席会议机制,市文广局、出版局等有关委办局都是成员单位),上海自贸试验区设立以来,上海基地实现了持续快速健康的发展。在众多自贸试验区创新开放政策中,涉及文化领域扩大开放的有三项:一是允许外资从事游戏游艺设备的生产和销售;二是允许外商独资成立演出经纪机构;三是允许外商独资在区内设立演出娱乐场所。基地抓住上海自贸试验区的先发优势和难得机遇，努力实现三项文化领域扩大开放政策在基地全部落地。基地文化贸易总额从 2011 年 5 亿元，2012 年达到了 17 亿元，2013 年达到了 71 亿元，2014 年实现 100 亿元，到 2015 年底超过了 200 亿元，2016 年底已突破 300 亿元，2017 年已超过 350 亿元。

入驻上海基地的中外文化企业，2011 年仅为 79 家，目前已集聚了超过 500 多家文化及相关行业的企业，包括演出、娱乐、影视、动漫、游戏、出版、印刷、拍卖、艺术品以及文化投资等各个领域，其中不乏如百家合信息技术、佳士得拍卖、东方明珠文化发展、倪德伦、寰亚演艺、华谊兄弟、中图上海、时代出版、北方出版等一批行业与业界的领头与重点企业。一些国际龙头企业也纷纷到基地设立营运公司，如韩国 CJ 公司旗下企业、索尼音乐、美国著名科技公司"System Link"投资设立的计算机软件公司、中国香港华夏动漫投资的华嘉泰游戏主题公司等等，入驻文化企业的注册资本已超过 343 亿元，2017 年新增注册资本已超过 24 亿元，2016 年税收贡献已超过 2 亿元，2017 年有望超过 2.5 亿元。

三、 文化"走出去"的路径分析

（一）国际文化贸易展示、推介与渠道服务能级不断提升

近年来，上海基地始终以文化"走出去"、文化贸易发展为宗旨，采用"抱团出海""借船出海"的方式，组织国内各类文化企业参加海外文化交易专业展会与重点活动，积极推动文化产品和服务"走出去"。如洛杉矶艺术博览会、美国演艺出品人年会、科隆游戏展、香港国际影视展、香港国际授权展、美国国际品牌授权博览会、中南文化年文化贸易活动、中拉文化产业交流会和中新欢乐春节文贸系列等活动，让文化企业、项目和产品能在基地的服务与推动下加快"走出去"步伐。

2017 年,由上海基地组织、承办以及参与配合的国际国内文化贸易与重点展会、交流活动共 21 项,其中有连续 9 年参加的香港国际影视展,也有首次主办的文化部海外"欢乐春节"系列活动;有走入欧美主流市场的顶级专业展会,如洛杉矶艺术展、科隆游戏展等,也有引进来在本地举办的高端专业展会,如 NAB 上海展、自贸区文化授权交易会;有兄弟省市的大型活动,如义乌文交会、深圳文博会等,也有与沪上重大节庆活动合作的优秀展会活动,如中国上海国际艺术节演出交易会等。各项活动中,累计有超过百家国际国内主流媒体进行现场报道和专访,还有来自五大洲 24 个国家和地区的近 150 家的新兴媒体进行了网络转载。

其中,作为文化部"欢乐春节"品牌的首批活动,上海基地首次和新加坡中国文化中心联合主办的"2017 欢乐春节"中新文化贸易促进系列活动在新加坡中国文化中心举行。活动通过产业论坛、展览、商洽、展映等多种方式和策划展现了中华文化的魅力和风采、文化企业与市场发展的未来方向,拉近了中新双边文化企业和民众间的距离,推动中新两国未来在文化领域进一步加深合作与交流。

上海基地组织的"对话・当下"中国国家展区与相关分享会活动于 2017 年 1 月再次亮相第 22 届洛杉矶艺术展。作为"2017 年欢乐春节北美中国年"系列活动之一,此项活动也被列入 2016 年第七轮中美人文交流高层磋商清单中的协议成果。上海基地连续 6 年组展,成功建立起了文化贸易拓展与合作的长效化桥梁,帮助国内外的文化艺术机构、企业及艺术家进一步探寻中外艺术贸易与合作的规律和途径,洛杉矶艺博会逐渐成为体现中国画廊、艺术机构及艺术家整体形象的一个国际性窗口,也是中国现当代艺术走进美西文化市场的窗口与平台。

2017 年 6 月,上海基地根据文化部的总体部署,在外联局的直接指导下,与各相关方通力合作,成功承办了在日本东京举行的第十届中日韩文化产业论坛，并同期参与日本最大的内容产业展"Content Tokyo 2017"，精干的服务团队和专业的工作得到了文化部领导和外联局的认可。参加这次论坛及展会活动的中国文化企业涉及影视制作发行、影视摄制服务、游戏内容创制等 30 多家文化机构与企业，通过公开研讨、政企互动交流会、商务配对等一系列活动，积极推动中、日、韩三国在文化交流、展示合作、文化贸易和服务的活跃、繁荣与发展，以促进三国在文化产业及领域形成优势互补、扩大合作、增进互动、共同发展的新局面。7 月，第二届金砖国家文化部长会议在天津举办，上海基地、北京基地和深圳基地在会议期间，共同向金砖国家的文化领导和来宾展示了各自在文化贸易和产业建设发展方面取得的成果和投资等政策环境。各个基地通过图片、文字、视频等向与会国家的官员、企业代表展示我国文化产业、文化贸易尤其是自贸区开放创新环境下的发展，介绍各基地的功能特点、工作内容和建设成就，向金砖国家介绍政策优势、文化市场、商务信息及展示推介。各个基地以文化贸易促进与繁荣为核心，有效服务与推动金砖五国间的文化产业、产品、项目、企业乃至资本的繁荣、贸易、流动、合作与对接。

2016 年 4 月，上海基地作为海峡两岸文创产业展的承办单位，向台湾同胞展现了独具特色的文创上海主题板块，还设立了"中华工艺精品展""海峡两岸版权授权展"等专题展览展示活动，同期还举办了"海峡两岸青年设计论坛"等相关活动。

上海基地还先后自主举办了上海文化产业成果展、国际音乐创意产业高峰论坛、国际艺术品拍卖会、英国皇家音乐考级、欧洲古典家具展等实践开拓活动。尤其是 2014 年，上海基地积极开拓版权贸易业态，创新举办了自贸区海外图书保税展，在探索取得成功的同时，再接再厉于同年 11 月又创新主办了首届自贸试验区文化授权交易会。目前，海外书展和文化授权展已成为基地的专业品牌展会，每年举办一届,其规模、影响力和专业效应正逐年扩大,至今已连续举办四届,2017年的文化授权展于9月20日再一次成功举办,文化部的品牌项目文化国际营销年会也同期举行。

(二)结合自贸试验区的开放与创新,实践与探索文化与其他产业开放政策交融发展的新业态

借鉴当年服务世博会2万多场演出的舞美设备租赁集成服务平台的运作经验,结合当前自贸试验区政策优势及便利化操作,积极探索实践进口文化设备(印刷、演艺、影视等领域)的经营性租赁(保税)、融资性租赁(保税)及自用设备开展保税来料加工业务等的开展;通过吸引专注于互联网文化内容产业早期投资项目的微鲸内容投资基金项目落户上海基地,探索在自贸试验区框架下文化与金融、投资、网络、科技、教育、服务业相结合的新业务、新业态、新经济的发展。

以自主创办的自贸试验区文化授权交易会为切入点,探索开展国际品牌授权、版权贸易、登记服务、数据采集、储存和处理等延伸业务和服务的开展,努力搭建更具实践功能和规模意义的文化贸易促进的公共服务平台。

(三)开拓文化装备产业发展空间,主动对接国际高端专业展会

2015年,上海基地与美国国家广播影视行业协会签署战略合作协议,引入全球数字媒体娱乐行业中贸易规模最大的展会之一——全美广播影视设备展(NAB SHOW),并于同年12月在上海举行高峰论坛和小型装备展。2016年4月,上海基地携国内15家专业文化装备制造、研发企业、科研机构赴美参加全球文化装备高端展会NAB SHOW。

2016年12月,汇聚了索尼、哈曼、科视、上海广播电视台、大疆等来自16个国家的近150家专业展商的"2016 NAB Show Shanghai"在上海首次开展。文化与科技、研发、制造、投资、贸易、服务各业态

通过文化装备产业及其这一载体的国际展会的引进与发展，来推动全产业链在中国得到进一步的贯通和能级的提升。

积极开拓文化产品和服务走出去以及引进来便捷路径的探索与实践，先后为"中国好声音""中国梦之声""初音未来上海演唱会"等项目提供服务。尤其是 2016 年的"中国新歌声"，上海基地为其提供专业高效的文化贸易进口及国内转运服务，确保其急待进口的场景设备通过自贸区口岸以及功能优势，及时便捷地送达区外的摄制现场。

上海基地在 2015 年为中国上海国际艺术节特别展——《不朽的梵高》感应艺术大展所有高科技设备的进出口提供全程综合配套保障服务。这是基地在自贸试验区政策延伸与功能拓展上取得的新的实践与突破。同年，上海基地全面跟进沪上大型室内动漫游乐园 JOYPOLIS 项目，经多方协调和沟通，上海基地助其项目公司以外商投资企业合资合作设备（投资额度内设备）模式顺利申报通关进口。该项目的顺利落地，标志着上海基地充分利用自贸试验区外资娱乐场所的开放政策，服务中心城区的案例又一次成功地创新实践，取得了可喜的实践成果和经验积累。

（四）合理运用开放政策与创新制度，积极探索文化贸易促进难题破解

上海基地在服务实践过程中发现，随着中外文化贸易的不断繁荣与发展，在国际文化合作运营项目过程中，如何熟练掌握并灵活运用各种政策与规则，规范合理地计缴税额，合规地收支外汇，成为文化国际贸易健康持续发展的关键，这也成为文化企业在"走出去"过程中急需得到帮助与解决的难题之一。在自贸试验区税务局、海关等职能管理机构的关心和指导下，上海基地充分有效规范运用政策，合理计缴税额，规范分割各项税收税基，合规开展外汇收支，快速合规地办理演出设备进出关境的通关手续以及海外商演的国际支付与

结算，为上海芭蕾舞团、上海歌剧院近年来的境外商业演出项目提供了专业的服务和支持，解除了它们在资金结算、收付汇和设备进出转运等方面的困惑与难题。

（五）紧紧围绕"一带一路"倡议，全面推动文化贸易繁荣，促进与推动双边与多边文化合作与交流

近年来，上海基地围绕国家文化发展战略，积极响应"一带一路"倡议，加强在文化领域的开拓和实践，以"五通"促"五路"，以文化通促民心通，以文化贸易为切入点和抓手，以文化产品、文化创意为载体"走出去"直至融进去，落地到国际主流消费市场里，进入国际主流消费群体之中，以不断扩大与提升中华文化影响力和知名度，传播中国声音、故事、精神和价值，实现与加深民心通文化通。

按照大力推动国内文化企业、产品和服务"走出去"，推升我国文化企业和文化产品在国际市场的知名度和影响力，进一步加快推进产业集聚，不断做大文化贸易的总量和走出去的增量的基地建设发展指示精神，上海基地努力贯彻国务院、文化部促进文化贸易、文创发展等相关文件精神和要求，按照"一带一路"倡议要求的精神，贯彻国家对外文化贸易发展战略中民族品牌推广计划和核心产品创新计划；在部市共建的框架下，继续努力搭建和拓展中外文化贸易渠道，创新文化贸易拓展的方式和促进运营模式的提升，对接国际规则与市场模式，充分利用自贸试验区、保税区政策功能创新与开放便捷的优势，以不断提升与完善"一带一路"经济总量中文化贸易规模的结构与占比；打造中华民族文化品牌，再造丝绸之路上中华文化之影响和辉煌，积极推动文化版权、影视、图书、艺术品（博物馆文创）、游戏动漫、装备等各文化产品、项目、企业的对外拓展与合作，不断让文化"走出去"提质增效，为在"一带一路"倡议框架下扩大中华文化的知名度和影响力贡献基地的一分力量。

主要实践与开展的项目还有，积极策划与组织"一带一路"文化

贸易促进活动、全面拓展"一带一路"文化贸易渠道和市场、深入开展"一带一路"文化贸易国别研究,以"走出去"为核心和"引进来"为配套,全面参与和推动"一带一路"倡议下的文化贸易发展与繁荣。上海基地每年组织实施的各类文化贸易展会与活动超过 20 个,其中涉及"一带一路"沿线国家和地区的已超过 10 个以上。

四、 面临的问题

一是文化"走出去"、文化贸易发展和文化企业的需求与我们所能提供的政策与服务之间的差距。

二是文化市场的规模、成本、资源以及能力的差距和投入产出间的不平衡,导致文化企业"走出去"、发展文化贸易的动力和积极性不足。

三是对文化"走出去"以及发展文化贸易的战略意义和作用,存在不同程度的理解不够、掌握不精、执行不专。

四是对文化"走出去"以及发展文化贸易的复杂、难度、独特和艰巨性准备不够,对方法、渠道、市场、研究的投入和开拓不够。

五、 成功启示

(一)紧紧围绕中央文化发展战略和精神,按照文化部等领导部门的要求与部署,积极开拓文化贸易市场及新兴渠道

2018 年,上海基地将继续以文化贸易促进与推动为着力抓手,坚持扎实做好传统文化贸易展会项目与不断开拓新的更具贸易特点、影响和规模的文化贸易展会项目相结合,策划和拟定新一年的文化贸易促进与开拓活动,以"一带一路"倡议、金砖五国、欢乐春节以及重点国家和区域为目标,以"五通"促"五路"的建设思想和要求,以文化通促民心通为思路,坚持"引进来"和"走出去"并重,加强平台建设,提升功能效益。一是在原有企业集聚、贸易规模的基础上,继续

保持稳定增长,做好政策对接、创新服务功能,推动自贸试验区内文化领域产业链式发展。二是聚焦新型文化业态、原创宣传推广、民族创意品牌,推动中华优秀传统文化传承,多层次多渠道开拓实践文化交流,推动文化"走出去"。三是积极集聚资源、拓展渠道、做大平台,培育文化贸易新业态新模式,提升贸易增长的促进作用。

此外,上海基地将结合 2018 年在上海举办的中国国际进口博览会的契机,将文化贸易的元素和市场及博览会有机结合,将"一带一路"沿线国家、金砖国家的文化产品、项目和企业引入博览会,在"引进来"的同时,利用博览会的主场便利,继续开拓与扩大"走出去"的渠道和力度,在国家搭建的国际大平台上继续努力开拓文化贸易的市场与空间。上海基地还将按照要求,继续保持与上海四大文化节庆活动的密切合作,积极参与深圳文博会、义乌文交会等国内部分重点文化贸易展会。

按照"一带一路"倡议要求以及《金砖国家政府间文化合作协定行动计划》等文件的精神和要求,在策划和制定来年文化贸易活动计划中,重点策划"一带一路"沿线国家、金砖国家等开展包含文化艺术、文化贸易、非物质文化遗产、文化产业、投资合作等多方面多层次多业态的活动与交流。

(二)充分发挥自贸试验区的政策与优势,开拓产业板块,创新服务功能,优化贸易模式

大力推动文化新兴业态以及文化与其他产业融合发展的业态的繁荣与发展,尤其是涉及科技、金融、投资、服务等业态的融合发展项目开拓,积极推动影视、印刷制作加工和装备类企业或项目落地自贸区,积极促进与推动中外影视企业等在影视制作项目上开展合作,继续努力创新自贸区内文化装备及技术加工制作(影视、出版、印刷等)的案例落地和实践成功。充分利用上海基地综合服务平台的优势,进一步集聚影视、印刷等文化重点企业和项目,吸引文化产业链在自

贸区内的培育和发展,推动优秀的文化产品、项目、企业乃至资本从自贸试验区出发,拓展全球的市场和参与全面竞争。

继续努力持续开拓文化贸易业态、阵地在重点国家、区域的主流市场和商业环境中落地,让更多中国文创产品、文创机构跨越专业展会的短期效应,提高投入产出的效能,让国外的主流市场、商圈和消费者能 365 天看到、买到、感受到来自中国的文化精品、优品,让中国的文化、声音、故事以及核心价值通过我们的文化产品作为载体,落地到国际市场里,进入国际消费群体中。

(三)提供文化保税仓储、制作、加工和贸易便利

2011 年,经过多方共同努力与协调,上海基地在办公大楼本部建设了专业影视片的保税仓库,提供给星空卫视使用,使其 750 多部经典华语影片和大量视频资料通过保税的方式,从香港进入保税区里的上海基地保税片库长期储存和加工利用,有效降低了企业的运营成本、提高了制作效率,为影视产业的发展、扩大合作,依托保税区的优势和功能发挥了积极的示范效应和促进作用。

(四)创设国际艺术品交易中心,提供艺术品全产业链服务

2012 年,上海基地又创建国际艺术品交易中心并在国内率先建设首座艺术品专业保税仓库,分设国画区、油画区、雕塑区和珍宝区 4 个服务区域,旨在积极发挥保税、自由中转、通关便利等特殊功能,为国内外艺术机构开展保税展示、拍卖、商洽、交易、仓储等营运活动提供专业服务,成为联通国内外艺术交易市场的重要通道及展示和服务平台。

(五)国际文化贸易信息、咨询、商务等综合配套服务不断完善与提升

上海自贸试验区挂牌后,上海基地对外文化贸易服务功能进一步强化。上海市文广局在上海基地设立对外受理服务窗口,受理自贸区内文化企业资质、艺术品内容和演出内容审批等专项服务。上

海基地还与上海文化贸易语言服务基地、上海文创产业法律服务平台等一些专业机构开展合作，同时引入了银行、证券公司、保险公司、律师事务所、会计师事务所等金融、法律、会计专业机构，为文化贸易对外拓展提供一揽子的专业配套服务。

2015年年底，上海基地结合文化贸易与企业发展需求，作为专业服务文化贸易企业的机构，成为上海自贸试验区保税区域企业住所集中登记的试点单位。这是上海基地结合自贸试验区在商事、投资和贸易便利化等领域的制度创新而完成的深化基地服务功能与平台建设的又一功能拓展举措。集中注册点暨基地综合服务中心的创新设立，旨在为中外文化企业尤其是中小微文化企业、双创文化企业提供包括商务咨询、企业登记、专业服务、建立电子档案库、政策辅导与申请及业务培训等一揽子配套增值服务，帮助中外文化企业在进入自贸试验区过程中，解决投资、经营、拓展乃至成本资金方面的各种困难，有效降低成本，提高服务效率，做好文化企业与政府职能部门间的沟通与协调，让文化企业能更专注于其自身经营与业务的开拓，在自贸试验区和基地内能得到更好更专业更高效的服务与发展。

截至目前，已有近200家文化企业登记入驻，上海基地客服管理人员与这近200家文化企业建立了定期密切沟通与服务机制，每年召开市场会员大会，上传下达加强咨询与服务，确保不让任何一家文化企业成为"僵尸企业"和"失联企业"。经自贸区管委会检查统计，上海基地办理集中注册的文化企业的年检率达到100%。

案例三：案例分析：鼓舞东方

一、"鼓"之文化背景

鼓作为远古时期的祭祀器具，一直被尊奉为可以通天的神器，在狩猎、战争、宫廷宴中广泛运用。自古便有"晓战随金鼓，宵眠抱玉鞍""佳人舞点金钗溜,酒恶时拈花蕊嗅,别殿遥闻箫鼓奏"等以鼓为中心的诗句,从而佐证了中国鼓文化之博大精深,伴随了一代代中国人从远古蛮荒一步步走向文明的艰辛历程。

追溯"鼓"文化的发展历程,最初鼓乃是通神之物,《山海经》中便有"雷泽中有雷神,龙身人头,鼓其腹则雷"的记载。在《事类赋》中也有"鼓,动也,矇瞍奏公,应春分而著义,当启蛰以施功"。这其中皆饱含了对神的崇敬与敬畏之情,映射了在远古时期,鼓作为模拟雷声以壮声威的作用。在往后漫长的历史更迭之中,鼓逐步演化成为一种重要的乐器。在商周时期,鼓的应用已经被制度化成为当时的乐器。《周礼》中便详细讲述了对鼓八音的分类化,充分论证了鼓乐文化的发展。除此之外,鼓还被广泛地运用于军事与生活之中,为我们耳熟能详的便是"一鼓作气",说明了鼓在战争中鼓舞士气的重要作用。

而今,鼓经历了数千年的变化发展,早已成为当代艺术表现的一种重要形式。2008年北京奥运会上的击缶表演《威风锣鼓》,更是将中国"鼓"文化循序渐进地推向了国际艺术表演的舞台之上。现如今,随着历史文化的发展,中国"鼓"文化从当初单纯基于中国古代文化逐步演变为将现代中国文化与外国文化融入鼓舞剧的艺术表现形式之中,并为了提升观众的视觉与听觉冲击,将现代新兴技术融入舞台的表演之中,相较于过去更显华美精致。

二、 企业之发展道路

上海鼓舞东方文化传播有限公司(以下简称鼓舞东方)便是一个力图发扬中国"鼓"文化的企业,经过企业12年的励精图治,将中国"鼓"文化进行产业化发展,并通过不断的创新,逐步将中国"鼓"文化推出国门,走向国外的舞台。

鼓舞东方经历12年的发展,自2005年起,作为上海市非遗"海派锣鼓"的传承者,填补了中国鼓乐的空白。鼓舞东方原创的《秦王点兵》等大型鼓舞剧为其打开了国内鼓舞剧的市场,并以此获得了迅猛的发展。2007年,鼓舞东方在不断地推陈出新中最终带动了鼓舞剧走出国门,走向世界。基于公司快速成长的历程,鼓舞东方还受邀参与了北京奥运会与上海世博会的演出,其团队规模也由此迅猛地成长为成立之初的3倍,并在原有鼓舞剧的基础之上,原创设计了70多种鼓、几十幕剧。在公司团队吴越同舟的奋斗之下,公司于2012年登上了春晚的舞台,获得了广大观众的赞赏。时至今日,鼓舞东方已为哈利法等各国政要进行过演出,并在人民大会堂进行国宴演出,业务遍布亚洲、欧洲、中东、南非、大洋洲、北美洲、南美洲,举办了鼓舞东方国际鼓乐节、京剧节、鼓舞东方音乐节,还成立了鼓舞东方文化产业园、鼓舞东方影业。鼓舞东方创作的舞台剧《鼓舞上海》已被纳入了上海"十三五"百部精品的行列之中,计划未来将在世界各地巡演600余场,以全面推动中国"鼓"文化走出去。

总而言之,鼓舞东方作为一家私营企业,历经12年曲折一路走来,从成立初期的"上海绛州鼓乐团",到如今发展壮大成为九次获得国际大奖、四十二次获得国内大奖的文化企业,并逐步承担起中国文化产业"走出去"的重任。

三、 上海鼓舞东方文化传播有限公司"走出去"的经验

一个企业之所以能够在较短的时间内实现"走出去"战略,必定依赖于该企业得天独厚的发展路径,只有如此,企业才能在适应时代发展的趋势中,充分调配自身所拥有的资源,从而促使企业进步。鼓舞东方作为中小文化企业的典范,其独有的发展路径犹如飞驰的骏马一般,飞速地带领公司敲开国际大门。

(一)优秀的国际与国内资源利用

所谓资源乃是企业得以快速发展的基础与根本,一个企业想要进行资本的不断积累,离不开对优秀的资源获取。鼓舞东方在12年

的不断努力中,利用了众多国际与国内的优秀资源,并由此获得资本的积累、市场的扩大。

在 12 年的发展历程中,鼓舞东方充分利用了众多优秀的国际与国内资源以促进自身业务的发展。在国际资源的利用中,首先,公司大力引进了国际知名打击乐作品,将国际知名打击乐作品与中国鼓乐相结合,在原有作品的基础上进行改进,在符合现代艺术审美的形式下,与中国"鼓"文化相互结合,形成独具一格的鼓乐艺术形式,从而在吸引原有观众的基础上,能够获得更多对中国"鼓"文化感兴趣的消费者走进剧场观赏鼓乐剧。其次,公司加强与海关、国际旅行社的合作,从而带动大量前来学习、观赏中国文化的游客观看由公司出品的鼓乐剧。通过与海关、国际旅行社的合作,企业拓展了自身的业务量,使得更多前来中国旅游的外国游客能够接触、认识到中国鼓乐剧的真实面目,从而为公司产品"走出去"打下了坚实的基础。最后,公司与 50 个国家的鼓乐团签订姐妹协议,促进了企业之间的相互协调发展。公司通过与其他国家的企业签订协议,在吸取其他国家企业管理经营模式以及产品推广模式的同时,与其他企业相互合作,力图共同发展,以达到公司发展壮大的目的,并促使公司的产品能够真正实现"走出去"的战略。

而在国内资源的利用中,鼓舞东方积极响应国家"走出去"的战略,并由此获得了较为丰富的政府资源。在积极响应国家战略的过程中,公司创作的舞台剧《鼓舞上海》被纳入了上海"十三五"百部精品的行列之中,在举办鼓舞东方国际鼓乐节中获得了上海市政府的支持,并获得了 100 多家媒体的广泛关注。得到政府的大力支持,与广泛的国内媒体合作,是促使公司迅速发展的重要力量。通过与 100 多家媒体的合作,扩大了公司的知名度,增加了公司的核心竞争产品与相关衍生品的贸易量,加快了公司资本周转速度。

鼓舞东方在中小企业艰难发展的背景下,通过以上国际资源与国内资源优势,在较短时间内获得巨大的成长,并获得国家的大力支持,实现了产品"走出去"的战略。

（二）"鼓"文化产业化

如果说企业的发展离不开对资源的获取,那么资源的产业化发展则是促进企业发展的重要纽带。鼓舞东方通过对文化资源进行大力整合,使文化资源实现了产业化发展。

鼓舞东方将中国的"鼓"文化融入到其产品的生产中。公司在进行"鼓"文化产业化过程中,将"鼓"文化进行了明确的定位,认为所谓中国"鼓"文化即代表中国人精气神的一种文化元素,是自古以来中国智慧的结晶。鼓在古代作为一种能够打通天地的法器,曾广泛运用于古代建筑之中,不仅仅局限于其重要的文化象征价值,更重要的是其在实际使用中还具有一定的减震作用,在一定程度上能够在地震中起到保护房屋的作用。公司基于这一重要的"鼓"文化精准定位,将中国青花瓷、兵马俑、武术等艺术形式融入鼓乐剧的表演之中,并结合美国、日本、英国等国家鼓乐剧的发展案例,对中国"鼓"文化进行加工,使得鼓乐剧的表演更能够适应广大消费者的消费需求。通过将中国文化产业化发展,使得公司形成了独具特色的文化产品,为公司的发展初步铺平了道路。

（三）强大的创新能力

如果说资源是企业得以快速发展的基础与根本,那么企业自身强大的创新能力则是企业屹立不倒的助推器。企业通过对自身产品的不断创新,使得产品能够不断推陈出新,适应消费者日益严苛的消费需求。鼓舞东方正是通过对产品的不断创新,使得公司能够在艰难的路途中,收获众多鲜美的果实。

鼓舞东方在原有中国"鼓"文化的基础上,原创了翡翠鼓、青花瓷鼓、视频鼓、水鼓、钻石鼓、威亚鼓等70多种鼓,每一种鼓在原创中,一方面考虑了新的鼓需要适应市场不同消费者的消费需求,另一方面也考虑到如何将其顺其自然地引入鼓乐剧的演出之中,使之能够适应不同的舞台形式。随着公司的逐步发展,单一产品形式的创新慢慢地已经不能适应公司力图寻求高速壮大的进步,此时,公司将高科技纳入舞台剧之中,以此来获得更大的市场规模。公司将舞台顶级设备、高科技灯光、先进的音响带入舞台剧的演出之中,使得演出过程更加具有震撼力,舞台效果也同时具有现代化的奢华感。为了进一步扩大公司规模,鼓舞东方首创了无孔纯金十二生肖青花瓷鼓以及一百多幕鼓剧。无孔纯金十二生肖青花瓷鼓的制造经过六次烧窑、十次大师手工的绘制,最终形成无孔且全身带釉的十二生肖青花瓷鼓,在一定程度上代表了瓷艺技术的巅峰。而鼓舞东方创作的一百多幕鼓剧,其中最具代表性的《梦响赤壁》《梦鼓楼兰》等也取得了极大的成功。

通过对鼓舞剧的创新,并将现代高科技引入鼓舞剧舞台,在强调舞台剧艺术观赏价值的同时,增强了鼓舞剧与观众之间的互动性,强化了观众在观赏鼓舞剧时的视觉与听觉冲击。在衍生品的创作方面,鼓舞东方在利用中国与世界历史文化资源的基础上进行创新,由此减少了衍生品在推广中的文化折扣现象,促进了产品市场的不断扩大。在鼓舞剧与相应衍生品双向创新的过程中,公司的市场规模不断扩大,带动了公司的进一步发展。

(四)独特的商业化经营模式

当企业了拥有优秀的国际、国内资源与强大的产品创新能力后,商业化的企业经营模式则是企业能否实现可持续发展的重要基石。一个企业只有采取适合企业发展的商业化经营管理模式,企业内部才能够实行明确的分工,从而促进企业实现有序的发展。鼓舞东方正是认识到了独特的商业化经营模式对公司发展的重要性,因而在公司运行中才逐步形成了有益于公司可持续发展的经营方式。

从鼓舞东方的艺术产品商业化经营模式来看,首先,公司对文化资源进行深入的挖掘,将文化艺术资源融入鼓乐剧之中,实现了文化资源初步的产业化。其次,通过艺术延伸的形式将初步产业化的文化资源进行进一步的整合升华,将原生态产业化的文化资源进行相应的艺术创新,形成适应广大消费市场的"鼓"文化产品,为公司产品的商业推广奠定了坚实的基础。再次,将新颖的艺术形式进行商业化发展。通过与媒体、相关企业之间的相互合作,加强对鼓舞剧的多元化宣传渠道,并对公司多项产品进行专利申请,进一步凸显出公司的独特性,逐步形成公司与众不同的产品运行模式,从而形成其他中小企业难以模仿的公司产品商业化模式,加强了公司在同类企业之中的竞争力。最后,通过全方位、多层次的方式将商业化的产品进行推广使之最终走向国际市场。公司在产品营销过程中,以多种品牌广告形式传递不同品牌推广的需求,提高了产品与观众之间的互动体验,并通过观众的反馈对品牌战略进行系统性的诊断,最终实现品牌的再度包装。公司通过品牌强势曝光的形式再度进行大力的宣传,以此不断实现产品的市场化,推动企业产品的可持续发展。

商业化的企业经营模式使得鼓舞东方在力求高速发展的同时,推动了公司的可持续发展性,使得公司能够在充分利用国际、国内优秀资源以及自身不断推陈出新中,实现长足发展。

(五)产品推广之路

对中国文化资源初步的产业化发展与独特的公司经营模式为鼓舞东方产品"走出去"打下了根基,但公司的产品如果得不到广泛的推广,那么公司即使拥有令人叹为观止的产品,也只能是昙花一现,在时代的舞台上匆匆走过。因而,公司为了实现"走出去"战略,必须对其产业化的产品进行大力的宣传。

在实现产品推广中,鼓舞东方大力与明星进行合作,形成巨大的"明星效应",从而提高产品的知名度。公司通过与张艺谋、杨丽萍等明星合作拍摄电影,为刘德华《2012 等你来》进行伴奏,积极参与成龙《杨门女将》电影拍摄等方式，加强与明星之间的互动，使得企业的相关产品逐步得到消费者的了解，最终以良好的产品形象得到广大消费者对产品的认可。如今媒体已成为现代企业宣传的主要渠道，公司与100多家媒体进行合作，以加强企业产品的宣传力度，使得企业产品在发展中拥有了大量的群众基础。与观众的互动也是公司加强企业产品宣传的重要方式。公司通过改良的中国文化故事情节吸引观众，并将高新科技引入表演之中，加强了表演之时的震慑力；同时虚心听取观众的意见，对演出形式和内容进行不断的改进，从而加强了与观众之间的互动感。

鼓舞东方通过与明星的合作、媒体的宣传、观众的互动，促进了公司产品知名度的提升，为企业核心产品竞争力的形成奠定了基础。

（六）产品"走出去"

鼓舞东方的发展适应了现代文化产业发展的需求，在公司获得优秀的资源与核心竞争力产品形成后，便面临着进一步的发展出路问题。国内市场需求已经逐步不能满足日益发展壮大的公司需求，因而产品"走出去"战略逐步提上了公司的日程。

鼓舞东方选择了一条与众不同的"走出去"之路。现阶段，公司的业务遍及亚洲、欧洲、非洲、北美洲、南美洲，主要依赖于企业在"走出去"中定制化的演艺服务形式。公司在将自己的舞台剧带出国门之时，基于一国消费者的消费需求，制定适合该国消费者消费需求的演艺方式。公司首先通过对演艺进行定位，对演艺内容进行梳理盘点，初步形成适合演出场景的演艺方式，并对其进行编排练习。其次，通过演艺执行对演出内容进行彩排，并在此过程中对乐剧进行营销宣传，同时在演出中与观众进行大量的互动活动。最终，对演出内容进行二次传播并形成相应话题，积极听取消费者的意见，对其进行总结改善。通过以上的"三步走"形式，形成了定制化的演艺服务，带动公司的鼓舞剧适应国外市场，带动产品"走出去"战略的发展。同时，为了实现公司"走出去"的可持续发展，单一的产品形式是难以支持公司在国际竞争中脱颖而出，因而公司推出了众多的相关衍生品，以加强公司在"走出去"过程中的地位与竞争力。在"走出去"中，公司形成了动漫、游戏、影视业、原创衍生品等周边产品，与此同时，大力举办国际鼓乐节、国际京剧节、东方模特节，以加强公司在国际上的影响力，通过国际化的形式促进公司"走出去"战略的可持续发展。

直至现在，公司相关衍生品在其核心竞争力产品的带动下不断发展壮大，在不断拓宽公司国际业务的同时，也在潜移默化中强化了公司的国际竞争力，最终带动了公司整体的"走出去"战略可持续发展道路。

四、 上海鼓舞东方文化传播有限公司"走出去"的问题

企业发展在遵循正确的发展路径的基础上，必然会遇到阻碍企业发展的绊脚石，企业只有正确认识与对待发展过程中的阻力，并积极予以改正，才能在"走出去"中获得长足的发展。鼓舞东方的发展之所以能够从成立之初的鼓乐团逐步演化成为国家重点关注的企业，是基于公司在整体发展趋势背景之下，正确认识自身所存在的缺陷，并从中汲取经验以促进公司的发展。总体而言，公司在实现"走出去"战略中，主要面临三大问题，即资金的匮乏、"走出去"渠道的狭窄以及管理体制的不完善。

（一）资金匮乏

资金是企业运行的润滑剂，是企业能够顺利开办各项业务的主要动力，只有在充足的资金支持下，企业才能协调运转。鼓舞东方作为中小型私营企业，即使它的发展是成功的，但正如中国大部分中小企业一样，依然存在着资金缺乏的问题。从内部原因来看，一方面，由于公司的规模还相对较小，一定程度上更容易受到经营环境的影响，公司的发展存在一定的风险，这也造成了公司融资困难。另一方

面,资金来源单一也是造成企业资金匮乏的一大原因。现阶段,中小企业融资的唯一渠道就是金融机构的贷款,而金融机构则将企业的风险水平作为是否发放贷款的评定标准之一。从前面的分析可知,由于公司规模相对较小,因而发展中面临的风险就相对较大,这就使得公司存在着与众多中小企业同样的融资困难的问题。从外部原因来看,国家对中小企业的支持力度相对较小,这也是中小企业融资难的一大重要原因。现今,我国金融体制上依然保持着以国有经济为主体的制度,鼓舞东方作为民营小企业在发展过程中更多的是在夹缝中求生存。综合公司发展中的内外部原因来看,公司资金匮乏的问题既有偶然性,也有必然性,在这一系列因素的驱使下,公司的资金运转进退维谷。

（二）渠道狭窄

要实现产品的国际化发展,"走出去"渠道的多样化发展也是极为重要的,通过经济与非经济、官方与非官方的渠道和平台能够为一个企业产品走出去提供有利的条件。而从鼓舞东方实现产业"走出去"的渠道来看,由于缺乏明确的目标,缺乏组织性,且对发展需求缺乏理性的认识,从而造成公司无法选择适合自身发展的"走出去"渠道,无法有效促进产品的国际化发展。同时,缺乏中介组织也使得公司与其他文化企业互不干涉、相互竞争,没有形成必要的企业之间的合作,在国际化过程中难以形成合力共同面对恶劣的外部市场,这也进一步制约了公司的发展。从国家为文化企业"走出去"所创造的渠道方面来看,国家在过去的发展中对文化产业的忽视,造成了企业在国际化发展之时缺乏必要的官方支持,使得鼓舞东方"走出去"的渠道极为狭小,一定程度上影响了公司的发展与进步。

（三）管理体制不完善

完善的企业管理方案与体制是提高企业运转效率的重要手段,一个具备高效透明管理体制的企业,才能在推动产品国际化中释放其全部优势力量,促进企业的快速发展。鼓舞东方尽管有一些成功的产品"走出去"的路径,但从其跨国经营管理体制来看,公司并不具有核心竞争优势与能力。在对资金支配方面,公司资金的分配缺乏相应的合理性与计划性,使得资金的使用存在浪费的现象。在审计检查制度方面,没有建立完善的审计监察制度。财务人员在对公司财务进行核查时效率降低,从而降低了公司的运转效率,阻碍了公司"走出去"的发展进程。在对员工的管理方面,公司缺乏合理的激励机制,使得员工在推动产品"走出去"之时没有形成上下一心的局势。

五、"走出去"启示探析

现阶段鼓舞东方实施"走出去"战略仍面临着重重阻碍,公司应当在顺应时代发展的前提下,极力改善现有的缺陷,从中汲取经验与教训,以理性的态度分析公司的缺点,采取恰当的措施来解决现有的问题,以扫清公司在实现产品国际化进程中的障碍,最终促进公司的发展壮大。

(一)更新思想观念

宽广的眼界是促进企业快速发展的先导,先进的思想观念对于企业而言,犹如手中的一柄利器,能够让企业在激烈的国际文化企业竞争中获得长远的发展。企业想要更新思想观念最为重要的一点即是需要认清自身产品走出去的重要意义。在竞争愈发激烈的国际市场中,贸易保护主义逐渐盛行,对于中国中小企业来说既是机遇也是挑战,在夹缝中求生存的中国中小企业应更加清醒地认识到实现企业的国际化发展是实现企业可持续发展的基本手段。首先,在实现产品"走出去"中,企业可以在竞争中迅速学习国外的先进技术与管理经验,进而获得快速发展。其次,企业在实现"走出去"战略之时,在注重当前利益的同时也应注重企业发展的长远利益。目前,中国中小企业的发展普遍存在着目光短浅的现象,缺乏长远的战略眼光。

中小企业在进行融资时,为了快速获得大量的融资贷款,通常会粉饰自身的财务报表,从而造成中小企业信用风险较大等问题,这也成为阻碍中国中小企业快速发展的重要原因之一。因此,树立注重长远发展的观念已成为促进中小企业快速发展的重要力量。最后,树立兼容并蓄的开放思想也是企业发展的当务之急。兼容并蓄的开放思想为企业的发展提供肥沃的养料,在开放的企业文化氛围之下,企业的发展更具包容性,使得企业能够吸收更多不同的文化,促进企业的发展。

（二）制定合理的发展战略

先进的思想观念是企业发展的重要武器,而合理的企业发展战略则是加快企业"走出去"的重要手段。制定合理地发展战略能够巩固企业的竞争地位,促使企业在有序的环境中谋求快速的发展。其一,企业应努力实现产品市场的多元化发展。现阶段,大多数文化企业产品市场主要集中于亚洲地区,缺乏多元化的市场规模,因而企业在推动产品国际化发展时,应不仅仅着眼于对亚洲文化产品市场的开拓,也应不断挖掘欧美市场的消费潜力。在以中国文化资源为精髓的同时,在文化产品之中融入欧美文化,使企业文化产品最大限度地适应外国市场。其二,企业领域的多元化发展也是企业在制定合理发展战略中必不可少的条件。企业在突出自身优势产品时,也应尽力挖掘拥有巨大潜力的产品,有针对性地推动文化产品多元化,促进企业"走出去"战略的全方位、多领域的发展。其三,企业应实现"走出去"手段的多元化发展模式。企业在发展中想要拥有雄厚的资金基础,就必须改善企业单一的融资手段,通过与其他企业的合作、合资、技术转让等方式,实现企业壮大手段多元化的发展。

（三）人才支撑企业发展

人才的匮乏是阻碍中小文化企业发展的重要原因,缺乏专业性的人才,使得大多数中小文化企业在制定战略时缺乏专业性。在现代严峻的国际竞争形势下，人才的缺乏已成为企业国际化发展的最大障碍，因而企业在"走出去"时应注重对人才的甄选与培养。通过提高精神与物质的奖励，积极引进专业化的文化产业人才；通过制定合理的考核程序，加强对人才的考核；定期对公司的员工进行专业的培训，加强员工的工作效率与专业化程度的提高。除了要加强对公司人才的选拔与培训，也应防止公司人才的流失，因此，构建良好的公司工作环境与氛围十分重要。只有拥有一大批高素质、开放性的人才，才能带动公司在实现全面"走出去"战略中获得巨大的成果。

案例四：尚世影业

一、背景

上海尚世影业有限公司（以下简称尚世影业）是上海广播电视台、上海文化广播影视集团有限公司（SMG）旗下东方明珠新媒体股份有限公司（股票代码：600637）的影视业务旗舰平台，是一家集影视项目策划、投资、制作、宣传发行、内容营销及演艺经纪为一体的综合性影视公司，具有丰富的商业资源和强大的分销网络。公司业务布局覆盖影视全产业链，上游业务包括文学剧本策划、签约演员、编剧工作室，中游业务包括影视投资、制作、发行，下游业务包括频道运营、整合营销、商品化授权等。目前，公司经营规模及产量均居全国影视公司前列，公司愿景是成为华语影视领军企业，公司定位是都市影视先锋，同时积极推进精品化、国际化和新媒体战略，致力成为国际知名的影视娱乐供应商、华语影视的领军企业。

近年在电视剧方面，公司出品的电视剧《平凡的世界》《北平无战事》《刑警队长》《红旗漫卷西风》《大好时光》《他，来了请闭眼》《悬崖》等不仅题材多元，更是行业内公认的"剧王"作品，创下多个行业纪录，屡获飞天奖、金鹰奖、白玉兰、金熊猫奖等国内重量级奖项。2017

年,尚品影业出品的《转角之恋》《求婚大作战》《约会恋爱究竟是什么》《只为那一刻与你相见》《国民大生活》等投资高、题材新、影响大的影视剧也陆续登陆各大卫视、视频网站。

在电影领域,尚世影业也成绩斐然,与迪士尼合拍电影《我们诞生在中国》打破自然类电影最高票房纪录;《夜孔雀》获得蒙特利尔国际电影节最佳中国电影金奖;独具慧眼引进艾美奖最佳电视电影《神探夏洛克》。尚世影业与BBC联合出品的纪录电影《地球:神奇的一天》,制作出品的电影《21克拉》《建军大业》《心理罪》《闺蜜Ⅱ》,参与引进的CG电影《最终幻想15:王者之剑》等于2017年上映。

二、 文化"走出去"的运作实践

(一)与日本富士电视台合作

SMG尚世影业于2015年11月在日本东京与日本富士电视台签署了战略合作协议,确定在未来3年内,双方将以日剧《约会～恋爱究竟是什么呢～》翻拍为开始,就版权采购、影视剧制作、电影合拍片达成一系列战略合作,共同完成至少5部作品的开发与制作。

富士电视台是目前东亚最具影响力的商业电视媒体之一,曾连续8年在日本当地实现全日、晚间时段、黄金时段收视率的"三冠王"。该台以都市、爱情、偶像题材的电视剧作品见长,深受日本年轻收视群体喜爱。"月九剧"指的是富士电视台每周一晚上九点档播出的电视剧,是富士电视台的招牌栏目,也是整个日剧界的收视风向标。

尚世影业总经理陈思劼表示:"富士电视台在中国具有很高的知名度,大量自制日剧中,都能看到都市生活中或振奋,或困惑,或充满勇气,或帮助我们心灵有所释放等内容,这也是编剧方面日剧比中国更成熟的优势。这次我们针对20岁甚至更年轻的中国观众的审美取向,与富士台所达成的战略合作,不仅是购买版权,而且是包括编剧、制作以及后续产品研发的一揽子协议,希望集两国之力,为中国电视观众奉献好的作品。"富士电视台常务董事大多亮说:"以前和中国公司合作也很多,但都是一部一部作品开发,这并非一种长久的关系,很有局限性。而我们和尚世影业在影视业务方面特点接近,针对年轻观众群的创作理念也接近,彼此信任,希望这是个良好的开端。"

2016年上海电视节上,尚世影业宣布将与日本富士电视台合作,联手推出以"恋爱""求婚""离婚"为主题的"纯爱三部曲"系列作品,将富士电视台出品的三部经典日剧改编成符合中国观众口味的全新作品。双方将在3年之内推出五部作品,其中包括曾在10年前感动无数观众的《求婚大作战》。日本富士电视台常务董事大多亮表示:"我们和尚世影业一起共同开发的第一部作品今年10月份就将在上海开机。富士电视台将对每一个主创部门提供技术合作,我非常期待这部作品能够让大家感动得掉泪,也给大家带来欢笑。"

（二）与迪士尼合作

早在2013年,尚世影业和迪士尼双方已经就如何战略合作展开过多轮讨论,《我们诞生在中国》成为这个战略下的第一部合拍片。尚世影业和迪士尼的战略框架协议在2014年初正式签署,影片也在同年正式开拍。

据陈思劼回忆,当初和迪士尼签署的计划内容中,包括一部以英语为主要语种全球发行的大片,包括编剧论坛在内的资源领域多重合作,以及一些针对中国市场进行开发的其他适应性产品。作为多项目合作协议中的一部分,自然电影《我们诞生在中国》被第一个提上了议程。

始料未及的是,《我们诞生在中国》漫长的开发周期远远超乎了尚世影业的想象。这是一个庞大而艰苦的过程,在2013年定下陆川做导演后,整个团队2014年启动拍摄,直到2016年暑期档,影片才得以同观众见面。电影投资在6 000万元上下,对此,陆川的感慨是:

"这笔在国内只够拍一部半爱情电影而且拍摄期不能超过 50 天的预算,在《我们诞生在中国》这部野生动物电影里,五个摄制组拍摄了 16 个月。"

《我们诞生在中国》以中国独有的四川大熊猫、雪豹、川金丝猴等国宝级野生动物家庭为主线,用交叉剪辑的方式讲述了珍稀动物的家庭趣事,向世界展示中国独树一帜的丰富的自然地貌和特有的神奇物种,同时提醒每一个人尊重野生动物、尊重自然、尊重生命。

《我们诞生在中国》的横空出世,一举填补了之前国内自然电影市场的长期空白。根据艺恩电影智库数据显示,2016 年 10 月 11 日《我们诞生在中国》正式完成了它在中国大陆地区院线的首映周期,凭借爆棚口碑,以超 6 656 万元的票房刷新并创造了当时中国纪录电影和自然电影的全新票房纪录。2017 年 4 月 21 日,《我们诞生在中国》在北美正式公映。这标志中国自然动物电影首次进入国际影视市场,与商业大片展开正面的票房争夺。6 月 25 日,为庆祝中国与以色列建交 25 周年,《我们诞生在中国》作为开幕片亮相"2017 以色列中国电影节",绝美的中国风光以及感人至深的动物家庭故事赢得了全场喝彩。

2017 年 12 月 3 日,《我们诞生在中国》在第四届丝绸之路国际电影节闭幕式上喜获"中国电影国际传播突出贡献奖"。该奖项是中国国家新闻出版广电总局电影局为表彰对中国电影海外传播作出积极贡献的影片、集体和个人而设立的,此次颁奖也是第二十一届"北京放映"的年度活动。同时,《我们诞生在中国》被教育部纳入《第 37 批向全国中小学生推荐优秀影片片目》之中。《我们诞生在中国》的再次获奖,证明了这是一部向世界传递自然与生命之美的精品力作,这得益于尚世影业始终坚持的国际化战略。

(三)与英国影视公司合作

2016 年 6 月 14 日晚,尚世影业、中泽文化投资有限公司联合举办了"中英电影之夜"活动。活动现场,尚世影业总经理陈思劼与中泽英国电影基金全球运营总监费吉娜签署了战略合作协议,双方将在电影、电视剧制作等方面展开全方位的合作与交流。此次签约不仅意味着一批新的英国优质影片即将来到中国,中国的国产电影也能在英国大范围上映。此外,还将有更多适合中英两国市场的影视剧出炉。

在"中英电影之夜"上,尚世影业还公布了两部中英合拍片的最新消息。以伦敦为背景的电影《合法伴侣》讲述了两位在英国奋斗的男青年因为一个误会将错就错,通过假扮"基友"来获得合法居留权,并由此引发的一系列喜剧故事。该片拟全程在伦敦拍摄,尽显英伦现代风范,有望成为继《北京遇上西雅图2之不二情书》之后,又一部透着浓浓"绅士腔调"的喜剧大片。《合法伴侣》将由黄建新担当监制,束焕担任剧本监制。英国的演员兼独立制片人克雷格·康韦(Craig Conway)宣布,自己即将启动一部在中国境内取景、以中国背景为故事主线的电影。康韦表示,自己的这部中国题材新片,会邀请中英两国的明星一起参与,希望能在年底前开机。

如今,互联网视频已成为中外影视产品交流的最佳平台。中国观众在视频网站上接触到了大量来自英国的优秀作品。然而,相对而言,中国的影视作品输出到境外的网络平台尚处于起步阶段。活动当晚,来自英国视频网站 Distrify 的 CEO 葛勇安(Andy Green)宣布,为了给更多优秀的中国影视作品提供可展示的国际舞台,该网站未来将与尚世影业等中国公司一起将中国的优秀影视剧作品推荐到英国乃至全球范围。

另外,BBC 地球电影制片公司与尚世影业联合拍摄的纪录电影《地球:神奇的一天》成为中英两国电影合拍协议框架下的第一部合拍影片,该片讲述了我们赖以生存的这颗星球上,千万生灵度过的非凡一天。

2016 年年初,由尚世影业引进的大电影《神探夏洛克》登陆国内院线,该英剧系列在中国网络平台上曾创下 9 800 万人次的收视纪录。而此次影片上映后,单日票房超过 4 500 万元,总票房超过 1.6 亿元,成为元旦档最高票房的引进片。

（四）其他多方合作

2016 年 6 月 7 日晚于上海中心举办的 SMG 智造之夜,尚世影业宣布和美国索尼影视电视公司签署战略合作协议,双方将共同制作周播剧《新婚公寓》第二集,以此展开多部中文喜剧和中文原创剧的项目合作,并将共同开发立足于中国历史、面向全球发行的中国历史正剧;同时,还将合作打造中国年轻编剧、导演的人才发展项目。

6 月 11 日晚的寰亚之夜上,知名影视公司寰亚集团宣布与尚世影业战略签约,于未来 5 年进行大量影视剧合作。寰亚集团主席林建岳介绍,双方将充分发挥在各自领域的资源优势,共同开展电影、电视剧、网剧及网台联动剧等 IP 项目的联合孵化,并加强品牌、商业开发等方面的合作。谈及两强联手带来的连锁反应,上海广播电视台台长、上海文化广播影视集团有限公司总裁王建军表示,尚世影业擅长电视剧领域,和寰亚强强联合,将在影视市场有更大建树。

尚世影业斥重金打造的"尚世聚星"项目于 2015 年正式启动,着力打造中国内地的"演员梦工厂"。从根源上着手,充分整合平台和资源优势,打造全新的娱乐生态系统。"尚世聚星"是以实战为教学基础的专业演艺培训机构,为学员提供一站式演艺培训进阶课程、测评与咨询服务,以及推荐演员试镜签约、剧组实习等机会。值得一提的是,尚世聚星培养并拥有大量优秀的复合型专业讲师,全部师资力量均受过韩国专业表演学院的培训,作为培养中国未来之星的摇篮,力求从这里走出真正会演戏、有演技的新生代演员群体。

另外,南加州大学电影学院是美国第一所被授予电影艺术学士学位的学院,同时始终占据全美各大电影学院的头把交椅。未来尚世影业将与南加州大学电影学院进行合作,启动编剧、制片人和导演培训。

六、 文化"走出去"的路径分析

(一)合理开发利用 IP 资源

尚世影业与日本富士电视台为期 3 年的合作是全方位的版权开发,而非单纯的翻拍作品,尚世影业拥有日本富士电视台所有影视剧版权在国内的优先开发权。双方将聚焦国内年轻受众,就国内卫视、视频网站定制剧及电影市场进行发力。同时,为更好地在中国市场进行本土化创作,双方将从合作项目的源头剧本到制作共同成立开发团队,根据不同项目选择电影、网络剧及电视剧进行定向开发。

现如今,热门 IP 已经成为国内电视剧出奇制胜的法宝,不少优秀的海外影视剧同样在国内拥有极高的人气和知名度,而这些原本就是影视作品的 IP 在改编方面更具优势。在人人追求 IP 的时代,尚世影业放眼日剧,这是出奇招的表现。其实,对于日剧,其他国家也有过不少翻拍成功的例子。经典日剧《花样男子》《恶作剧之吻》曾经翻拍过不同版本,每个版本在亚太地区无一例外地风靡,这也在市场上证明:在解决本土化及语言障碍之后,经典是可以共通的。

尚世影业与富士电视台的合作,无疑就是针对国内的年轻受众市场探寻新的业务突破口;富士电视台影视剧集的强大 IP 储备和优质的制作能力无疑将会给这次合作提供先天的基础。这次合作,不仅为尚世影业增加了不少优质 IP 储备,也为日剧在中国更好、更全面的传播打下基础,共赢可待。

(二)学习先进技术经验

和迪士尼的合作并不容易。《我们诞生在中国》主要制片工作由"迪士尼自然"负责统筹,尚世影业则承担起了中国大陆地区的宣传发行。整部影片处处流淌着迪士尼一贯擅长的合家欢基因,但陈思劼强调:"如果论整个团队中的参与人数,中国人肯定是多于老外的。当然在相对技术工种上比如摄影指导,迪士尼是派出了很多人。"

在尚世影业电影部总监朱东茸看来,迪士尼对《我们诞生在中国》提供的帮助,首先是做到了中国地区在所有地区里第一个上映,其次在具体宣发上帮助很大,整个过程中,中外团队协同进行,也经历了一番磨合。和国内通常的电影宣发不太一样,迪士尼有自己的一套标准和工业化流程,影片的所有物料制作、媒体发布等宣发策略的执行,都经过了双方的充分沟通,事实证明这对影片的帮助很大,通过这个项目我们也从中学到了很多东西。

（三）国家政策影响国际化路径

2015 年 10 月,习近平主席访英活动被视为开启了中英关系的"黄金时代",也推动两国进入文化交融、共同发展、走向世界的最佳时期。中英两国在文化领域的合作逐步走向常态化、体系化、机制化和市场化,在影视、传媒等领域优质项目频传。

在"一带一路"倡议影响下,由尚世影业和上海歆霖影业有限公司,并牵手塞尔维亚方共同制作的《萨瓦流淌的方向》是中国与塞尔维亚首部合拍电影。中国与塞尔维亚相隔很远,民族不同,文化也不同,但是电影为两国人民相互了解架起了桥梁,通过电影增加了两国人民之间的了解。《萨瓦流淌的方向》展示出独特的文化魅力和历史特点,中国观众通过这部影片会对塞尔维亚的人文风光、历史文化艺术有一个更加丰富、全面的认识。

而在与韩国影视媒体的合作上有一个反复,一度停滞,错过了双方影视艺术爆发的时机,在引进和海外发行方面也受到一定的影响。

七、 面临的问题

（一）税收优惠不够

尚世影业是一家主打影视产品的公司,电视剧的发行和引进量要比电影高出很多,国家目前在电影方面有一定的免税支持,但是电视剧方面却没有退税的优惠,而政府一定力度的税金补贴会对企业有实质性的刺激与促进。

(二)与协会互动不足

以企业为单位进行海外拓展在资源和涉及领域宽度方面都会受到一定的限制,如果政府相关机构能够组织官方协会,以联合体的形式进行影视文化产品推广交流,比个别企业进行"单打独斗"的影响范围要广,而且有了行业机构的支持,建立相应的促进机制,企业之间合作的机会变多,更有利于创造出优秀的文化产品并推向海外。利用协会丰富的资源可以针对不同的目标市场、不同的文化群体,在影视文化方面开发出新的产品,拓大产品与市场影响力。

(三)维权方面存在困难

影视作品推向海外的过程中,由粉丝行为自发推动和新媒体的发展传播,版权得不到保护。而在引进海外剧方面,进行翻拍会遇到一系列的文化差异问题,本土化改编难度大。

八、成功启示

(一)泛娱乐背景下的 IP 延伸

SMG 尚世影业在沪发布"尚品·2016—2017 年度影视计划",基于丰富多元 IP 储备,尚世影业有 10 余个影视项目齐亮相,涉及的拍摄计划涵盖电影、电视剧、网剧等多个领域,引发业界高度关注。尚世影视立足"娱乐＋"战略,坚持"精品化、国际化、融合化"三大发展方向,链接英国 BBC、美国迪士尼、日本富士电视台、美国索尼影视、中国香港寰亚等全球优质资源,已逐步成为华语影视的领军企业和国际知名影视娱乐内容供应商。

泛娱乐的核心是 IP,如果不是精品的 IP 就很难做延展。精品IP 的标准有:正确的舆论导向,这是一个基础;"国际化",接轨国际市场；"融合化"，渠道、技术、资本等方面做连接；聚焦高品质的影视内容制作出品等。讲到泛娱乐一定会提到IP，那么IP的价值是什么？它取决于IP的利用程度，也就是内容转化潜力的程度。

文学IP中不乏悬疑、言情。《最漫长的那一夜》被称为中国都市诡谈版《一千零一夜》，微博阅读量超过3亿人次，是颇受关注的热门IP。这部现象级情怀力作《最漫长的那一夜》将被尚世影业以网剧、周播剧形式搬上屏幕。两部古装传奇超级IP大剧《烈火如歌》和《紫川》，其中，《烈火如歌》改编自著名女作家明晓溪同名巅峰力作，确认由人气飙升的"鲜花"迪丽热巴领衔；而备受期待的《紫川》则脱胎于网络小说大家"老猪"的同名奇幻小说，被誉为中国网络文学殿堂级神作。

（二）植根原创，推陈出新

近几年在影视市场需求日益丰富的大背景下，以"内容为王"为经营理念的SMG尚世影业在将制作触角延伸到更多领域的同时，也不遗余力地根植原创。成立SMG尚世影业台湾事务部，就台湾小说、文学期刊跟进，台湾电视剧引进，台湾影视人才开拓（编剧、导演、演员、制片人），电视剧项目合作四大方面开展工作。

与各大公司都聚焦国内热门内容不同，有着海派文化有容乃大基因的尚世影业，这些年将触角延至海外，最近展示尚世影业国际化视野的，是由其参与引进的电脑图形（Computer Graphics，CG）电影《最终幻想15：王者之剑》。发布会现场播放了整合版预告片，当主持人揭秘大家看到的所有的人物、环境都是CG无中生有创造的，全场观众为之惊叹。据悉，这部作品不仅仅是简单的引进发行，更是尚世影业母公司东方明珠新媒体股份有限公司"娱乐＋"战略内部整合联动的初试项目，此前东方明珠发行的《最终幻想15》主机游戏，已在广大游戏人群中引爆热点，由此而联动推进的电影上映，将成为一次影游联动最好的案例。

（三）稳健推进国际化进程

2016年，尚世影业继续推进国际化战略，基于强化优质IP储备、影视项目策划、制作能力，开展全方位产业合作。在"2016上海国际电影电视节"中，尚世影业牵手日本富士电视台、英国BBC、美国迪士尼、美国索尼影视电视公司、中国香港寰亚集团和中泽英国电影基金等，力求打通全产业链。2017年12月8日，由尚世影业投资出品的迪士尼首部华语爱情电影《假如王子睡着了》即将上映；同时，尚世影业与BBC环球公司就英国长寿剧《神秘博士》的合作也将在2018年完成备忘录的签署。今后，尚世影业将制作更多全球认可的精品，向世界展现中国之美和中国文化。

案例五：上海丝绸集团文化发展有限公司

一、 丝绸之文化背景

中国丝绸文化历史悠久，相关传说可上溯至上古时期，皇帝的妻子嫘祖发明了养蚕取丝。但能够真正证实丝绸出现的时期，则是距今五六千年的新石器时期，自那时起中国劳动人民便开始了以养蚕取丝的方式进行纺织品的制造。在之后的数百年中，丝绸制品的技术一度为中国所垄断，中国的丝绸文化、贸易文化经由"丝绸之路"在世界范围内广为传播，在一定时期内，造就了中国经济、文化在世界范围内不可撼动的领先地位。

春秋战国时期，中国农业已经有了很大的发展与进步，手工业在一定程度上也得到了快速的进步与发展，社会生产力的发展使得丝绸业迅速崛起，丝绸的种类与花色在这一时期变得更为丰富。在秦汉时期，国家大一统的繁盛局面，使得中国丝绸通过张骞所打通的"丝绸之路"源源不断地通往西域各国，成为中国与西方各国文化交流的重要手段。到了魏晋时期，连绵的战争使得中国社会变得动荡不安,这一时期中,丝绸业的发展举步维艰,但尽管如此,丝绸的发展依然呈现出多样化的形式,并为之后丝绸业的南移奠定了重要的基础。隋唐时期,中国国力强盛,商业呈现出较为繁荣的景象,在此时,丝绸业也随之变得更为兴盛,丝绸技术的不断推陈出新,也使得丝绸技术不断外传,成为当时各个国家争相效仿的对象。元朝时期,丝绸生产中心全部南移,到明清时期,江南一带成为了丝绸生产与贸易的重要地区。但由于明清时期闭关锁国政策的实行,使得丝绸业在这一时期遭受了严重的打击,严重阻碍了中国丝绸业的再度发展与进步,由此,中国丝绸业逐步退出了世界的舞台。如今,随着中国国力的不断增强,在中国力图发展经济的同时,文化发展已经成为国家进步的重要源泉,丝绸业的发展又一次登上历史舞台,成为复兴中国文化的一大亮点。

二、 企业发展之路

上海丝绸集团文化发展有限公司(以下简称上海丝绸集团)作为一个以生产丝绸为主的企业,在继承中国优秀传统文化中,不断发展壮大企业的规模,如今上海丝绸集团已成为中国丝绸贸易"走出去"的代表企业。

上海丝绸集团作为一个传承丝绸文化工艺的全产业链文创品牌,致力于在融合上海海派文化的基础上,推出种类繁多的丝绸工艺品、丝巾、旗袍、丝绸床品。从上海丝绸集团现在的发展情况来看,近年来,公司不断获得参与国内外举办的各项活动的机会,这也成为企业"走出去"的主要原动力。从国内的活动参与情况来看,上海丝绸集团曾于 2015 年与东华大学进行合作,获得了航天局的航天服装项目,公司作为一个新兴企业,在此次项目中展示了极大的匠心实力,研制出了能够在多环境不同温度下使用的丝绸材料。2017 年 4 月,公司参与了在上海国际时尚中心举办的"中国工业品牌之旅起

航——TOP BRAND SHANGHAI"展会。在展会中,公司展现出了
"上海品牌"之魅力。从国外的活动参与情况来看,企业顺利签约了
2017 年哈萨克斯坦的世博会,公司与签约方相互合作,利用各自的
资源优势,打开了双方线上线下的资源共享渠道,促进了企业的
发展。

总而言之,上海丝绸集团在积极参与各项活动中不断推广自身
的丝绸产品,使得产品在不断创新发展的基础上让众多消费者认可
与熟知,为上海丝绸集团不断发展壮大提供了必要的条件,促进了公
司"走出去"战略的实现。

三、 上海丝绸集团文化发展有限公司"走出去"的经验

上海丝绸集团作为一个新生文化企业,发展速度令人惊叹,其在
文化企业整体发展环境相对艰难的条件下得以快速发展,必定有一
些值得其他文化企业借鉴的经验。

(一)打开国内市场,壮大企业规模

所谓"工欲善其事,必先利其器",因而一个想要在激烈的国际竞
争市场上得以存活并获得长足的发展,自身必定要有足够强大的实
力。上海丝绸集团正是遵循了这一客观事实,在实现其产品"走出
去"之时,首先致力于通过各大门店之间的分工、合作打开国内市场,
逐步壮大企业自身的发展规模,为企业打开国际市场打下厚实的
根基。

上海丝绸集团自 2012 年 8 月成立以来,为了扩大企业规模,在
上海建立了一系列各具特色的门店,至今在上海市已有吴兴路店、中
华艺术宫店、东方明珠店、大世界非遗文化馆、上海中心非遗店五大
门店,无论是装修风格还是在品牌宣传上各门店皆是相互依存,各自
在上海丝绸集团中均占有不可或缺的一席之地。吴兴路旗舰店作为
公司成立之初的主要门店之一,承担着公司产品在本地销售与产品

宣传的重任。吴兴路旗舰店刚开始布展时期,便频繁地吸引本地丝绸喜爱者的关注,门店内部符合本地文化氛围的清新雅致的布局便是吸引众多消费者前来关注的重要原因之一。在吴兴路旗舰店中,在融入浓厚海派文化气息的基础上,还陈列了屏风、书画、茶具等极具中国传统文化特色的装饰品,在暖黄色灯光的照射下,映衬着色彩斑斓的丝制品,让这些精美绝伦的丝绸显得更加生动活泼。正因如此,精致的门店装修风格使得大量在海派文化与中国文化熏陶下的本地消费者前来观赏、购买,吴兴路旗舰店因此承担起了公司产品销售的重任。中华艺术宫店、东方明珠店则承担起了在外地游客中宣传与销售的重任。从这两大门店的地理位置上来看,中华艺术宫店位于上海的浦东新区,是由 2010 年上海世博会中国馆改建而成,其中蕴含了中国博大的历史文化。自 2012 年中华艺术宫改造完成后,这里就成为了上海又一大著名的文化旅游胜地。而东方明珠则位于上海市陆家嘴,是上海最为显著的标志建筑之一。因而上海丝绸集团的这两大门店毫无疑问便成为其产品在游客中销售与宣传的重要渠道。

　　大世界非遗文化馆、上海中心非遗店是上海丝绸集团两个重要的丝绸文化展示平台。在这两大门店中,上海丝绸集团通过多渠道的合作方式,致力于打造丝绸文化及匠心工艺,使之成为了公司艺术品展示的地方。在这两个门店中,各种极具文化魅力的艺术藏品被精心地陈列在其中,在各类精美装饰品的衬托下显得更为熠熠生辉。通过活灵活现的陈列展示,更进一步加强了丝绸文化的吸引力,提升了消费者对丝绸文化的理解能力。

　　上海丝绸集团通过五大门店承担的功能与责任进行分工,使得各大门店之间分工明确、相辅相成,让公司的丝绸产品能够在短时间中迅速被消费者所熟知,为公司打开国际市场奠定了坚实的基础,为公司的发展壮大提供了肥沃的土壤。

（二）深入了解国外市场文化需求

上海丝绸集团从文化企业发展的经验教训中得出，企业发展根源在文化。当公司的产品形式适应本地市场的文化需求时，便能减少其丝绸产品在出口贸易过程中所面临的"文化折扣"现象。

为了能够顺利打开国外市场，上海丝绸集团力图在运用中国丝织技术的基础上，将中国文化与出口国文化相互融合，使得其丝绸产品能够成为当地居民喜闻乐见的消费品。由于现阶段中国文化在世界范围内的影响力有限，为了加强外国消费者对中国丝绸文化的理解，上海丝绸集团通过展会的形式在海外进行丝绸展览。迄今为止，上海丝绸集团在哈萨克斯坦、斯里兰卡、悉尼、越南等国家举办了风格迥异的丝绸展，吸引了大量当地居民前来观赏，促进了中国丝绸文化在各国之间的宣传，为公司产品能够占有当地消费市场一席之地提供了必要的文化基础。但是要让更多的外国消费者接受中国的文化产品，在当今追求多样化的大环境中，仅靠现有的产品便显得有些过于单一了，因而丝绸产品在运用中国原有文化的同时如何更好地融合各国的文化就成为企业能否获得广阔海外市场的必要条件。上海丝绸集团为了能够实现丝绸产品的"走出去"战略，积极参与当地文化发展形式的调研活动。例如，2017年9月8日，为了推动产品的发展壮大，进一步明确品牌定位与国际化的发展，公司开展了调研活动，并在活动中吸取了不同企业之间的发展经验，为公司国际化发展提供了部分思路。公司在参与各种调研活动时，坚定地认为在丝绸设计中保持中国原有文化的同时，应当与当地设计师、建材行业、家具行业等进行相互合作，因地制宜地设计出形式多元化的丝织产品，这样产品才能够为更多消费者接受，也为公司实现"走出去"战略打开市场。

上海丝绸集团通过各种调研活动不断寻求将中国丝绸技术、文化与外国文化相互结合的方式，经过初步的探索发现，通过与当地各类企业与设计师相互合作的方式,有利于在保持原有中国艺术风格的同时融入外国文化习俗,从而为公司产品实现国际化发展创造了条件。

（三）产品创新

上海丝绸集团在实现产品"走出去"过程中不断充实自身实力,稳步推进产品的国际化。公司并不急于将自己的丝绸产品推出国门,而是力图将丝绸产品在结合本国文化与外国文化的同时,对产品进行技术与形式的创新,使之能够适应不同市场发展的需求。

上海丝绸集团为扩大产品市场,对丝绸产品的技术与形式分别进行创新,以获得全方位的产品发展形式,全面适应日益发展的市场需求。在实现产品的技术创新方面,公司成立之初,便推出了丝羊毛交织长巾,此类纺织品以国内领先的工艺将真丝与羊毛这两种物理属性反差极大的自然纤维相互糅合共织,其成品在拥有真丝细腻柔软特色的同时,又给人一种温暖舒适之感,既兼容了轻薄与厚重、爽滑与温润的质感,又在一定程度上减少了真丝难以保存的缺陷。在2001年上海举办的 APEC 领导人非正式会议上,各国领导人身着的服饰,也正是上海丝绸集团经过技术改良后的丝制服饰。这些服饰经过改良之后最为显著的特征是其环保性。整套服饰底板采用天然真丝,提花用环保的铜氨丝,印染则选用了环保型的染料。此次设计的服饰分别获得了国家纺织部二等奖、三等奖的特殊荣誉。

在实现产品的形式创新方面,上海丝绸集团坚持不懈地作出了众多的努力。公司的产品主要可分为缂丝、丝绸工艺、丝巾、丝绸饰品和丝绸床品五大类别。为促进五大类别的产品并驾齐驱共同发展,公司对五大类别的产品形式进行共同创新,以适应丝绸消费市场的发展。从缂丝产品形式创新来看,公司在原有的形式上将山雀、鸡、牡丹、凤凰等图案进行融合,并采用恢诡谲怪的艺术表达方式给人以庄重而又不失活泼之感。从丝绸工艺品的产品形式创新来看,通过活灵活现的生活场景的再现,给人一种平易近人且又宁静祥和之感,其中最具代表性的丝绸工艺品则是《合家欢》《闹新房》《蚕花茂盛》,在这三幅丝绸艺术工艺品中,皆以红色边框进行装裱并以红色为画展背景,展示出中国文化中红色对吉祥、热情、朝气蓬勃的生活的象征。丝绸工艺品对画作内容进行创新,使得消费者在观赏时耳目一新,获得全新的消费体验。而从丝巾、丝绸饰品和丝绸床品这三类生活用品的形式创新来看,上海丝绸集团则是从产品的使用价值与产品外观上进行创新,积极适应当代人的使用习惯与审美,使得产品能够得到普通消费者的认可与喜爱。在技术与形式相结合的创新下,上海丝绸集团不断获得消费者的认可,为国际化发展铺平了道路。

上海丝绸集团通过对产品的创新,使得产品在激烈的市场竞争中,不断与他国文化融合的同时又保持了自身的独特性,使得公司能够在实现产品国际化中屹立不倒,获得可持续发展的机会。

（四）丰富企业合作渠道

恰当的战略是企业产品能够顺利走出国门的制胜关键所在。上海丝绸集团便是认识到了这一现实情况,实施了加强产品"走出去"多渠道的合作方式。

上海丝绸集团在推动产品走出国门的过程中,通过资源、艺术、文化交流等合作方式推动产品国际化的逐步实现。在资源合作方面,2017 年 3 月 30 日,公司签约哈萨克斯坦世博会,在签署的条文中,明确了双方的资源合作方式,通过线上、线下的形式推动产品的发展,传播中国丝绸文化。在艺术合作方面,2016 年上海丝绸集团与王小慧艺术中心签署合作协议,公司获得入驻黑森林·王小慧艺术馆的机会,共同推动设计,促进艺术与生活的融合。公司的丝绸产品能够为更多的消费者理解,在一定程度上扩大了公司的消费市场。在文化交流合作方面,上海丝绸集团为了弘扬中国传统文化,积极与澳大利亚"中华情"联谊总会、世界旗袍文化协会、澳大利亚国际文化交流协会、澳大利亚枫叶红艺术团等进行合作,在悉尼歌剧院举办了华人旗袍走秀活动,加强了中澳之间的文化交流。通过文化交流的形式,减少了产品在出口过程中的"文化折扣"现象。经由资源、艺术、文化交流等合作方式,多方位促进了消费者对丝绸产品的熟知程度,有效减少了产品出口中的阻力,促进了公司出口量的增加。

经过蛰伏期的强劲发展,上海丝绸集团已变得强大而又独立。从现有多渠道的合作经营方式看,公司已经具备了产品"走出去"的良好基础。

四、 上海丝绸集团文化发展有限公司"走出去"的问题

每个能走上国际舞台的文化企业,都是在国际舞台上经过激烈的竞争才得以成长的,但不同企业所面对的问题却大相径庭。上海丝绸集团在较短的之间内能够"走出去",其中必定存在一些值得深入探讨的问题。

（一）难以适应国外市场

能否在广阔的消费市场中占有一定份额,是一个企业安身立命的关键。企业参与激烈的国际竞争,也正是对消费市场的争夺。如何适应国际市场是每个企业在"走出去"过程中必须解决的问题,对于文化企业来说更是如此。文化企业在争抢广阔的国际市场中,必须适应当地消费者的文化习惯,才能更好地推动"走出去"战略的实现。对于上海丝绸集团来说,尽管其在推动文化产品"走出去"中极力了解国外市场的需求,但受到公司发展规模的制约,实际效果甚微。公司所生产的带有浓厚中国文化特色的丝绸制品在运送到国外之后,由于国外消费者缺乏对中国文化的理解,这就使得公司的产品销售备受阻碍。而造成这一阻碍的主要原因,还在于中国文化在世界范围内缺乏必要的影响力与感染力。此外,公司单一地强调产品的中国元素也是造成丝绸产品难以打开国际市场的一大原因。综合

上述可知,外部和内部原因共同造成公司的丝绸产品"走出去"一定程度上受阻,难以适应国外的消费市场。

（二）价值链亟待升级

当代技术的发展,不断成为一国经济发展的重要动力,而技术的发展在带动经济进步的同时,也悄然无息地改变着国际分工的模式,促使国际分工的专业化与复杂程度不断上升,而在这场分工的竞争中企业在价值链中所处的地位决定了一个企业发展的水平与发展的高度。上海丝绸集团的产品在国际分工中处在价值链的底端,这便决定了公司在往后的发展中利润上升空间相对较小,且公司发展会严重受到国际形势变化的影响。从上海丝绸集团发展现状来看,在国际文化企业分工中依然扮演着加工贸易的角色。究其原因,首先,从现阶段我国文化企业发展状况来看,大多数企业在国际竞争中皆以加工贸易为主,缺乏创新能力,上海丝绸集团在国际市场上难以独当一面。其次,上海丝绸集团的丝绸产品过于强调中国文化,缺乏吸收外国文化资源因地制宜地生产文化产品的能力,这便造成了外国消费者难以理解公司的文化产品,公司的文化产品也难以在国际市场上获得快速发展。基于以上两大原因,上海丝绸集团尽管国内发展势如破竹,但在国际市场上依然充当着加工贸易的角色。

（三）缺乏核心竞争品牌

核心品牌是一个企业发展的支撑点,只有拥有了核心竞争品牌,企业发展才能势如蛟龙。一个缺乏核心竞争力产品的企业就如同无本之木,难以获得长远的发展。上海丝绸集团短期内虽然发展速度极为迅猛,但由于公司历史较短,发展中缺乏较为核心的竞争产品,这便造成公司在发展过程中缺少生产的重心。从公司的发展现状来看,主要生产的产品有缂丝、丝绸工艺、丝巾、丝绸饰品和丝绸床品五大类别,而这五大类别的产品并驾齐驱,皆是公司发展的重要动力。由于缺乏对核心竞争力产品的打造,使得公司在人力物力上的投入较为分散,难以形成重点的攻势为产品"走出去"奠定厚实的基础。因此,上海丝绸集团核心竞争品牌的缺乏使其打开国际竞争市场的大门平添了众多的阻力,这在一定程度上阻碍了公司更为迅速地壮大。

五、"走出去"启示探析

通过对文化企业"走出去"经验教训的分析,在此基础之上尽力吸取企业实现产业国际化过程中的经验,只有这样中国文化企业的发展才能推陈出新,走向可持续的发展道路,在激烈的世界竞争中屹立长存。

（一）打造文化品牌

当代企业的文化贸易具有众多的利益空间,这就使得文化贸易在发展过程中充满了竞争,而最终能够促进一国文化贸易飞速发展的是一国核心文化竞争力,换而言之,就是典型文化产业的建设和发展能够使得一国文化贸易在国际上取得较强的竞争力。中国企业可以通过对核心文化产品的打造来吸引大量的文化消费者,从而提升本国文化产品的竞争力,实现经济与文化的双向发展。以美国为例,美国与世界上大部分国家隔岸相望,但不可否认的是美国的文化极具影响力,可以跨过地理与文化的距离渗透到世界各国。其主要原因,就在于美国在合理利用世界文化资源的同时打造了属于自己的文化品牌。具有代表性的便是迪士尼公司的发展与壮大。迪士尼公司通过对自己文化品牌的不断打造,最终成为世界范围内极具影响力的文化贸易出口公司。中国文化企业在"走出去"战略建设中,要通过打造属于自己的文化品牌,通过文化贸易吸引更多消费者对中国文化的了解,逐渐提升世界各国对中国文化企业乃至中国文化的认可度,促进各国之间的友好合作。

（二）完善文化贸易政策

完善的政策体系是文化产业和文化贸易发展繁荣的外部基础和

重要的环境保证。完善的文化贸易发展政策可为文化企业发展创造出更加宽松、自由的外在政策环境,同时也为文化贸易的积极开展创造出更加规范、方便的外在政策环境。在完善文化贸易政策过程中,应该以文化贸易的可持续发展为主。首先,政策在注重促进文化产品的"同质性"过程中,更应该注重促进文化产品的"异质性"。其次,文化贸易发展政策应有助于加强各国之间的文化交流。最后,树立中国"大国形象"也是以可持续发展为目标的文化贸易发展政策中必不可少的条件。

（三）完善法律体系

企业在国际竞争中长足的发展,离不开国家法律体系的支持。促进文化贸易法律体系的改革,加强对文化企业的法律保护,是现阶段促进企业快速发展并调动文化企业创新的重要源泉。只有不断完善对文化企业的法律保护体系,才能使文化产品科技、创意不断发展,才能使中国的文化产品在国际上有较强的竞争力。以美国为代表的文化强国,早在 20 世纪 80 年代起便开始高度重视对文化贸易的法律体系的建设。美国政府先后制定并实施了《联邦税法》《国家艺术及人文事业基金法》《反电子盗版法》等一系列知识产权保护法,为国内文化产业发展营造了公平的竞争环境,使得美国文化企业在发展过程中的产权得到了有效的保护,激发了文化企业进行创新的动力。现阶段,我国想要促进文化贸易政策的改革,就必须致力于保护文化企业的产权,激发文化企业研发新产品、新技术的能力,这样才能有效促进文化贸易的发展与进步。

案例六:上海艺博会

一、 上海艺博会文化"走出去"简介

上海艺术博览会（以下简称上海艺博会）于 1997 年创办,每年举

办一届,展期 4 天。每届盛会展示面积为 2 万多平方米,约有 20 多个国家的画廊或艺术经纪机构参展,数千件国画、油画、雕塑、版画、摄影、装置等艺术品参与展示和交易,观众人次在 6 万人左右,2016年的成交额突破了 1.5 亿元人民币。

上海艺术博览会至今已成功举办了 20 届,并已成长为亚洲规模最大、国际化程度最高的艺术博览会之一,不仅形成了拥有专业素养的策展和组织团队,还将该展会成功打造成了集国际化、市场化、精品化于一身的国际艺术盛事,并在世界与上海、大众和艺术之间架起了极具亲和力的桥梁,为国内艺博会谱下范式。

20 年来,众多世界著名大师的原作纷纷通过上海艺博会这个庞大的平台在国内甚至亚洲首次亮相,如梵高、毕加索、马蒂斯、伦勃朗、夏伽尔、达利、雷诺阿、莫奈、马塔、阿曼、朱德群、赵无极、齐白石、徐悲鸿、张大千、傅抱石等的名作。同时,上海艺术博览会也创造了傲人的成交历史。2000 上海艺博会中,法国沙耶格画廊携来参展的罗丹著名雕塑《思想者》,以 100 万美元的价格被浦东联洋土地发展公司购藏,这尊在中国家喻户晓的名作永久地落户在了上海,并成为国内艺博会上最大的一笔境外作品交易;2002 上海艺博会中,雕塑名作《恺撒的大拇指》,以 260 万元人民币的身价被上海证大集团购藏;2003 上海艺博会中,张大千的《重嶂归人图》以 550 万元人民币成交;2007 上海艺博会中,苏泰的《天使系列》被静安雕塑公园高价收藏,为中国艺术品市场再添佳话……

有艺术界"奥林匹克"之称的巴塞尔艺博会战略顾问、著名策展人彼得·登格(Peter Denger)曾给予上海艺博会高度评价:"这是一个很棒的国际性博览会,前途无量。"

尤其是在 1999 年,由中华人民共和国文化部主办、上海市人民政府承办的中国上海国际艺术节正式在沪拉开帷幕。从此,上海艺术博览会以其高品位高质量的水准被纳入了这项国家级艺术节的主要活动。每逢金秋,上海艺术博览会构筑的这座充满生机和活力的艺术圣殿,与来自海内外各国的数千名艺术使者,和上海2 400多万居民一起,融入申城一片欢乐的艺术海洋。

上海艺术博览会自1997年创办以来,以"国际化、精品化、市场化"为办展宗旨,经过10年的精心打造,被上海市委、市政府列为上海对外文化交流的标志性活动之一,同时也已成为亚洲规模最大、国际化程度最高的艺术品交流交易盛会。上海艺术博览会在中华文化走出去的战略上发挥了橱窗作用,为海外友人了解中国打开了窗口。

二、 上海艺博会"走出去"的运作实践

艺博会主要是通过在外国办展览的方式来宣传民族文化,因此艺博会长期以基础性的工作为主。首先要选择城市,每一个城市都因为其不同的城市特质、人口结构、旅游环境以及法令税制,会产生不同的市场环境与收藏群体。所以,艺术博览会在哪一个城市举办,会深刻影响到博览会的运作方向与策略。其次选择展馆,好的博览会必须选择合适的场馆。不同的博览会,或配合城市气质,或配合展览风格,会选择或搭建不同感觉的展馆。因为场馆的风格、交通、停车等配套设施都将是博览会成功与否的重要因素。然后是招展,也就是选择画廊,这是博览会成功与否的最核心工作。越好的博览会审核画廊水平越严格,越会注意选择不同气质的画廊。之后是服务,服务与宣传是博览会两大最重要的存在意义。服务,就是组委会对展商、收藏家与参观者各种细节的服务。若各项服务质量越高,则展会的水平也越高,越受肯定,越能吸引展商参加。所以如用餐、住宿、接待、运输、保险等其他服务的完美如意,会决定博览会的口碑和延续性。再后来是宣传,就是在短期内以最大的媒体能量,组织吸引最多的参观人潮,使参展画廊短期内达到最大的宣传效应。以媒体宣传攻势和新闻发布会等将内容广而告之,尤其需要告之那些对艺术

收藏感兴趣又有收藏能力的人。当代艺术在市场方面的成功加上媒体的追捧,已经由原来的艺术事件渐渐成为社会事件,大众的参与程度明显增加。参加博览会甚至成为一种流行时尚,在各大都市蔓延。因此,博览会能在短期内聚集世界各地的人潮,包括慕名而来的藏家,或是体验新奇的观光客,这些都给画廊带来新的客源,也为画廊与其他机构合作提供了机会。画廊可以借由博览会这一平台延伸到不同市场、不同国家,打破了传统画廊经营的区域限制。最后是搭建展位,展位大小、展板高度、灯光架设、走道宽窄、贵宾室等等的搭建与设计,甚至建材的质量,也都是博览会质量好坏的关键因素。预展是博览会交易的重要时间,将特别有购买能力与眼光的收藏家请到预展,让其先购为快。好的艺博会致力于找到重要的藏家,形成大的成交金额。

通过这样一系列的基础性的工作,达到博览会展示与展览、交流与互动的作用。博览会不以交易为主要目的,其主要功能在于推进艺术的发展,强调商业之外艺术的独立性与创造力。同时,博览会也会是艺术圈各机构与组成环节同时参与的大聚会,包括画廊、艺术家、美术馆、艺术商品、艺术书店同时聚集的一个大的活动。艺术圈内圈外人士借此机会交流联谊,增进了解。

三、 艺博会文化"走出去"的路径分析

近年来,上海艺博会在文化"走出去"方面主要通过两种方式来实现:一种是政府拨款;另一种是自主"走出去"。政府拨款主要是政府为了宣传民族文化,给予实施"走出去"战略的企业一定补贴的制度,但是这种方式应该与企业日常的经营活动区分开来,它并不是企业的常态化发展。简言之,政府拨款的方式并不能促进机构或者企业的永续发展,它在发展前期可能有一定的促进作用,但是长期来看,机构或者企业还是需要依靠自身盈利才能具有造血功能,才能长

久发展。自主"走出去"战略则是企业看清了市场的需求和特点,综合分析了自身的定位和优势,有针对性地开拓海外市场,积极推动文化产品"走出去"。

（一）政府主导

这种模式在我国主要是通过中央政府,各省、自治区、直辖市政府,以及各州市政府等对文化"走出去"项目进行资金支持。一方面,政府资助的力度是有限的,对展会的各种规模也有限制,因此影响力度比较小;另一方面,政府的资金支持会抑制个体的积极性,最后的投入产出率比较低,因此,这不是一种可以大规模推广的方式。而且从长远来看,政府支持展会之后并没有对目标市场进行维护,如果缺乏一种追踪反馈机制,则对文化"走出去"的作用是比较小的。

（二）自主"走出去"

自主"走出去"是艺博会长远发展的必然道路,这种方式要求企业充分发挥主观能动性,对目标市场有一定的了解,对文化"走出去"存在的障碍有清醒的认识。目前上海艺博会已经在日本、中国香港和韩国釜山等地区办过展览,但是效果不是很明显,文化"走出去"对海外市场的冲击比较小。中国艺术品具有自己的民族特色,这些具有民族基因的艺术品并没有受到海外大众的热捧,盲目"走出去"必定带来资源的浪费和结果的差强人意。这些都对艺博会长期发展提出了挑战。总之,对于上海艺博会来说,自主文化"走出去"的道路是有前景的,但也是曲折的。

四、 上海艺博会"走出去"面临的问题

上海艺博会"走出去"既面临客观问题,也面临一系列的主观问题。只有正确面对这些问题,解决这些问题,才能真正通过艺博会这种宣传媒介把中国文化推向世界舞台。

（一）客观原因

1. 审美习惯的差异

人们在对自然美或艺术美的欣赏过程中往往会出现这样一种情况：对同一事物或艺术作品，在某些人看来觉得很美，在另外一些人看来又觉得不美甚至会引起相反效果。这种对同一事物或艺术作品在人们的审美过程中引起不同的审美感受，或者同一事物或艺术作品对于同一个人在不同时期会引起不同的审美感受的现象，美学上就叫做审美差异。差异之一，就是艺术审美的时代性差异。

除了时代因素之外，人类的社会实践也制约着人们的审美理想。人类的社会实践过程是一个不断发展和变化的矛盾运动过程，它的发展水平客观上制约着人们审美认识的发展水平。这就是说，有什么样的实践水平，就有与这一水平相适应的审美认识，任何超越社会历史发展阶段的审美认识是根本不存在的。况且，作为审美主体的人本身，人的感受及其审美认识的丰富性，也是取决于社会实践的丰富性，具有明显的时代特征。

因此，艺博会在走向世界的过程中，由于国内与国外的时代差异和社会实践的差异导致审美也存在差异。很多艺术品在国内很受欢迎，但是一旦出口到国外，可能很难得到对方的认同，因此宣传民族文化的作用也有限。

2. 政策支持的力度

艺博会"走出去"主要是宣传民族文化，兼具经济效益和社会效益。但是在宏观经济发展较缓慢、市场竞争日趋激烈的今天，政府政策的扶持对于艺博会的生存至关重要。一方面，艺博会每年基础性工作占用的时间比较多，固定成本的比重比较大，因此其经济收益是比较少的；另一方面，虽然海外文化"走出去"活动会有较多的收入来源，但是场地、展位也会有巨额花销，单凭艺博会一己之力，很难长期生存下来。

（二）主观原因

1. 市场认识的偏差

首先艺博会在文化"走出去"的过程中，要明确一个定义，就是什么是文化产品。广义的文化产品是指人类创造的一切提供给社会的可见产品，既包括物质产品，如书籍、艺术品等，也包括精神产品。一方面，在"走出去"的过程中，必须明确自己的文化产品能给对方带去什么，也就是文化产品所具有的价值。目前市场上普遍存在的一种状况是，我们总是简单地认为好的、美的文化产品"走出去"也能获得普遍的相同的认同，这显然是不可能的。我们无法把自己的感受带给别人，所以我们要对市场有清醒的认识，要主动适应这种偏差。另一方面，我们要分清国际化的标准是什么。针对不同国家的"走出去"战略，必须首先对目标国各方面有清晰的了解。民族文化产品能原汁原味地"走出去"固然是一件好事，但是如果得不到认同，我们也应该积极思考是不是应该适应国际化的标准。

2. 文化产品质量得不到保证

在"走出去"的过程中，必须要保证文化产品是高、精、尖的。在一个不缺艺术品的时代，如何能在众多艺术品中脱颖而出，如何能在国际艺术领域占领一席之地，这对艺术品的质量提出了很高的要求。一方面，在画展领域，现在很多艺术家擅长临摹，但是在临摹前需要思考临摹有没有含金量，有没有自己的创新精神，不然很难保证创作出高质量的文化产品。另一方面，目前相关机构对文化产品监管不严，缺乏规范性和专业性。这些分散的检验机构很难得到国家的政策扶持，这会影响行业的生存环境，其中从业人员素质的高低也会影响文化产品的质量。

3. 传统文化资源开发不够

中国历史悠久，幅员辽阔，具有深厚的文化底蕴，传统文化资源也是博大精深。传统文化资源产业化需要加快文化体制改革，完善管理制度;需要引领和培育传统文化资源转化的新方向,尤其是保证信息畅通;需要重视文化产业人才的培养,保护好知识产权。艺博会在文化"走出去"的过程中,没有充分发掘各地传统文化资源,导致文化产品单一,吸引力有限。

五、 文化"走出去"成功的启示

当代艺术博览会的兴起,人们普遍认为有一个固定的模式,例如在酒店、在会展中心等找一处场地,拿一个批文,邀请一群画廊来参展,再通过这个场所促成艺术交易。然而,这种模式早已不再适合当下的艺术市场需求了。ART021创始人包一峰表示:"如艺术北京、香港巴塞尔等真正的大型博览会,不单单是一个城市的博览会,更多的是为公众提供了一个了解艺术并进行艺术交易的平台,人们能够在家门口、在自己熟悉的区域内买到全球范围的艺术作品。"

可以看出来,这几年画廊普遍以参加全球重要博览会为发展策略,就因为博览会短期内的巨大宣传效应,对艺术家的推介作用甚大,而且直接贴近市场。美术馆展览虽能提高艺术家参展资历,但场地费与展览费等投入资金不小,单一展览的观看人数有限,因此整体效益逐渐低于艺术博览会。

如今博览会已经不仅仅是进行艺术品交易、展示的场所了,而是城市的文化名片与形象橱窗。同时,艺术博览会因其规模大,受众多,宣传广,已成为国家国力、文化内涵的重要象征,更是各国文化产业实力的体现。

面对上海艺博会"走出去"的经验,中国文化"走出去"任重道远。对文化产品"走出去"企业需要有清醒的认识,但是也有一些成功的经验可以借鉴。

(一)创新才是发展之路

任何行业,任何产品,如果缺少创新的话就会缺少活力,都会阻碍长远发展。上海艺博会在展览布展过程中糅合了大量的时尚元素,小而精。应该说博览会是将艺术与时尚相融合的跨界活动,现场有很多艺术家与时尚品牌共同创作的艺术品,将时尚和当代艺术很巧妙地联系起来,这就是一种文化创意与产品创新。现在很多年轻的藏家都是时尚的拥护者,他们中间很多都在国外深造过,对艺术和时尚的认知较强,或者经常接触一些国外的博物馆、美术馆,接受时尚的能力较强,而艺术往往与时尚是接轨的、相辅相成的,所以把艺博会做成跨界平台,能够吸引到年轻藏家的眼球。这种创新能够更好地促进文化"走出去",能更好地让世界各地的友人了解中国文化。

(二)互利的合作机制

众多画廊对艺博会的选择标准很苛刻,由于很多画廊将艺博会看作是集中展示画廊水平、达成多方交流的重要平台,很多优质画廊都会将目标锁定在香港巴塞尔、比利时布鲁塞尔、艺术北京、纽约弗里兹等顶尖艺博会,这无疑给中国内地艺博会主办方带来压力。上海艺博会的发展主要得益于以往和各大知名画廊所建立的互利合作机制,能够邀请各大画廊带着大批优秀作品进驻,并且所邀请到的藏家实力雄厚,艺术消费能力非常可观,这种良性的循环也为上海艺博会创立了良好的口碑。

经济合作的本质就是需要双赢,如果上海艺博会"走出去"的过程中没有建立起这种合作机制,则很难保证良性发展。

(三)不断提高艺术品的质量

上海艺博会在"走出去"的过程中不断提高了艺术品的质量。上海艺博会入选作品多元,包括绘画、雕塑、版画、摄影、视频及数码艺术等形式,画廊代理艺术家的地域范围广泛且特征鲜明;同时能够邀请到国内外很多高质量的画廊,不断吸引观赏者的眼球,提高消费能力。

（四）政府的支持不可缺少

上海艺博会在文化"走出去"的过程中，主要从事的并不是营利性质的活动，因此政府的支持能够增强其竞争力，为文化"走出去"搭建更好的平台。中国文化"走出去"，一方面能宣传中华文化，弘扬民族精神；另一方面，也体现了互访的性质，能够增强与别国的邦交。

案例七：上海五岸传播有限公司

一、背景

（一）版权业的定义与分类

版权产业，指生产经营具有版权属性的作品（产品），并依靠版权和相关法律保护而生存发展的产业；涉及文学、艺术和科学作品的创作、复制、发行和传播，也涵盖采集、存储、提供信息的信息产业。关于版权产业的分类方式，2003年世界知识产权组织在《版权产业的经济贡献调研指南》中的分类方式得到普遍认可，即按照版权在相关产业中作用的大小分为四类：核心版权产业、交叉版权产业、部分版权产业和边缘支撑产业。

（二）版权贸易成为国际文化贸易的核心

随着人们步入知识经济时代，版权贸易成为国际文化贸易的核心，主要表现在两个方面：一是许多发达国家的版权贸易增加值通常大于其文化产业的增加值；二是依赖多样的版权贸易形式（如影视、图书、音乐唱片和游戏等），各类文化展会成为版权贸易的主要平台。

然而，我国版权贸易并不发达。从贸易结构看来，我国虽处于文化产业链的低端，但文化产品贸易持续顺差。2004年我国文化产品贸易顺差92.18亿美元，2014年文化产品贸易顺差额达725.42亿美元，10年间增长了6.87倍。但我国文化服务贸易规模较小，存在逆差，而且逆差额逐年扩大。2004年我国文化服务贸易逆差38.6亿美元,2014 年文化服务贸易逆差额竟达 99.95 亿美元,10 年间逆差额增长了 1.6 倍,其中版权和许可费用贸易规模小、比重低且逆差严重,2014 年版权和许可费用逆差值达 219.37 亿美元,同比增长 8.89%。从贸易结构看来,版权贸易,虽然总体仍呈逆差,但逆差数量逐渐缩小。从引进输出比来看,2003—2015 年该比值逐步缩小,由 2003 年的 10.8∶1 显著下降到 2015 年的 1.6∶1;其中电视节目的贸易量从 2009 年起一直保持顺差,且其引进输出比逐年降低,从 2009 年的 15.69∶100 已经下降到 2015 年的 9∶100;而电影行业的贸易量仍维持严重逆差,几乎每年对外输出量都为零,极少年份有个别电影走向海外。

二、 文化"走出去"的运作实践

(一)公司概况

上海五岸传播有限公司(以下简称五岸传播)成立于 2004 年,作为"中国文化走出去"标杆企业,已经连续几年被评为国家重点文化出口企业。五岸传播是上海文化广播影视集团有限公司(以下简称上海文广集团)系下的版权经营平台,从事国内外节目发行、节目代理和节目订制合作,主要是以电视节目为主,包含综艺、电视剧和纪录片等 SMG 版权下的文艺类、教育类版权产品。

从文化产业的角度来说,五岸传播是国内以版权运营为基础的文化产业的开拓者、引领者。经过多年的积累,五岸传播已成为国内外知名的影视节目发行和代理企业,文化产品出口收入年增长 20%左右。2016 年五岸传播实现营业收入 48 910.12 万元,相比 2014 年营业收入 15 670.38 万元增长 2 倍多,净利润 5 444.92 万元,相比2014 年实现净利润 2 838.94 万元增长 91.79%。

(二)海外发行市场

"文化折扣"是国际贸易中需要面临和解决的问题,它是指在跨文化交流中,面向国内市场的文化产品或服务出口到不同文化市场时所面临的价值减损现象。因文化折扣的影响,五岸传播的海外市场主要以亚洲、北美地区(华人集聚区)为主,与欧洲、中东和非洲也存在少量版权合作。根据目前五岸传播发行的海外版权内容来看,海外大众更偏好新鲜猎奇类版权作品,如古装、武侠等,而少量海外专家学者则更偏好一些反映中国当代人文社会现状的版权作品。具体来看,在电影和电视剧方面,因华人聚集、文化习俗相近,东南亚市场一直是中国影视作品输出的主要地区之一,主要以古装神话剧为主,对现代题材接受度并不高;而北美、欧洲市场更喜好创新题材作品,目前在欧美收看中国影视作品的主流观众还是以华人为主。在综艺方面,五岸传播成功获取《极限挑战》《天籁之战》等多个 SMG 核心综艺版权产品的发行权并实现 BesTV 平台播出,进一步巩固了综艺节目领域的内容竞争优势。在纪录片方面,配合国家外宣战略,五岸传播积极主推 SMG 旗下纪录片《中国面临的挑战》《海上丝绸之路》等,分别在港澳台、北美和东南亚地区取得不错的市场反馈。

借助"SMG 智造"海外合作和推广,借助东方明珠新媒体股份有限公司的强大平台资源,五岸传播足迹遍及北美、欧洲、东南亚、日韩等 30 个国家和地区,不仅使 SMG 的节目及品牌价值在海外市场得到了延伸,还成功引进国外多档优秀节目及音像制品,在先进节目模式引进及海外频道合作方面起到至关重要的作用。五岸传播广泛接触海内外上下游,促成文广集团、东方明珠与 Fremantle Media、A＋E Networks、BBC Worldwide 等国际知名媒体机构在影视产品内容研发和交流上达成战略合作,将中国的传统文化、发展成就、时代梦想和中华民族的优秀价值观传播到全世界,增强了上海文化创意企业与国际文化资源相结合的自信心和动力。

(三)新媒体平台

依靠信息技术、计算机技术、移动通信技术支撑起来的新媒体,因其全新的信息传播方式,在短时间内吸引了越来越多的观众从传统传播媒介转向新的传播媒介。随着海外新媒体的快速发展,影视行业已介入新媒体,大量海外受众向新媒体转移。五岸传播近年来一直致力于拓展新媒体平台,已与20余家知名网络媒体、手机电视、IPTV等成为合作伙伴,合作从单一的节目销售,向资源整合运营、宣传资源共享等更宽阔的领域逐步拓展,海外新媒体目标区域覆盖日韩、中国港澳台、东南亚、北美、中东和欧洲。2017年,已经陆续与马来西亚星报集团、俄罗斯SPB TV、印度Planetcast开展平台专区合作。

新媒体时代的到来,对版权方的操作方式也提出了新要求。虽然近几年有企业购买了You Tobe网站上的播放版权,不过仍存在着不少粉丝个人的维权行为。这种新媒体引发的新现象,与传统电视台播放发生冲突,许多海外电视台要求版权发行方最好与国内完全同步或至多滞后24小时。2017年,五岸传播与马来西亚星报集团签署年度协议,一年共提供400小时节目,既包含SMG旗下节目,也包括海外节目,其中就要求有100多小时节目以比较快的方式同步,比方《天籁之战》周六国内播出,马来西亚周六晚上就要能上线,同时也要对You Tube网站上出现的类似节目予以处理。

三、 文化"走出去"的路径分析

(一)展会营销:版权销售的突破口

当展会进入百家争鸣时代,逐渐成为开拓版权销售市场的重点突破口。2017年,国内文化企业"走出去"愿景强烈,国际展会上国内参展机构的数量同比增长30%,参展产品增量明显。

在如今会展业市场形态下,会展营销主要采取的方式包括:电话销售、直接邮寄、广告宣传、活动推广、网络营销、代理营销六大种类。五岸传播主要依靠email营销、广告宣传、活动推广的方式,会展举办前期向目标客户发送EDM邮件,通过与目标客户建立沟通渠道,向其直接传达相关信息，从而促进销售。五岸传播通过前期投入广告宣传、张贴现场海报、塑造企业形象，来吸引客户参与会展，在会展举办过程中，则通过包装概念、策划内容、展映样本等促进客户对企业以及会展产品的了解，从而达到销售会展产品的传播目的。由于五岸传播背后强大的平台资源，在销售 SMG 旗下版权作品的同时，五岸传播也为其他企业提供代理服务，在国际展会平台上推介其他企业的产品。从 2011 年起，五岸传播受国家新闻出版广电总局和上海文广集团委托，负责国际大展上中国联合展台的组展工作，还受国家新闻出版广电总局委托承办了展会"感知中国"中国影视内容推介会。

凭借电邮维系老客户，展会扩展新客户的方式，越来越多海外客户认可五岸传播，愿意与其合作。近几年，五岸传播交易额平稳攀升，销售内容多元化，并将 SMG 版权产品发行至北美、欧洲、东南亚、日韩等 30 多个国家和地区；通过参加 MIPCOM、ATF、NATPE 等国际影视节目交易展，五岸传播充分地与国际领先的媒体机构接触与交流，学习国外节目在内容制作、发行和营销方式上的先进经验。

2015 年，SMG 全力推动"SMG 智造"内容战略体系，五岸传播在当年的非洲电视节上积极开拓非洲市场，将《拳心拳意》《华夏新纪录》等节目发行至多个非洲国家；同时，国家新闻出版广电总局委托五岸传播代理多部国内优秀影视作品在非洲五国发行，成功与利比里亚国家电视台签约，首次将中国电视节目引入该国。此外，SMG出品的《中国面临的挑战第二季》《海上丝绸之路》《味道中国》等优质节目亮相非洲，引起多个电视台、传媒机构的关注和兴趣。五岸传播在展会期间还与南非 MNET 电视台、莫桑比克 Miramar 电视台、尼日利亚 WETV 电视台等媒体就具体节目合作进行商谈。

2016 年 MIPCOM 展会期间，五岸传播与多家合作伙伴及客户洽谈，其中包括英国 All3Media、日本 ABC、法国 C&CO、中国凤凰卫视等，重点推荐了《中国面临的挑战第二季》《味道中国》《极限挑战》

《笑傲江湖》《人间世》等多档 SMG 节目。五岸传播还积极推广《狗狗冲冲冲》等节目模式,力推"SMG 智造"节目创意,力争实现多层面上的中国文化走出去。此外,五岸传播还与德国 EuroArts、英国 EKurdina、法国 Arte 洽谈艺术类节目的引进合作。

2017 年 3 月,在第 21 届香港国际影视展上五岸传播与马来西亚星报集团达成战略共识,将以专区的形式登陆其旗下首家 OTT 平台—DimSum。此次合作不仅标志着 SMG 内容落地马来西亚 OTT 平台,更是中国内容第一次以品牌专区形式登陆马来西亚 OTT 平台。此外,五岸传播在香港会展上也为更多国际合作伙伴,如福克斯、香港 TVB、马来西亚 Astro、台湾东森电视台等带去最新最优质的内容。12 月,五岸传播在新加坡 ATF 上主推奇幻类题材电视剧《东方奇幻》和两部由五岸传播投资、2018 年即将上线的奇幻类网剧《太古神王》和《镇魂》,并精选 2 到 3 部最新的综艺《极限挑战 3》《天籁之战 2》和两部外宣纪录片《海上丝绸之路》《中国面临的挑战 3》,主推东南亚市场,包装"东方热播、东方奇幻"概念。

(二)通过参投、买断项目,汇聚优质版权,布局国内市场

五岸传播作为 SMG 旗下的版权销售机构,前期不需要投入资金,收入主要依靠版权方一部分的分成,如果版权销售到新媒体平台,点击量不错也会有一定的分成。此外,五岸传播也涉及部分投资、买断项目,但额度并不大。目前,由五岸传播参投、买断的作品主要致力于布局国内市场,由于内容局限、地域性强、收益低等影响海外市场暂不是考虑的首选。

五岸传播与市场各业界领先的合作伙伴,在影视、文学、动漫、游戏等多个领域进行内容布局,发布多款内容产品,包括与上海时悦影视文化有限公司共同出品的大 IP 超级网剧《镇魂》;与德丰影业深度合作、由《亮剑》原班人马打造的年代传奇剧《老字号传奇》;与天津画国人共同培育的亲子 IP《多乐星亲子智育计划》;与吾里文化、游旺、

新加坡小岛动漫、堃天文化联合培育的原创次世代科幻IP《明珠号》等。参投项目,五岸传播主要负责资金投入、运营版权以确保盈亏平衡,并负责分配投资收益等。

（三）与海外企业合作,共推作品进军海外

现阶段,中国作品进军海外,仍应以文化接近性市场为突破口,积极挖掘东亚、东南亚等国的消费潜力,研究这一区域受众的审美心理和文化偏好。同时,实践表明,完全在国内拍摄、制作的版权作品比较难以走出国门,而与国外合拍并在剧本中融入国外元素的作品更容易"走出去"。因此,合拍模式是我国影视走出国门的最典型方式。

2017年10月,五岸传播与泰国新加坡合资公司小岛动漫影业在"MIPCOM 2017"共同宣布将携手达成合作意向推出10部动画电影并在全球发行,将成为首个由中国、新加坡、泰国联合出品的动画电影项目,对三国的文化产业合作具有重要的意义。首部系列电影将结合五岸传播科幻真人秀IP《2049明珠号》的故事背景与新加坡小岛动漫原有IP《梦幻战士》的人物造型,在2017年年底进入前期制作阶段,预计2020年上映,之后每年推出一部新电影,力争打造一个中国式的"漫威宇宙"。

除了以上途径,五岸传播也会直接前往海外洽谈项目,或是海外企业来SMG进行合作。2017年3月,五岸传播与印度Planetcast Media Services Limited在印度新德里成功签约,合作内容就是将中国的节目引入印度OTT平台,入驻的节目都是由国家新闻出版广电总局授权的印度语译制节目,如电视剧《杜拉拉升职记》和纪录片《故宫》以及部分SMG的精彩节目。

四、 面临的问题

（一）退税力度不大

为了帮助更多文化企业"走出去",希望国家能进一步加大退税力度。目前,国家为鼓励影视业的发展,逐步加大对广播影视节目的税收扶持力度,广播影视节目(作品)发行服务适用于增值税零税率政策,相比于免税,进项税额可抵并享有6%的退税率。但对于很多影视发行企业而言,国内市场已经很大,而国外市场的收益只是国内市场的千分之一甚至是万分之一。对于这些企业来说,扩展海外市场动力不足,若国家能再进一步加大退税力度,将会助力更多影视企业布局海外市场。

（二）译制补贴不足

影视译制,指将一部原版影视作品的对白或解说,从一种语言翻译成另一种语言。版权交易中,版权方负责译制作品;按现行的政策规定,这部分译制费先由版权方垫付,成功销售海外以后,政府再补贴一半的译制费用。

由于不确定是否能成功销往海外,因此翻译作品存在着一定的风险,事前五岸传播需要谨慎筛选作品。最近,五岸传播将版权销售到亚马逊就遇到很多相关问题,除了将中文译成英文外,还需调整为亚马逊要求的格式,这其间会有很多成本,而这部分成本是由五岸传播承担的。

译制成本高,需承担市场风险,五岸传播在海外内容库的筹建上压力很大,希望政府加大对译制的补贴。未来五岸传播还希望构建海外销售片库,其中既包含SMG旗下的版权产品,也涵盖更多SMG以外的版权产品。这一愿景对五岸传播的资金、市场运行能力都提出了很高的要求,存在一定的风险,也有其他市场化企业与之竞争,而目前译制费用过高挤压了筹建海外片库的资金,因此,希望政府能加大译制补贴力度,提高国内企业筹建片库的竞争力。

（三）海外市场调研,企业个体力量有限

由于文化群体的不同,导致文化产品在传播过程中存在文化价值消减情形,"文化折扣"是文化贸易中有待解决的问题。

五岸传播目前的海外市场主要以亚洲、北美地区（华人集聚区）为主，与欧洲、中东和非洲也存在少量版权合作，未来仍需以东亚、东南亚和非洲拉美地区为突破口，打开海外版权市场。东亚及东南亚历来与我国关系比较紧密，母语关联度较高，属于文化亲缘型市场，以该地区为突破口能取得显著效果，实践过程中也证实了这一点。北美地区，美国因其强势的版权产业对外输出强势文化，一直以来提倡文化自由贸易原则，中国文化对其影响力极微，而加拿大一贯主张和坚持"文化例外"，以民族利益和经济利益为由抵制文化领域的自由贸易，加拿大"文化保护主义"以及该国文化与中国文化融合度较低等因素，使中国较难打开该国市场。欧洲也针对他国文化采取壁垒措施，主张文化例外原则。此外，非洲和拉美地区的发展中国家，虽与我国母语关联度较低，不过一直都与中国维持着友好的关系，由于当今社会结构、社会问题的相似性，部分现代肥皂剧《媳妇的美好时代》《奋斗》《青年医生》以及《平凡的世界》纷纷搬上非洲银屏，取得不错的成绩。

五岸传播负责海外市场调研，分析不同海外市场的需求层次，做到区别销售；不过企业个体力量毕竟有限，而海外大平台的数据库又对外保密，这给调研工作加大了难度。因此，海外市场调研需要依靠政府力量以及对外文化贸易基地的平台优势，更多地开展国际文化市场以及中国文化服务产品海外调研，加强对海外文化产业、市场的深度分析及案例介绍，为文化服务贸易出口提供决策参考。

（四）维权难度高

海外维权难度较高，主要原因有以下三种：第一，某些公司在海外注册，服务器也在海外，给维权带来难度；第二，相关法律的差异性会对权利人造成误导，导致维权策略、方式和诉讼选择错误；第三，根据现有规定，针对海外形成的维权证据需要进行公证认证，涉及外文的还需要翻译，证据链过长、准备周期长、成本高等因素加大了海外维权的难度。

五、 成功启示

（一）背后强大的平台资源，以及"互联网＋SMG""SMG 智造"的提出

五岸传播的母公司为上海东方娱乐传媒集团有限公司（以下简称东方娱乐），而东方娱乐是上海东方传媒集团有限公司（SMG，原上海文广新闻传媒集团）旗下的全资子公司。五岸传播是 SMG 集团系下的孙公司，是 SMG 版权经营平台，其发行内容包括 SMG 现有 13套模拟电视频道和 11 套模拟广播频率的版权节目。

上海文化广播影视集团（以下简称上海文广集团）是上海文化传媒行业的龙头企业，是一家综合性文化传媒企业，经营业务呈多元化格局，目前已形成媒体运营、电视购物与电子商务、互联网新媒体等板块为主，文化旅游、文化地产及其他传媒娱乐衍生业务共同发展的业态。新媒体传播方面，上海文广集团将打造"互联网＋SMG"作为未来的发展目标。为实现这一目标，上海文广集团通过互联网模式运营，不断提升核心竞争力，打造互联网媒体生态系统，引领集团整体实现新媒体突围与跨越式发展，助力集团成为拥有强大实力和传播力、公信力和影响力的新型主流媒体。内容打造方面，SMG 计划建立一个原创内容产品的孵化平台，汇集全球创意，迎合全媒体发行的需求。为此，2015 年，上海文广集团在法国戛纳国际电视节上，对旗下全新的内容战略体系"SMG 智造"进行了全球发布，同时宣布与FremantleMedia、A＋E Networks、BBC Worldwide 三家国际知名媒体机构在影视产品内容研发和交流上达成战略合作。

凭借"SMG 智造"海外合作和推广，凭借"互联网＋SMG"实现新媒体的跨越式发展，以及凭借五岸传播背后强大的平台资源，五岸传播不仅使 SMG 的节目及品牌价值在海外市场得到了延伸，还成功引

进国外多档优秀节目及音像制品,并在先进节目模式引进及海外频道合作方面起到至关重要的作用。

（二）与海外团队合作,融入当地元素,迎合海外市场需求

合拍模式是影视业国际化的典型方式之一,是海外片商规避配额、进入中国市场并分得更多利润的通道,也是中国影视"借船出海""走出去"的最重要途径。现阶段,在国内拍摄、制作的版权作品比较难以走出国门,而与国外合拍并在剧本中融入国外元素的作品更容易"走出去"。与海外团队合作,选择海外演员和先进的制作团队,加强技术沟通,融入海外元素,更好地迎合海外市场需求,已成为影视业"走出去"的方式之一。

2017年,五岸传播与泰国新加坡合资公司贝壳小岛动漫影业携手,计划推出10部动画电影并在全球发行。首部系列电影内容结合五岸传播科幻真人秀IP《2049明珠号》的故事背景,以及新加坡小岛动漫原有IP《梦幻战士》的人物造型,既融合了中国元素,又涵盖了当地元素,以迎合海外市场需求。

案例八:上海科学技术出版社

一、背景

经过多年的市场发展,中国图书的数量与质量都在不断提升。据统计,2016年全国出版单位共申报出版319 147种图书,较2015年同期增加7 928种,同比增长2.5%。鉴于国家的重视和出版企业的努力,中国出版业正积极促进图书文化产品"走出去"。2016年出版单位着眼于讲好中国故事、塑造良好国家形象,打造了中国梦、中国道路、中国制度、核心价值观、中国传统文化、当代中国文学、新兴自主科技、重大国际问题等多个"走出去"图书产品线。CIP数据统计显示,截至2016年12月27日,有关出版单位共使用26种语言申

报出版 2 664 种本土外文图书,较"十二五"时期"走出去"图书年均出版量增加了 802 种。语种分布上,多语种对照占据榜首,国际通用语言英文稳居第二,日文位列第三,得益于"一带一路"倡议和"丝路书香工程",2016 年阿拉伯文图书实现了快速增长,以 112 种挺进前四。

科学技术出版业是中国出版业的重要组成部分。近些年来,随着中国在科学技术领域不断取得新的成果,特别是在数学、工程学、化学、农业、地理等科学领域处于世界领先的地位,在其他科学领域每年也都有新的进步和创新产生,国外对中国科学技术类图书的需求也在提升。中国科学技术出版业随着市场的发展和中国科学技术水平的进步,逐渐走出了具有中国特色的海外文化贸易之路。

二、 文化"走出去"的运作实践

(一)企业概况

上海科学技术出版社(以下简称上海科技出版社)成立于 1965 年,以出版自然科学、工程技术、医药卫生、实用读物以及科普类图书等为主要特色,同时兼顾理科基础教育及期刊出版,在中国综合科技出版社之中具有一定的影响力,现已发展成为国内规模最大的综合性科技出版社之一。上海科技出版社设有科学编辑部、工业编辑部、农业编辑部、医学编辑部、科普编辑部、科教编辑部、国际部、合作出版编辑室、声像部等二十几个编辑部、室,出版科学、工业、农业、医学、教育等领域的专著、基础理论书、工具书、技术参考书、科普读物和教材,具有门类齐全、品种多样、层次丰富的特点,得到社会的肯定和读者的认可。

20 世纪 80 年代,上海科技出版社成为国内较早进行国际贸易的出版社之一,积极探索与国外知名出版社的合作。出版社设立了对外国际部并专职于版权合作和输出,借助于长期的积累和优质的图书内容资源,上海科技出版社进行了较多的国际贸易尝试与实践并积累了丰富的经验。出版社结合自身特色提出了以专业为原创,引领"走出去"工作的发展理念,目前已输出图书600多种,引进图书约1000种,取得了较好的贸易成果。

(二)寻求版权合作,促进文化产品"走出去"

上海科技出版社始终坚持科学定位和专业出版定位,借助于国家科研实力快速发展的大背景,积极推出一批原创精品的科学技术类图书,在国内、国际出版业中占据一席之地。上海科技出版社在不断推出专业精品科学技术类图书的同时,更主动与海外出版社交流,其中的图书受到了海外书商的关注,在"走出去"工作中取得了一些进展。

上海科技出版社主动与海外大型出版社开展版权合作,例如与施普林格出版公司就一些图书的海外出版达成共识,以两家出版社的名义共同在全球范围内出版相关图书的中文版和英文版。随着合作程度的加深以及彼此信任程度的加强,上海科技出版社与施普林格出版公司就多套丛书开展了版权合作,进一步促进了图书文化产品贸易。

(三)适应时代发展推动数字版权走出去

目前,数字出版已逐渐成为出版业发展的主流,国际上在数字版权上的合作发展已成为出版社海外出口的一条新路径,上海科技出版社也在数字版权走出去中不断探索新的发展模式。为此,上海科技出版社积极展开了与国际大型科学技术类出版社的合作事宜,与威科集团旗下的专业数据库Ovid合作,对基础医学研究类的数据内容、电子版权的贸易合作开展洽谈协商,推动数字版权走出去。进入新时期,上海科技出版社也在积极地拓展数字版权走出去的路径和方式,希望与更多的国际数字版权出版社进行合作,开展更多的文化产品贸易活动。

三、 文化"走出去"的路径分析

（一）坚持专业定位主动推介优质图书

上海科技出版社发展的定位就是专业性、原创性，将自己图书定位于国内一流、国际领先的地位，希望通过高质量的内容打开国际的图书市场。在20世纪80年代，上海科技出版社就将中医类、大学教材类等书籍通过贸易输出到了我国的香港、台湾地区以及日本、韩国等，获得了较高的认可度。上海科技出版社早期的图书对外贸易比较侧重于中国传统的医学类的书籍，特别是中医、针灸等医学书籍的贸易。通过将中国传统的医学文化向外推广，上海科技出版社取得了较好的文化宣传和经济成效。

随着中国国力的提升，中国具有高技术水平的人才不断增加，一些新技术和能够代表中国现代科研发展新水平的理论成果的出现也影响到了科学技术专业出版业。借助这一契机，上海科技出版社主动提出了更为精准的发展定位，即坚持科技出版、走原创精品之路。上海科技出版社借助于国内科技界高水平原创专著，通过主动推介、积极合作，将一些专业性的书籍推广到国际市场，并获得了国际图书市场的认可。

专业图书的对外出口最重要的，就是内容的优质以及原创性。对此，上海科技出版社认准了专业性图书出版的发展趋势，力争将自身打造成国内一流国际领先的专业出版社，借着近些年中国科学界发展的浪潮向外出口了一批专业书籍。例如，结合我国西医临床案例多、发展快的优势，向施普林格出版公司输出了《慢性胰腺炎的诊断与治疗》《脊柱外科手术解剖图谱》《持续葡萄糖监测》《血管腔内器具学》等临床医学专业图书；结合我国近年工业技术高端领域的发展，向爱思唯尔出版公司输出了《极端环境下的电液伺服控制理论及应用技术》，向施普林格出版公司输出了《高速气动控制理论和应用技术》等专业图书。这些书籍无论是在内容上还是专业性上都是能够在国际市场上立足的,体现了中国科技的发展水平,同时也凸显了上海科技出版社坚持专业原创,引领"走出去"的理念。

(二)探索与国际机构联合出版的新模式

中国的图书走向国际市场不仅仅需要图书的内容质量过硬,还需要出版社深入了解国际市场,并与具有国际视野的机构合作,这将有利于图书"走出去"。对此,上海科技出版社对其出版发行的"现代数学丛书"做了积极的国际合作尝试,并取得了良好成效。

上海科技出版社推出的"现代数学丛书"是我国数学界著名的图书出版品牌,在国内外数学界享有极好的影响和声誉。20 世纪五六十年代,上海科技出版社响应"向科学进军"的号召,组织策划了一套数学学术专著丛书,取名为"现代数学丛书"。其宗旨是向国内外介绍中国比较成熟的、对学科发展方向有引导作用的第一流数学研究成果,反映中国数学研究的特色和优势,扩大中国数学研究成就在国内外的影响,促进学科发展。该丛书由著名数学家华罗庚担当主编,于 1963 年开始陆续出版,到 1986 年共推出了 8 种。这些反映中国数学界研究最新进展的专著,受到了国际数学界的关注和极高评价,其中多部输出到国际著名出版社。20 世纪 90 年代初,上海科技出版社对编委会进行了进一步调整,推出第二辑,由著名数学家苏步青担任名誉主编,著名数学家谷超豪担任主编。1992 年到 21 世纪初,先后推出了 18 种,延续着第一辑良好的国际学术影响力。

随着时间的发展,21 世纪进入了第二个 10 年,"现代数学丛书"开启了第三辑的编辑工作,上海科技出版社探索尝试了国际合作出版模式。由著名数学家李大潜担任主编,组建了由马志明等专家组成的国际化编委会,以国际化眼光和标准推荐、遴选选题,指导丛书的规划、编辑和出版工作。

上海科技出版社与施普林格出版公司就该丛书的出版达成共识,以两家社的名义共同在全球范围内出版该丛书的中、英文版,既面向国内介绍国际数学界最新进展,也面向国际介绍国内数学界最新成果,为"现代数学丛书"逐渐发展成为国际性图书品牌提供了空间。这一国际出版平台的搭建,有利于我国数学家尤其是中青年数学家的优秀成果走向国际,也是上海科技出版社打造国际出版品牌的一次尝试。

随着版权合作工作的日益加深,上海科技出版社已经同施普林格等国际知名出版机构建立了密切的版权交流关系。依托国内优质专业出版资源,上海科技出版社主动出击,一些图书的中文版尚未推出时,就开始为国内优秀的科研项目和专家寻找国际性的出版平台。在"十三五"国家重点图书出版规划项目中,上海科技出版社有24项入选。根据目前的规划和完成进度来看,"深远海工程装备与高技术丛书""智能港口物流丛书""人工智能2.0系列"都具有系列输出的潜力。借鉴"现代数学丛书"的成功经验,将代表我国最新科研技术成果的作品推向世界,是下一步版权"走出去"工作的重点。相信基于国家科研实力的不断提升,会有更多的优秀专业原创选题出现在海外主流图书市场。

(三)推动电子出版的海外传播

随着数字出版的兴起,纸质图书电子出版已经逐渐成为出版社发展的一个趋势,同时借助于联通世界的互联网络,电子出版物有着纸质图书无法比拟的传播广度和影响力度,能够轻松地传播到世界任何一个国家和地区,让更为广大的人民方便地获取图书资源。对此,上海科技出版社也在积极探索版权输出的新形式,希望结合数字技术把电子出版不断做大,让中国的电子出版物走进更多国家。

上海科技出版社面对巨大的海外市场和电子出版物的发展趋势积极与国际上具有一定知名度和影响力的国际企业展开合作,并结合自身的版权优势开展了较为广泛的国际洽谈与合作。2010年,上海科技出版社与国际知名科技类出版商威科集团接触,商谈专业图书收录其数据库事宜。威科集团旗下的专业数据库 Ovid 是供基础医学研究的权威数据库,服务全球主要的科研机构和图书馆。经商谈,上海科技出版社将 192 种生命科学和医学类专业图书授权给 Ovid 数据库,通过 Ovid 服务全球的科研人员,产生了一定的收益。

随着电子出版业的国际市场不断开启,电子出版物的版权授权活动具有一定的发展前景,通过授权模式能够让国际出版社作为中间媒介将中国的电子出版物向外推广,从而使中国出版业较快取得社会影响力,同时中国图书也能更好地走进各个国家。对此,上海科技出版社积极探索 POD 授权,通过国际知名的图书中间商 Ingram 以及其他数字版权平台商,尝试借助这些专业渠道让更多的海外专业客户能了解到本社的优质专业图书。目前上海科技出版社有一二十种数字版权对外授权,电子书有 60 多种,已取得了一定的发展成果。

四、 企业对外文化贸易面临的问题

(一)专业的翻译人才较缺乏

一个行业的发展需要的不仅是市场,更重要的是具有专业技能的人才,人才是推动行业发展的重要动力。对于上海科技出版社而言,将具有专业性的图书进行高质量的翻译是一个极为重要的事。国际上通用的语言是英语,中国对外出口的书籍中 95% 以上需要用英语翻译,但是能够将图书准确翻译成英语的人才依然十分稀缺。

上海科技出版社主要出版的图书具有一定的专业性,涉及科学、工业、农业、医学、教育等,这就要求翻译者不仅英语要好,更要有较高的理论专业背景,这一要求使得本来就缺乏的翻译人才在专业性图书翻译领域显得更为稀缺。翻译人才的缺乏限制了一些中国最新的专业类书籍走出国门、进入国际市场,进而无法实现理想的图书贸易成果。

（二）资金较为紧张

资金问题是制约出版社发展的重要问题之一。由于资金的紧张，出版社积极主动拓宽海外市场的动力较弱，打开国外市场依靠的不仅仅是图书产品内容的过硬，更依靠较为强劲的经济实力作为后盾，图书走向国际市场需要在前期进行较多的资金投入，才能收到理想的效果。另外，随着中国劳动力成本的增加，专业人员的翻译费也在增加。目前，市场上普遍的翻译价格为 500 元/千字，而上海科技出版社的专业类书籍依靠的是更为专业的人才，因此翻译成本可能会更高一些。专业类的书籍普遍字数较多，成功翻译完成一本专业图书需要大量的时间成本、经济成本，对于出版社而言动辄上万元的翻译费用也是一个较大的负担。

（三）国家文化存在差异

由于文化产品本身就具有其国家的文化特质，因此在图书贸易过程中，来自图书本身的文化特征决定了其在对应的市场受欢迎的程度，进而直接影响到出版社的经济效益。上海科技出版社在国际图书贸易中也遇到了文化贸易壁垒，像有些医学类图书，特别是中医类、针灸类图书具有鲜明的中国文化特征，这类图书在走向国际市场时就遇到了文化认同的问题，该类图书较难进入欧洲以及美洲等地区的图书市场，但是却在具有类似文化的日本、韩国、新加坡等地区颇受欢迎。

五、 成功启示

（一）坚持专业原创引领对外贸易

以专业原创引领"走出去"工作是上海科技出版社国际贸易发展的一个主要思路。上海科技出版社从 1956 年建社以来就始终坚持专业类图书的出版，近些年随着中国国力的提升，一批高质量的专业书籍得以出版。上海科技出版社还将继续坚持专业原创的发展道路，在图书内容上做到更加精准、更加优质，继续保持在专业类出版中的优势,力求成为国内一流、国际领先的高水平出版社,使自己的品牌形象和专业定位更加鲜明。

面对国际图书出版市场较为激烈的竞争,上海科技出版社应该抓准自己的定位与专业,做好原创,打造精品,争取做到在行业内领先,从而促进图书文化产品的出口。

（二）制定合理有效的发展规划

合理的规划是企业发展的基础,上海科技出版社作为一家专业类图书出版社,每年都会按时制定符合自身发展的规划。长期的有以5年为一个周期的发展规划。5年规划通常用来制定出版社未来的发展方向,从而使出版社的未来发展走向更加明确。例如,在每年年末出版社也会按照图书国际输出的情况,召开应对下一年度国际市场的选题会,通过事先制定有针对性的选题内容,使来年的发展方向更加明了,这将有助于出版社更好的发展。

（三）加强与国际出版社的深入合作

上海科技出版社长期与国际大型出版公司合作,建立了较为深厚的商业合作关系,国际合作促使出版社的一些专业类图书能够较为顺畅并且准确地进入目标国家,同时也使出版社获得比较准确的国际市场定位和较好的经济效益。此外,上海科技出版社每年都会参加一些国际图书展,如法兰克福图书展、美国书展、英国书展,书展上不仅可以宣传出版社的图书,更能与一些国际出版社进行面对面的交流,便于后期进一步展开相互间图书的合作,促使图书的贸易更加顺畅。

案例九:上海炫动汇展文化传播公司

一、背景

（一）文化会展的相关界定

文化会展作为文化产业和会展的交叉产物,其定义在业内并没有确切地规定下来。了解文化会展,就不得不对会展和文化产业有所了解。

会展是特定空间、特定时间、特定主题、聚集人群、交流沟通的活动。会展起源于欧洲和北美,作为一种新型的产业正在迅速发展,目前已经成为全球性的产业。会展业已与旅游业、房地产业并称为21世纪"三大无烟产业"。

文化产业是以提升人们精神生活品质为主要特征的从事生产并提供文化产品和服务的行业集合。文化产业的内涵极为广泛,是一个动态的概念。它包括"传统的"文化产业,如广播、电视、出版、视觉艺术等,也涵括了新兴的文化产业,如动漫、互联网、游戏等产业。

作为交叉产物的文化会展有广义和狭义之分。广义的文化会展指的是以提升人们的精神生活品质为目的,与各种文化产品的开发、生产、销售相关的展览、会议和节事活动的统称。狭义的文化会展主要是指各种文化产品的展览和会议。我们平时所理解的文化会展,主要是指与文化产业相关的展览会。

文化会展是文化产业和会展业发展到一定阶段两者有机结合的必然产物。从文化产业的角度,文化会展是对文化产品的研发、设计、成果展示与交易的通道和平台。从会展的角度看,文化会展是专门进行文化产品展示的专业性会展活动。

(二)文化会展行业的发展现状

伴随着我国文化产业和市场经济的快速发展,我国文化会展也有了一定的发展。目前,我国文化会展发展的基本状况及特点如下:

首先,我国文化会展发育时间较短,大多数属于刚刚起步。我国会展业的发展历程较短,文化会展尤其如此,影视、图书等专门性文化会展举办较早,比如上海电影节、北京国际图书博览会的举办届数超过了10届,而综合性文化会展则是近几年才兴办。相比较而言,国外一些文化会展则有着悠久的历史,比如德国法兰克福国际图书博览会创始于 1949 年,但其历史可以追溯到中世纪,当时莱茵河畔的"书籍弥撒"实际上已具备书展的"雏形",目前它已经成为世界上最大的国际图书博览会。

其次,政府在文化会展的办展过程中发挥着主导作用。文化会展在促进我国文化产品交易、产业项目合作和文化产业发展等方面起到了积极作用,因而得到了政府的高度重视和大力扶持。不少地方政府都设立了会展发展专项资金和文化产业发展专项资金,文化会展可以从中争取到一定的政府补助。国家文化部特别发文指出:"文化部重点扶持中国国际文化产业博览交易会。同时,根据中央开发西部、振兴东北、中部崛起的发展战略,分别打造中国西部文化产业博览会、中国东北(沈阳)文化产业博览会、中国中部(武汉)文化产业博览会等几个博览。"

再次,文化会展办展季节性明显且单展会期短。我国文化会展的举办具有明显的季节性,从文化会展活动举办的时段来看,主要集中在 4 月、5 月、9 月、10 月,春秋两季成为我国文化会展举办的高峰期,所占比例为 15.9%、13.6%、15.9%、11.4%。

最后,文化会展空间分布的非均衡现象突出,主要集中在东部沿海经济发达地区、人均消费水平高的地区和文化产业发展较好的地区。

二、 公司"走出去"的运作实践

(一) 公司概况

上海炫动汇展文化传播有限公司(以下简称炫动汇展)于 2011 年成立,由上海东方传媒集团有限公司(SMG)旗下上海炫动传播股份有限公司、(上海)国家动漫游戏产业振兴基地共同组建,是集展览主(承)办机构、论坛会议组织者、大型活动策划服务商于一体的公司。公司以会展作为主营业务,致力于根据市场需求及行业发展所需,策划举办各类会展活动,为参展商提供一个展示、交流与交易的优质平台,帮助企业实现商业目标。

截至 2016 年,炫动汇展累积组织 30 余家国内优秀游戏企业,与德国、法国、韩国、俄罗斯等国超过 1 100 家海外企业及机构进行商务洽谈,现场达成的意向交易金额累计超过 1 亿美元。公司自成立以来,多次成功组织中国企业参加德国科隆游戏展、美国电子娱乐展览会展(E3)、日本东京动画节(TAF)、新加坡亚洲电视节(ATF)等国际知名展会;2016 年,炫动汇展首次策划承办了由中国国际动漫游戏博览会组委会主办的“中泰动漫游戏文化活动周开幕式”;2017 年,参加斯洛伐克当地一流的动漫沙龙展,进一步开拓了海外市场。

(二)品牌项目引领发展步伐

炫动汇展以会展作为主营业务,将举办的各类展会、活动项目进行产品化、品牌化管理,形成“CCG EXPO”和“卡通总动员”两大品牌项目。

每年 7 月举办的 CCG EXPO,是由国家文化部和上海市政府共同主办、上海市文化广播影视管理局、SMG 集团和(上海)国家动漫游戏产业振兴基地共同承办,炫动汇展负责运营的动漫游戏类综合展会,专业化、国际化、高层次、大规模是它的特点;与此同时,CCG EXPO 还确立了商家对商家(B to B)为主,商家对终端用户(B to C)为辅的特色定位。炫动汇展的目标是将其打造成为国内第一、国际知名的品牌动漫游戏类展会。

炫动汇展的另一个品牌项目是全民“动漫狂欢节”——卡通总动员。它面向广大普通观众,强调娱乐性和参与性。“卡通总动员”经常配合 CCG EXPO 一起举办,助推 CCG EXPO 的品牌影响力。

截至 2017 年,两大品牌项目已成功举办了 13 届。2017 年,CCG EXPO 实现交易总额 14.4 亿元,与 2006 年的 2 亿元相比,增长了 6 倍多;展会面积也从最初的 1.3 万平方米扩大到 2017 年的 5.3 万平方米。随着品牌项目的日趋成熟，也渐渐带动起公司其他业务的发展。炫动汇展其他业务，包括知识产权代理、市场营销策划、企业营销策划、企业形象策划、市场信息咨询与调查、会务服务、商务信息咨询、经营演出及经纪业务等。

三、 对外贸易"走出去"的成功经验

（一）资源优势，得天独厚

1. 政府资源

顺应中国动漫行业蓬勃发展之势，炫动汇展应运而生。公司自成立以来得到各级政府全方位指导和支持。CCG EXPO 就是国家文化部同上海市政府共同主办，且是政府发布权威行业政策信息的重要平台之一。公司多次受政府部门委托，策划中国企业参加德国科隆游戏展、美国电子娱乐展览会展（E3）、日本东京动画节（TAF）、新加坡亚洲电视节（ATF）等国际知名展会，突出的海外项目运营能力，已让公司成为政府相关部门执行海外项目的首选合作伙伴。

2. 专业资源

控股方上海炫动传播股份有限公司是中国内地全产业链运营的动漫龙头企业，也是中国原创动漫电影票房最高纪录保持者，主导运营了《喜羊羊与灰太狼》《麦兜》等系列大电影；是中国最大的动漫少儿全媒体经营者，成功打造"炫动卡通""哈哈少儿"等全国知名媒体品牌。另一合作方（上海）国家动漫游戏产业振兴基地，是经国家文化部批准成立的国家级动漫游戏产业振兴机构，为公司运营提供产业研究、人才培养等支持。

3. 媒体资源

炫动汇展的母公司为上海炫动传播股份有限公司（以下简称炫动传播），而炫动传播是上海东方传媒集团有限公司（SMG）旗下的子公司。炫动汇展是 SMG 集团系下的孙公司。

SMG集团是一家集广播、电视、平面、新媒体等在内的立体化宣传网络。集团主营广播电视媒体及相关传媒娱乐业务(包括演艺、体育、技术服务与研发、传媒娱乐投资等)。旗下的广播电视媒体包括15套模拟电视频道,3套同播高清频道,11套模拟广播频率。SMG同时开办数字付费电视(SiTV)、宽频网络电视(东方宽频SMGBB)、手机电视(东方龙)和IPTV(百视通BesTV)业务,还主办和参股经营《每周广播电视报》《第一财经日报》《第一财经周刊》《竞报》《上海电视》《哈哈画报》《星尚OK!》以及东方网等报纸、杂志和新闻网站等。

依托这些得天独厚的资源,炫动汇展与政府相关各部门建立了长期的合作关系,为进一步拓宽海外市场、开辟"走出去"渠道打下坚实基础。

(二)目标定位,精准明确

炫动汇展自成立之初起,就把会展作为自己的主营业务,目标清晰、定位准确。通过让各国文化、商务参赞参加中国文化产品推荐会,并联合政府文化管理部门、企业家、投资人士等有关人员的共同参与,公司以会展的形式,建立起开放性的交流与合作的平台,为整个行业的向前发展开辟出一条实践之路。随着2013年"一带一路"倡议的提出,"一带一路"沿线省市和展览业界积极支持"一带一路"建设,提出了许多相关展会的建议和设想,全国范围内逐渐形成了各有侧重、主题鲜明、特色突出的"一带一路"对外交流合作平台格局,与"一带一路"沿线国家建立起了更加紧密的经贸联系。公司也借此契机,与泰国和斯洛伐克建立起了业务上的首次合作。

泰国是东盟的桥头堡,是"一带一路"建设的重要环节。2016年3月,由中国国际动漫游戏博览会组委会主办的"中泰动漫游戏文化活动周开幕式"在泰国的中国文化中心盛大开幕。此次活动是炫动汇展与泰国动漫游戏企业的首次合作。活动分为两个环节:"中国动漫企业推介宣讲会"及"中泰动漫企业商洽会"。宣讲会上,参会的国内企业分别从中国的动漫游戏展会、真人影像与动漫的结合、面向青年人群的科幻动画新尝试及面向学龄前儿童的动画与游戏的结合四个方面向泰国的动漫业者做了宣讲,给在场的近15家泰国企业代表们留下了深刻的印象,纷纷伸出了希望互相合作的橄榄枝。

泰国动漫顶尖的制作实力以及从业人员的年轻活力和中国企业的厚积薄发形成互补,双方期盼互相借力、促进交流,进一步深化合作,争取让两国动漫行业的交流合作早日步入正轨。

"斯洛伐克漫画沙龙展"是以观众体验为主,集电影展映、大师讲座、企业推广、游戏试玩、艺术家签售、舞台演出、Cosplay比赛、艺人活动等等于一身的动漫游戏主题活动,在当地有着非常高的人气。

本次有来自国内的13家本土动漫企业参展,展出项目22个,为斯洛伐克观众带去了文化的冲击与全新的感受。网络的不互通切断了中斯两国文化传播的渠道,导致斯洛伐克人民从未接触过中国的动漫文化。通过对产品的展示和介绍,当地人民在惊讶中国动漫发展速度之快的同时,也十分肯定与之相关的技术和内容。斯洛伐克年轻人对动漫游戏发自内心的喜爱与关注以及他们超强的动手和制作能力也给中国动漫企业留下了极为深刻的印象。希望此次活动能成为打开中斯两国动漫文化大门的钥匙,为以后的长期合作打下良好的基础。

(三)扶持原创,层次多样

近几年来,中国原创动漫取得了长足的进步,新人佳作不断涌现,并多次在国际知名大赛中获奖。CCG EXPO作为炫动汇展的品牌项目,一直把"原创优先"作为博览会的首要原则。

"扶持原创精品"是博览会中的一句口号,炫动汇展并没有让它仅仅停留在口头上,通过在CCG EXPO现场特设"中国原创动漫扶持推广展"专区,将它化成了行动。专区集中展示了文化部原创扶持计划所扶持的优秀原创动漫作品,推广富有中国文化底蕴的原创动漫作品,以感性、丰富的展览形式向社会特别是青少年推介优秀原创动漫作品。"鼓励原创、聚焦原创、为国内动漫产业挖掘优秀人才"也是 CCG EXPO 一直遵循的宗旨。

CCG EXPO 经过 13 年的长足发展,已逐步形成"原创动画""游戏看片会""原创漫画看稿会""动漫人才交流会""Cosplay 精英赛""中国原创动漫扶持推广展""怀旧玩具藏品展"等众多层次分明的活动,为动漫游戏企业提供了一个专业的交易与交流平台,也为广大动漫爱好者打造了一个卡通动漫的嘉年华盛会。

四、 面临的问题

(一)海外自主办展,企业个体力量有限

中国展览企业"走出去"起步时间不长,是从组织企业到国外参展开始的,逐步发展到与国外展览企业共同在国外办展,并将逐步发展为到国外创办自己的品牌展览。据统计,2005 年我国在境外参与举办的展览已近 800 个,几乎涉及所有行业,但能够自主在国外办展的企业,却寥寥无几。

截至 2016 年,炫动汇展虽已组织了 30 余家国内优秀动漫企业,与德国、法国、韩国、俄罗斯等国家超过 1 100 家海外企业及机构进行商务洽谈,但都是以参展的形式进行的。包括参与德国科隆游戏展、美国电子娱乐展览会展(E3)、日本东京动画节(TAF)、新加坡亚洲电视节(ATF)等国际知名会展。近期与泰国和斯洛伐克的交流合作,也只是与国外展览企业共同办展,炫动汇展想要做到在海外自主办展,还需不断壮大自身力量。此外,国外展览企业对"中国制造""走出去"提出了更高要求,这也成为中国展览企业在海外自主办展的一大障碍。

进入 21 世纪以来,"中国制造"的商品越来越广泛地出口到世界

各地,同时不少国家利用各种贸易壁垒对中国商品设限的情况也越来越频繁地发生。展览行业更是如此,越来越多的国外著名展览会对中国展商采取限制措施,大幅减少中国展商的展出面积,提高中国展商进入展览会的门槛,对中国展商提出了形形色色的限制性条件。中国企业应认识到,要彻底摆脱外国展览公司掣肘,必须不断壮大自身力量,国内展览企业联合起来在国外创办中国自己的展览会,打造中国自己的展览品牌。

(二)外向型展览人才的缺乏

大力促进中国展览走向世界市场,需要大量精通国际、国内市场的会展专业人才。就炫动汇展来说,组织承办的都是一些像 E3、TAF、ATF 等专业性强、知名度高的国际会展,这就要求从业者不仅英语要好更要有较高的理论专业背景,这一要求使得本来就缺乏的展览人才在专业性会展领域显得更为稀缺。因此,针对国内外向型展览人才的培养就显得十分的迫切。在今后一个时期,会展教育机构,主要是开设会展专业的大专院校有必要选择适当的、更有针对性的教育发展模式。

一是采取开放式办学。体现对外开放特色,积极吸收国外先进的办学经验和教学体系,同国外最先进的管理模式接轨。对一些核心课程,应该以双语教学方式或直接使用原版教材的方式进行教学。

二是合作办学。会展管理是一门开放性和应用性特征非常明显的学科,教学机构应坚持合作办学方式,走产学研一体化道路,既要与国外高等教育机构合作办学,以便同国际相关教育接轨,也要考虑与国内外权威的相关行业协会合作办学,以充分占有行业信息。此外,还要与具体从事会展活动策划、经营与管理的企业合作办学,为学生提供实习机会,增强学校教育的实用性和针对性。

(三)硬件设施的相对落后

硬件设施是会展业发展的物质基础,没有良好的会展场所和配套设施,就没有最基本的竞争力,再好的会展主题、再大的会展规模也只能失之交臂,错过良机。所以,会展业发展离不开完善的硬件设施的有力支撑。

中国现有会展基础设施相对较落后,从展馆面积来说,全国展览馆总面积在100万平方米左右,展场面积超过10万平方米的大型展馆仅广州琶洲交易会馆、中国出口商品交易会展览馆、上海新国际博览中心、深圳国际会展中心等几家,举办特大型展览、会议难度较大。会展场馆配套设施落后也是一个问题。主要表现在装修简陋、设备落后、配套设施不完善,特别是网络信息技术在国内展馆的应用还不普遍。如20世纪90年代投入运营的中国国际展览中心,其建筑设计、会展设备等硬件设施已明显跟不上会展业发展的需要。另外,有些城市的基础设施较差,满足不了会展业发展的需要。

五、 成功启示

(一)依托上海会展业强大的资源优势

自2010年上海世博会成功举办之后,中国展览行业得到了空前的发展。作为长江三角洲的龙头和迅速崛起的亚洲会展之都,上海已经形成较大规模的会展经济总量。据资料显示,上海举办展会数量居全国首位,会展年总收入占全国近50%,已成为我国会展业的强大引擎和会展业集聚地。

炫动汇展自成立以来,借助上海会展业的各项资源,蓬勃有序地发展至今。

(1) 依托上海完善的产业基础。上海是全国的经济和金融中心,拥有其他城市和地区无法比拟的经济实力和产业基础。上海不仅能为会展行业的发展提供雄厚的资金支持,还提供了优质的基础设施服务和相关配套服务。同时,强大的消费和采购需求也为各类展览会提供了无限的发展空间。

（2）借助上海高度的国际知名度和美誉度。一个展览会（尤其是国际展览会）单靠当地或国内的参展商和专业观众已经无法达到其国际化的要求。上海在这方面拥有得天独厚的优势，依靠其强大的国际知名度和影响力，举办的国际展览会逐年发展壮大。

（3）建立了比较完善的会展经济产业发展链条和发展机制。上海是国内会展行业发展较早的城市之一，通过 20 年的自我完善，目前已经形成了比较完善的行业发展链条和适合自身发展的机制。同时，作为中国对外发展的一个主要窗口，上海不断吸取先进国家和地区在会展行业发展的经验，这些都是行业进一步提高的基础所在。

（4）充分利用主办世博会的历史机遇，全面提升上海会展行业总体水平。上海世博会的成功举办，为上海会展行业的发展带来巨大的机遇，大幅度提升了上海在国际会展行业中的地位和影响。此外，2010 年上海世博会在完善会展基本设施建设、促进上海会展专业人才的培育、促进新科技手段在会展行业的应用、促进行业整合和多元化发展、促进上海与周边区域的联动、形成长三角会展经济大平台等方面发挥了作用。

（5）抓住行业专项整治契机，大力规范行业发展。由于会展行业具有强大的产业联动效应和连带消费作用，近几年来各地政府高度重视会展行业的发展。上海市政府 2005 年出台专项法规《上海市展览业管理办法》，2006 年开始对行业发展进行专项整治。整治的目的是有效规范行业健康有序地发展，这一举措极大地促进上海市会展行业的全面提升和快速发展。

（二）会展经营品牌化

如今的社会有很多的品牌效应，而一个具有品牌性的展览会也会带来巨大的经济效应。成功的展会想要创造盈利，除了需要有明确的规划和鲜明的特点，品牌也很重要。

炫动汇展借助独有品牌项目 CCG EXPO 和卡通总动员，不仅在业内拥有广阔的知名度和良好的口碑,而且还带动了公司其他项目的发展。纵观整个国际会展行业,数美德地区发展势头最为强劲。总结其发展经验,不难看出,会展经营的品牌化能够代表行业的发展方向,推动会展业的快速发展。

我国会展业首先要树立牢固的品牌观念,举办品牌展会、培育品牌会展企业、打造品牌会展城市、走品牌化的办展道路是加快我国会展业迅猛发展的根本。其次,政府和行业协会积极引导,对展会进行明确定位,力争获得国际展览联盟的认可,培育品牌展览会。再次,会展企业要从硬件和软件入手,及时更新展会硬件设施,积极提高展会的专业服务水平,有实力的会展企业应抓住当前国企改革的契机,运用资产重组、上市经营、参股控股、兼并收购等方式实现快速扩张,发展成为品牌企业。另外,我国会展实现品牌化还需要通过政策等积极鼓励国外资金、技术、管理人员进入我国展览市场,同时也将我国一些优秀的展览会移植到国外举办,扩大经营范围,通过与国际接轨的方式实现品牌化发展。

(三)会展主题明晰化

主题化,即举办会展要有一个清晰的主题。主题越来越清晰,越来越人性化,是当今会展业发展的一大特征。

会展的主题化主要有两种情况:一是以某一主题举办会展,如环保、休闲、创意等;二是某个会展每届设置一个主题,如每届世界博览会都有一个主题。主题展(有主题的会展)不同于专业展,专业文化会展是根据文化产业的门类与领域来确定的,而主题展是综合展示与文化产业相关的某个主题,它既可以是专业展,也可以是综合展,总之,只要围绕某个主题就行。

炫动汇展一直在负责运营的 CCG EXPO 已开展了 13 届,每一届都有清晰明确的主题。例如,第三届的 CCG EXPO 以"鼓励原创,发展产业,为弘扬中国动漫游戏文化搭建国际化专业平台"为主题;

第四届博览会举办前,恰逢汶川地震的发生,所以大会突破常规,融合了动漫和赈灾两大主旨,以"同欢笑,共命运"为主题,邀请世界各地著名漫画家在现场即兴作画,用画笔描绘出对灾区儿童的祝福。不仅承办的博览会有明确的主题,就连与给海外各国的洽谈合作,也都要确立明确的主题。例如,参加中泰动漫游戏文化活动周开幕式以及相关活动时,恰逢中国的春节期间,又因在泰的华侨人数众多,所以就以"欢度春节"为活动的主题。

主题展有利于集中展示主题,有助于解决与主题相关的问题。今后,文化会展的主题应该更加明晰。

案例十:中国中福会出版社

一、背景

2017 年 7 月 24 日,国家新闻出版广电总局发布了《2016 年新闻出版产业分析报告》。报告称,新闻出版业不断推进产业转型升级和融合发展,持续提高优质出版产品供给,实现了行业的良好发展。截至 2016 年年底,全国出版、印刷和发行服务实现营业收入 23 595.8 亿元,较 2015 年增加 1 939.9 亿元,增长 9.0%。

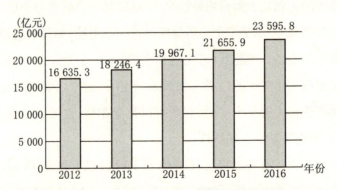

2012—2016 年全国出版、印刷和发行服务营业收入

"引进来，走出去"，一直是我国出版产业的重要理念。2016 年，全国出版物进出口经营单位累计出口 1 765.52 万册（份）、5 886.67 万美元，与上年相比，数量增长 13.71％，金额增长 2.79％；全国出版物进出口经营单位累计进口图书、报纸、期刊 3 108.18 万册（份）、30 051.73 万美元，与上年相比，数量增长 10.54％，金额下降 1.66％。其中，儿童类出版物在进出口领域表现抢眼。截至 2016 年年底，少儿读物类出口 729.87 万册、653.26 万美元，占图书出口数量的 50.33％、总金额的 12.08％；进口 510.40 万册、1 671.76 万美元，占图书进口数量的 32.89％、总金额的 11.59％。

二、 文化"走出去"的运作实践

（一）企业概况

中国中福会出版社是由中国福利会儿童时代社与中国福利会出版社于 2007 年 8 月合并而成的集书、报、刊出版于一体的综合性出版社。该出版社秉承宋庆龄"实验性、示范性、加强科学研究、加强对外合作交流"的方针，出版海内外有关宋庆龄研究、妇幼保健、学前教育、早期教育、校外教育研究成果，儿童文学原创精品，儿童启蒙启智读物等图书，引进和输出有关出版成果，开展版权贸易，促进国际间的文化交流，为读者提供健康有益、格调高雅、形式多样的精神食粮。其中，"宋庆龄理论研究"丛书、"育儿锦囊"丛书、"100 分爸爸妈妈"丛书、"抱抱"丛书、"看看"丛书、"世界名著小火车"系列、"e 蜘蛛"丛书等优秀图书，多次荣获"冰心儿童图书奖""全国优秀儿童文学奖""中国最美的书"等称号，深受广大读者的喜爱。

在对外贸易方面，中国中福会出版社以"儿童绘本"为突破口，积极寻求出口机会。该社自 2012 年起开始选编制作原创绘本，2014 年开始扩展国际市场，截至 2017 年年底，中国中福会出版社的出版物对外出版原创图书十几种，远销美国、法国、加拿大、韩国等主流市场,图书出口战略初见成效。

（二）进口贸易推动出口贸易

目前,中国中福会出版社已经引进多种外来读物,其中就包括家喻户晓的"巧虎"系列。"巧虎"系列商品是原中国福利会出版社于2006从日本 Benesse(倍乐生)教育集团引进的针对学前儿童的家庭学习商品,包含书、读本、父母用书、DVD 影像教材和教具(玩具)等。截至 2016 年 8 月,"巧虎"系列商品的网络在籍会员数量就已经超过100 万人,其内容丰富,制作优良受到中国家长的广泛好评,是该社最成功的引进案例。

在"引进来"战略大获成功后,中国中福会出版社利用进口贸易所形成的渠道反向推广,变单行线为双行线,成功向日本出版社推介《自然科学》(美绘本)图书,实现进口与出口的双赢。

（三）参加国内书展,结交国际书商

上海既是中国的经济、科技、金融、贸易、航运中心,也是中国最大的会展中心。上海承接了中国最大的两个书展:上海国际童书展、上海书展。中国中福会出版社积极参与国内书展,举办丰富的展会活动,抓住一切机遇结识国际书商,把国内的作品推向国际。在 2017年度 CCBF 中国上海国际童书展中,该社积极承办"国际出版人访问上海项目"(SHVIP),代表上海市新闻出版局接待了来自意大利、瑞士、哥伦比亚、波兰、法国、英国等国家的访问团,其间展出的原创绘本更是得到各国出版人的高度赞赏。中国中福会出版社通过积极投身展会活动与各国出版人建立了长期友好的联系,搭起了对外版权贸易的桥梁。

三、 企业对外文化贸易的路径与成功经验

（一）依托代理,走出国门

由于中国中福会出版社规模较小,图书出口经验较为匮乏,尚未

形成足够成熟的图书出口渠道,因此该出版社委托中国教育进出口公司为其代理进行版权贸易。对于小型出版社而言,人力、物力、财力都难以支撑起跨国贸易的重任,而选择代理公司进行中转贸易则成为小型出版社的必由之路。中国中福会出版社依托中国教育进出口公司丰富的贸易经验和成熟的贸易渠道,成功与国际知名出版社签约,其产品远销往法国、美国、加拿大、韩国等主流市场,完成了出版社走出国门的第一步。虽然依托代理进行中转贸易缩减了盈利空间,但就目前来说这是小出版社走出国门的最优途径,既节省大量的人力、物力投入,又扩大了国际市场,提高了企业国际知名度,总体上是成功的。

（二）稳扎稳打,步步为营

盈利是企业的出发点和归宿,出版社也不例外。大型出版社资金实力雄厚,图书出口往往采用低价铺货的策略,而小型出版社恰恰相反,由于资金有限,容错率更低,需要稳扎稳打,步步为营。为此,中国中福会出版社采取"少铺货,多打榜"的营销策略,在控制印刷数量的同时,把商品发送给国际知名书评杂志进行打榜宣传,待市场发酵后进一步采取行动。

（三）有出有进,良性循环

中国中福会出版社在初期开展进口贸易的同时兼顾出口贸易,两者有机结合,形成进出口贸易的良性循环。该社在图书进口贸易的过程中,结交到更多图书代理公司、国际知名出版社,既增加了该社的国际知名度,又拓宽了该社的国际贸易渠道。此外,多次进口成功的案例也为中国中福会出版社带来了稀缺的国际贸易经验,一定程度上弥补了出口方面的经验缺失。在进口贸易中学习对方的谈判技巧、推介模式,当角色转换时便学以致用,增加了合作成功率。

（四）内容通俗,迎合市场

中国中福会出版社一直坚持"将爱和美传播给孩子"这一理念,

坚守品牌,专注原创,讲中国故事。在内容选材上该社坚持以市场为导向,在充分调研分析基础上,采用儿童容易接受的题材和内容以凸显其伦理共识,力求以故事本身的力量打动人心。在此经营策略下,该社成功出版《小兔的问题》《我有一盏小灯笼》《拔萝卜》《回家》等多部原创作品,在国际市场中树立了良好口碑。

四、 企业对外文化贸易面临的问题

(一)渠道问题

1. 国际版权代理商的局限性

出版社通过寻求与国际版权代理商的合作而走出国门不失为一个好办法,但仍有明显的局限性。选择国际版权代理商就意味着放弃贸易主动权,无法自由选择交易对象和地区,营销战略更无从谈起。不仅如此,代理公司从中抽成致使出版社的利润空间进一步缩减,从而降低了出版社走出国门的积极性。

2. 出版社自身渠道少

与国外出版社不同,国内出版社很难培养自己的销售渠道,主要受如下两方面的制约:

第一,缺少国际贸易土壤。借力书展结识各国书商,达成合作意向是图书出版业最常见的运作模式。素未谋面的世界各国书商通过参加书展汇聚一堂,现场挑选各自感兴趣的书目并即刻沟通,达成合作意向,甚至当场完成订单交易。但是,这种方式在中国本土却难以奏效,很大程度上是因为中国出版业国际贸易起步较晚,国际影响力不足。尽管中国本土最大的书展——上海书展的参展图书已增加到15万余种,参展出版单位增加到500多家,书展主会场零售额增加到5 000多万元,[1]但中国书展的重心仍在国内市场。相对于法兰克

---

〔1〕 2017上海书展官网,http://www.shbookfair.cn/shBookfair/plus/list.php? tid=1。

福书展、伦敦书展、美国书展、波隆纳书展等国际著名书展的巨大影响力,中国书展仍有一定差距。

第二,受制于出版社规模。海外出版社立足市场经济,在兼并与收购中扩大规模,市场地位稳固,拥有成熟的贸易架构和分销渠道。相比而言,虽然国内出版社数量众多,但规模各异,小型出版社很难在国际贸易中立足。首先,小型出版社往往财力有限,仅聘请翻译、出国差旅的费用,就可能使其望而却步。即使有能力做到初期交涉,但聘请海外公司进行市场调研的费用也难以承受。其次,小型出版社规模有限,没有自己的国际版权部门或国际法务部门,在贸易的实际运作中也会因自身缺少国际贸易经验而流产。

(二)利润问题

利润的不确定性

目前,国内出版社走出国门,打入国外市场的主要动力仍然来自政策导向,而非经济利益,这很大程度上是因为海外市场的不确定性。中国中福会出版社国际贸易起步较晚,经验缺失,作为“试水”项目,目前没有利润可言。为了走出国门,出版社以非常低廉的价格向国外推广作品,作为初期可以接受,但长此以往,出版社能否成功仍有待考验。

(三)产品问题

1. 创作硬实力上有差距

绘本因其直观形象、真实生动、感染力强等特点,深受儿童群体喜爱,国际公认“绘本是最适合幼儿阅读的图书”。绘本起源于西方,诞生于19世纪后半叶的欧美,悠久的历史促成其深厚的艺术积淀。国外书商所生产的绘本无论是画风还是创意都无可挑剔,深受世界各国家庭喜爱。而在中国绘本创作仅仅处于起步阶段,相较于国外成熟的艺术创作体系,国内作者的数量和质量都难比肩,整体制作水平与欧美国家的绘本创作有一定差距。

2. 国外图书品相更高

由于定位儿童市场,"眼缘"十分重要,图书品相成为在市场竞争中的关键因素。相较于国外出版物,国内出版物往往在品相上略逊一筹,难以抓住国外消费者的眼球。

事实上,导致品相差距的"罪魁祸首"并不是"滞后"的印刷产业,而是原料品质上的不足。据《2016 中国印刷业年度报告》显示,早在 2006 年中国印刷工业总产值就位列世界第三,而我国包装及包装印刷领域产量也在持续增长,其中 2015 年纸品包装行业 3 898 家规模以上纸制品生产企业产量达 7 038 万吨;软包装市场规模大约为 2 100 亿美元,且未来 5 年仍将保持增长态势,复合年均增长率将达到 3%左右。尽管印刷技术丝毫不落下风,但原料差距始终存在。法国拥有更优质的纸品,日本则有更环保的油墨,他们宁愿用自己的原材料到中国印刷厂做外单而后在运送回国,也不愿意使用中国本土原料。

五、 成功启示

(一)参加书展拓宽贸易渠道

参加国际性书展是中国书商面向世界展现自己的绝好机会,更是展示中国文化的好机会。

通过参与国外书展,可以在第一时间掌握行业动态,结识国际知名书商和优秀作者,为国内出版社走出国门奠定基础。而参加国内举办的国际书展,可以极大缩减国内出版社出国谈判成本,增加出版社图书出口积极性,是小型出版社结识国际书商的不二之选。

2017 年,中国大百科全书出版社就通过法兰克福书展向黎巴嫩、蒙古国、突尼斯等来自"一带一路"沿线国家的出版商及欧美版代力推了该社出版的《故宫里的大怪兽》《中华百科》等儿童绘本,并成功与英国 DK 公司、法国阿歇特公司、意大利白星出版社等达成合作引进意向。

此外,有条件的出版社亦可以组织相关部门出访如中西亚、中东欧等国际出版贸易相对落后地区,主动展开文化贸易对话,拓宽现有贸易渠道。

（二）开展多样化贸易方式

国内出版社应结合自身规模选择适合的对外贸易模式。目前,国内图书"走出去"主要有四种模式:图书版权贸易、图书商品贸易、合作出版、海外投资。

以中国中福会出版社为例,由于其规模较小出版社内部并无专业的国际出版队伍,仅凭借一己之力难以承担图书出口的成本与风险。语言与法律成为国内小型出版社展开国际贸易难以逾越的难题。在这种情况下,委托国际进出口公司进行代理贸易就不失为一个良策。国内进出口公司有专业的贸易部门和成熟的贸易渠道,可大幅度降低贸易成本与风险,能有效帮助小型出版社"走出去"。

（三）树立以品牌为导向的经营之路

随着世界上对儿童教育的重视程度普遍提高,儿童类出版物受到市场的追捧,若要从激烈的市场竞争中脱颖而出,出版社就必须坚持原创,巩固品牌。在内容方面,要创作出适应国际市场需求的产品,在坚持原创的基础上提升品牌质量。在创作方面,要遴选优秀儿童作家,主动组稿,适时引入新鲜血液,打造品牌作家。在贸易方面,要建立稳固的产品生产线,扩大产品基数,吸引更多国外出版社参与合作,形成品牌效应。

案例十一:上海国际高科技文化装备产业基地

一、 背景

据中国产业调研网发布的 2015—2020 年中国数字内容市场现

状调研分析及发展前景报告显示,发达国家凭借在信息技术和创意内容方面的领先,依然引领着数字内容产业的发展;发展中国家则通过政策创新、技术创新、文化创新等,不断提升各自数字内容产业的规模和全球竞争力。

国家文化部在《"十二五"时期文化改革发展规划》(以下简称《"十二五"规划》)中指出,到2015年,文化产业要实现跨越式发展,逐步成为促进经济发展方式转变、优化经济结构、扩大就业的国民经济支柱性产业。科技进步是文化发展的重要动力和引擎,文化与科技融合在深度与广度上的实质性推进,是社会主义文化繁荣发展的必要支撑,是文化建设的迫切要求,是转变经济发展方式、推动文化产业成为国民经济支柱性产业的战略任务。

国家文化部在《"十二五"文化科技发展规划》中还指出,我国文化科技发展正处于大有作为的重要战略机遇期与跃升期,但在文化科技发展中仍存有一些薄弱环节,例如文化科技自主创新意识与能力有待增强,文化科技创新投入严重不足,文化科技发展还不能满足国家文化发展的需求。文化事业发展中新技术集成应用较少,文化产业技术研发与创新水平偏低,相关基础和前沿研究比较薄弱,产学研用结合不够紧密,高层次创新型文化科技人才匮乏,自主创新政策落实需要进一步深化,科技资源配置效率有待提高。

为应对我国文化科技存在的薄弱环节,《"十二五"规划》中提出文化科技发展的总体目标是:文化科技创新体系基本完备,自主创新能力大幅提升,科技竞争力显著增强,文化重点领域核心关键技术取得突破性进展,文化行业标准化体系相对完善,文化科技基础环境条件得到改善,科技资源与文化资源的共享明显增强,文化与科技融合在深度和广度上取得实质性推进,有力支撑和引领文化事业和文化产业的发展。

二、 文化"走出去"的运作实践

（一）企业概况

上海国际高科技文化装备产业基地是国家文化部 2011 年 10 月 27 日正式命名的"国家对外文化贸易基地"的延伸基地。

上海国际高科技文化装备产业基地充分利用自贸区独有的金融政策、税收优惠政策，依托世界吞吐量最大的洋山深水港码头、浦东国际机场，充分利用自贸区国际中转、现代物流、商品展示、仓储租赁、期货交割业务等国际贸易配套服务体系，为国内外文化装备企业提供进出口代理、产品展示、设备租赁、商贸咨询、融资服务、企业入驻等全方位的服务与支持，是上海自贸试验区内专项发展文化装备贸易的要素市场和服务平台。

上海国际高科技文化装备产业基地围绕"文化装备服务"开展集成展示、交易租赁、信息整合、文化金融等服务，重点引进影视装备、舞台影院装备、广告会展装备、多媒体装备、游艺游戏装备六大类别装备贸易企业，由上海国际传媒产业园文化装备管理有限公司独家运营管理。

（二）开拓世界市场，提供优质渠道

经过一年多的洽谈协商，上海国际高科技文化装备产业基地与美国广播电视协会达成合作，应邀参加美国职业篮球联盟在拉斯维加斯的主展区，并联合举办了"NAB Show Shanghai"上海国际电影电视节跨媒体技术展，实现强强联合、资源共享，依托双方在媒体产业的资源实力，展示和介绍国内外最新科技发展成果，传递全球行业最新信息，促进广电技术设备产业链上下游的完善。

展会通过展览、峰会、实训等方式，多维度构建全球数字内容生态圈。其间，近 300 家企业在上海新国际博览中心展示技术成果以及媒体解决方案，满足更多受众对未来业务发展的不同需求，促进全球数字内容生态圈展区、展品的融合发展；来自全球 20 个国家的近

70 位发言人出席 NAB Show GIX—上海全球跨媒体创新峰会,与中国同行现场对话,着重探讨全球数字内容生态圈的创新商业模式与科技应用,向国际舞台展现出中国最前沿的媒体科技;《血战钢锯岭》《钢铁侠 2》等创作团队的国际知名专家,在"CPPC 中国影视后期制作者实训大会"中,解密剖析全球最新获奖影视巨作背后的奥秘,与中国同行开展面对面交流。

(三)多维管理模式,助力企业发展

上海国际高科技文化装备产业基地不仅提供传统意义上的产业园区管理服务,还为入驻园区的商家提供深度跟踪服务。管理模式由被动变主动,积极帮助园区内企业排忧解难,寻找商机。例如,该基地定期为产业园区内不同类别的行业开展小型峰会,为企业之间搭建沟通桥梁,以促成企业之间"化学反应";同时,主动聘请相关专家为峰会中所产生的问题做指导,为企业发展扫清障碍。

三、 企业对外文化贸易的路径与成功经验

(一)展会亲民化

由于文化产业展会专业性较强,且传统的文化装备展会的社会效应并不强,参与人数十分有限。为此,上海国际高科技文化装备产业基地在创办文化装备博览会时不仅注重专业性,同时也兼顾趣味性,提供参观、娱乐一体化服务。在文化装备博览会中加入更多有趣、好玩的产品,使观众能够切身体验文化装备的魅力,吸引更多非专业人士的加入,进一步提高展会人气,提升参展商知名度,形成与会者与参展方的双赢。

(二)资源整合,提供"中国方案"

中国国内文化产业整体工艺并不逊色于国外,但总体效益却并不乐观。究其根源是由于国内装备制造业仍处于代工阶段,缺乏品牌意识。即使完成品牌输出,也仅是在市场中"各自为战",销售单一

产品,这种传统的销售模式在激烈的国际市场竞争中占不到任何优势。

鉴于我国装备制造业"叫好不叫卖"的现象,上海国际高科技文化装备产业基地主动出击,整合园区资源,为客户提供整体解决方案。例如,2017年间,该基地就向某国博物馆提供了整体解决方案,整体销售灯光、音响、投影等一系列文化装备,并结合场馆的实际使用需求在不同空间使用了不同级别的音响,成功完成了整体项目输出。

(三)借力新政,做大做强

上海国际高科技文化装备产业基地作为"国家对外文化贸易基地"的延伸基地,依托政策扶植,形成了三大独特优势。

1. 国家级平台优势

上海国际高科技文化装备产业基地利用自身国家级平台的优势,将文化装备全产业链集聚自贸区,产生集聚效应,从而降低企业生产成本,提高贸易流通效率,形成走向全国、全世界的集群。

2. 上海市重点文化项目优势

2017年年底,上海出台《关于加快本市文化创意产业创新发展的若干意见》,通过50条具体措施,为进入新时代的人文之城建设"升级"提供强有力的体制机制保障。上海国际高科技文化装备产业基地现已成为上海市重点文化产业项目,同时还承担着在中国众多城市推进文化综合体建设的责任。入驻该基地的企业可享受到上海文化"走出去"专项扶持资金的支持。

3. 自贸试验区优势

入驻上海国际高科技文化装备产业基地的企业可享受自贸试验区多方面的扶持。在政策方面,可以享受到自贸试验区最新出台的各类开放政策的支持和优惠;在贸易方面,可以结合自贸试验区的实践与文化相融合的创新业务,拓展文化发展与繁荣空间;在市场方面,可以与国际市场互动对接,以实现文化企业专业化、市场化、多元化和国际化的发展;在金融方面,可以进行跨境人民币结算、跨境融资、国际转账。

上海国际高科技文化装备产业基地凭借政策的东风以及优质的管理,成功吸纳了浙江大丰实业有限公司、上海龙宣数字科技有限公司、思彼思资产管理集团等各领域的龙头企业。

四、 企业对外文化贸易面临的问题

（一）人才匮乏

作为国际化大都市,上海在人才储备上拥有得天独厚的优势,但园区急需的复合型人才仍然匮乏,尤其缺乏既了解动漫、游戏产业,又懂得经营管理的复合型人才。

1. 管理人才匮乏

得益于上海文化装备产业的壮大,上海国际高科技文化装备产业基地的业务版图也在高速扩张,但与此同时,人才匮乏却成了园区扩张的一大障碍。目前,该园区核心管理人员数目较少,远不能满足业务扩张的要求。

2. 国际贸易人才匮乏

产业园区面对的贸易对象分散、国家众多,在实际贸易过程中经常遇到国际贸易经验的真空区,因不了解贸易伙伴国的法律、金融体制而常常受制于人,贸易中处于被动地位。例如,在与厄瓜多尔某企业交易的过程中,由于不了解对方国家的金融体系,在支付方式的谈判上就曾陷入僵局,每一步谈判都需要进行大量考证与学习,从而严重影响了贸易的进度与效率。

（二）研究能力欠缺

尽管我国从不缺乏舞台、印刷设备制造企业以及游艺公司,但作为文化产业来讲却是刚刚起步,尤其是文化装备制造业。

由于文化装备制造业是新兴产业，缺少可借鉴的经验，因此，对文化装备产业进行研究和学习就成了园区工作的当务之急。但园区毕竟属于企业，受到规模和资金的限制，不可能组建自己的科研队伍，因此研究能力十分有限，所得出的成果也缺少权威性，难以满足该产业发展的需要。

五、 成功启示

（一）做高含金量的产业聚集

目前国内文化产业相关企业数量众多，良莠不一。不少产业园区以盈利为首要目的，在园区建立初期大量接受企业入驻，以求资金回笼。这种"低门槛"甚至"无门槛"的入驻现象拖累了园区整体实力，不仅未能形成企业聚集红利，反而影响入驻企业的市场口碑。更糟糕的是由于企业已签署入驻协议，园区几乎无法进行二次筛选，这就形成园区经营的恶性循环，外部优质的企业不愿意入驻，内部劣质的企业不愿意离开。

针对这种现象，上海国际高科技文化装备产业基地在开园之初就制定了严格的招商计划，入驻园区的企业必须达到一定规模，即使园区内部分空置也不会降低准入标准。至于规模不达标的企业，园区只允许参与园区活动，但拒绝入驻，这样有效规避了产业聚集的负面影响。

（二）双向动态经营理念

目前，国内诸多产业园区经营理念陈旧，仍处于收租金、吃政府补贴的层面上。对企业没有任何要求与指导，只要企业按期交租，遵守园区规定即可入驻。这种落后的经营理念既不能促进园区发展，也不能推动企业进步，简单的企业聚集难以满足激烈的市场竞争需求。

相比传统的园区经营方式，上海国际高科技文化装备产业基地提出了双向动态经营的理念。例如,在做好传统运营管理的基础上主动整合园区资源,使各企业之间形成优势互补,探索新型出口模式;积极举办、参加世界各级展会,拓宽世界市场,为企业寻求贸易渠道;主动举办各种实训、讲座,聘请专家为企业经营管理出谋划策。这一系列举措充分发挥了企业聚集的优势,赢得入驻企业的一致好评。

参考文献

段炳:《匈牙利经济体制改革》,http://www.wytsg.org:88/reslib/400/070/050/110/060/120/050/zgzx_1259.htm。

管育鹰:《"一带一路"沿线国家知识产权法律制度研究——中亚、中东欧、中东篇》,法律出版社 2017 年版。

国别数据,https://countryreport.mofcom.gov.cn/record/index.asp。

《国际在线》,http://qd.ifeng.com/xinwenzaobanche/detail_2013_12/19/1614571_0.shtml。

《国家概况》,中华人民共和国外交部,https://web.archive.org/web/20040302115107/http://www.fmprc.gov.cn/chn/wjb/zzjg/dozys/gjlb/1796/1796x0/default.htm。

郝春鹏:《匈牙利的多层次医疗保障制度》,《中国劳动保障报》2006 年 2 月 10 日。

郝杰:《匈牙利:与中国企业彼此需要》,《中国经济信息》2013 年第 23 期。

黄平、刘作奎:《中国和中东欧国家人文交流:过去、现状和前景》,中国社会科学出版社 2017 年版。

李敬、肖伶俐:《"一带一路"相关国家贸易投资关系研究》,经济日报出版社 2017 年版。

李玟:《中国企业在匈牙利直接投资研究》,对外经济贸易大学硕士论文,2014年。

联合国商品贸易统计数据库,https://comtrade.un.org。

刘洪钟、郭胤含:《"丝绸之路经济带"与"16+1"合作框架内的中匈投资合作》,《欧亚经济》2017年第4期。

马逾际:《匈牙利三十年改革历程回顾与启示》,《吉林省经济管理干部学院学报》2000年第2期。

世界银行营商环境报告,http://www.doingbusiness.org/data。

王庆年:《匈牙利优先发展教育的战略规划、战略措施及其成效》,《世界教育信息》2009年第8期。

《匈牙利概况——中华人民共和国驻匈牙利大使馆经济商务参赞处》,http://hu.mofcom.gov.cn/article/ddgk/201504/20150400958658.shtml。

《匈牙利概况》,中华人民共和国驻匈牙利大使馆经济商务参赞处,http://hu.mofcom.gov.cn./article/tzzn/。

《匈牙利投资与经贸风险分析报告》,《国际融资》2012年第11期。

《匈牙利新闻》,http://www.lianhenews.com/news/?8040.html。

《匈牙利新闻》,http://www.lianhenews.com/news/?list_1.html。

匈牙利知识产权局,http://www.hipo.gov.hu/en http://njt.hu/; http://www.culturalpolicies.net/down/hungary_122014.pdf; http://www.chinaipmagazine.com/ipfirm-country-show.asp?24-2.html; http://www.mofcom.gov.cn/article/i/dxfw/jlyd/201708/20170802625401.shtml。

匈牙利驻华大使馆官网,https://peking.mfa.gov.hu/chn。

徐来:《从CIP数据看我国与中东欧16国出版交流——文学书成译介主角,国际合作动作频频》,《中国新闻出版广电报》2016年8

月 24 日。

杨芳:《21 世纪初匈牙利经济发展战略》,《国际资料信息》2000年第 8 期。

张琳、陈宏:《中东欧十六国投资环境分析》,格致出版社、上海人民出版社 2017 年版。

《中国—中东欧国家合作》,http://www.china-ceec.org/chn/sbhz/t1469711.htm。

中华人民共和国商务部,http://www.mofcom.gov.cn/。

中华人民共和国驻匈牙利大使馆经济参赞处,http://hu.mofcom.gov.cn。

《纵横专题》,http://www.21bcr.com/a/zhuan_ti/bolinqiang/2010/0605/383.html。

Act LXIV of 2001 On The Protection of Cultural Heritage, http://www.unesco.org/culture/natlaws/media/pdf/hungary/hun_actlxiv_protclther_amend_01_entof.

Act XXXIII of 1995 On The Protection of Inventions by Patents, https://www.sztnh.gov.hu/sites/default/files/English/jog-forras/patent_act_xxxiii_1995_en_20141029_excerpt.pdf; Hungarian Intellectual Porperty Office, fromhttps://www.sztnh.gov.hu/en.

Belloc H., Freeport, N.Y.: Books for Libraries Press, 1967.

Cultural Atlas—Hungarian Culture—Family, https://cultur-alatlas.sbs.com.au/hungarian-culture/family-5ec8ff34-8876-4788-ba6a-6c24a46058b6.

Esbenshade R., "Symbolic Geographies and the Politics of Hungarian Identity in the 'Populist-Urbanist Debate' 1925—44", *Hungarian Cultural Studies*, 2015, 7:177—197.

Exploring the Cultural and Creative Industries Debate, Culture Action Europe, https://archive.is/20130708123205/http://www.cultureactioneurope.org/lang-en/think/creative-industries.

Gábor Békés, Balázs Muraközy, Péter Harasztosi, "Firms and Products in International Trade: Evidence from Hungary", *Economic Systems*, 2010, 35(1).

Government-Ministry of Foreign Affairs and Trade, http://www.kormany.hu/en/ministry-of-foreign-affairs-and-trade.

Hungarian Academy of Sciences, http://mta.hu/english.

Hungarian Central Statistical Office, http://www.ksh.hu/?lang=en.

Hungary Culture, History, & People—Government and Society, Encyclopedia Britannica, https://www.britannica.com/place/Hungary/Government-and-society.

Hungary-Economic Forecast Summary (November 2017)—OECD, http://www.oecd.org/hungary/hungary-economic-forecast-summary.htm.

Hungary—Political Environment, export.gov, https://www.export.gov/article?id=Hungary-Political-Environment.

Hungary, World Health Organization, http://www.who.int/countries/hun/en/.

István Pál Demény, Klára Gazda, Vilmos Keszeg, Ferenc Pozsony, Vilmos Tánczos, *Magyar Népi Kultúra* (Hungarian Folk Culture), Ábel Kiadó, 2008.

Klaus Schwab, "The Global Competitiveness Report 2015—2016", *World Economic Forum*, Sept., 2015.

Kormany, http://www.kormany.hu/en.

Murray L.Bulgaria, *Hungary*, *Romania*, *the Czech Republic*, *and Slovakia*.

National Accounts and GDP—Statistics Explained, http://ec. europa.eu/eurostat/statistics-explained/index.php/National_accounts_ and_GDP.

Overseas Business Risk—Hungary—GOV.UK, https://www. gov. uk/government/publications/overseas-business-risk-hungary/ overseas-business-risk-hungary.

Péter Inkei and Veronka Vaspál, Compendium: Cultural Trends And Policies In Europe—Country Profile of Hungary, December 2014, Budapest, page2-5, http://www. culturalpolicies. net/down/hungary_122014.pdf.

Péter Inkei and Veronka Vaspál, Compendium: Cultural Trends And Policies In Europe—Country Profile of Hungary, December 2014, Budapest page 30—31, http://www.culturalpolicies. net/down/hungary_122014.pdf.

Péter Inkei and Veronka Vaspál, Compendium: Cultural Trends and Policies In Europe—Country Profile of Hungary, December 2014, Budapest pages 24—33, http://www. culturalpolicies. net/ down/hungary_122014.pdf.

Rodrik D., Rosenzweig M., *Handbook of Development Economics*, Amsterdam[u.a.]: Elsevier, 2012.

Standaert M., Standaert M., The Forward Association I. Hungarian Writers' Spat Betrays Struggle Between "Urbanism" and "Populism". The Forward. https://forward. com/news/6562/hungarian-writers-spat-betrays-struggle-between/.

Tamas Matura J., Pogátsa Z., Nedelka E., et al., Hungarian—

Chinese Relations: Foreign Trade and Investments, Current Trends and Perspectives in Development of China—V4 Trade and Investment, 2014.

The Decree-Law No. 2 of 1979 on the Promulgation of the Convention on the Means of Prohibiting and Preventing the Illicit Import, Export and Transfer of Ownership of Cultural Property, The General Conference of the United Nations Educational, Scientific and Cultural Organization, Paris, 14 November 1970, http://www. unesco. org/culture/natlaws/media/pdf/hungary/hun_declaw2_79_ entof.

The World Factbook—Central Intelligence Agency, https:// www. cia. gov/library/publications/resources/the-world-factbook/ geos/hu. html.

World Investment Report 2017, UNCTAD. Transnational Corporations, 2017, 23(3):67—101.

后　记

　　本书是 2017 年由上海市商务委员会委托承担的"'一带一路'国家对外文化贸易国别研究报告"课题的最终研究成果。

　　2013 年习近平主席提出了"一带一路"的重大倡议,为中国未来很长一段时间内对外开放构建了总体框架。"一带一路、文化先行",以文化贸易推进"一带一路"建设,是加强沿线人民交流、增进彼此了解,进而实现"一带一路"倡议的必由之路。

　　"中东欧"是"一带一路"倡议实施的重要组成部分,是我国连接欧亚大陆的枢纽,是"一带一路"倡议向欧洲覆盖延伸的重要地带,是全球新兴市场的重要板块,因此具有十分重要的战略地位。深入了解中东欧国家文化贸易发展现状与特点,对拓展中国与中东欧国家之间的文化市场,促进中东欧国家经济社会发展以及"一带一路"建设具有深远的意义。

　　对于政府与企业来说,文化走出去面临的最大障碍,是对贸易对象的市场需求与产业政策不了解,由此导致决策失误,故"文化折扣"现象已经成为我国文化贸易发展的主要桎梏。本书针对我国文化企业走出去的迫切需要,从国别出发,将目前中东欧文化贸易发展得比较好的匈牙利作为研究对象,全面探讨其文化贸易发展的现状、特点、文化背景、文化贸易体制与法律政策、市场构成等核心问题,期望通过这种研究,为我国文化企业走向中东欧提供理论与实践方面的指导。

　　本书是在张佑林主持下,经课题组成员艰苦奋斗、通力合作写成的。张佑林作为课题负责人,提出全书写作大纲,并直接参与各章的写作和指导工作。课题组成员秦淑娟参与了本书第一章和第五章的写作,潘苏悦参与了本书第一章和第二章的写作,伍巧芳参与了本书第三章和第四章的写作,陈朝霞参与了本书第五章、第六章的写作,向津清参与了本书第六章与部分案例的写作;课题组成员任义彪、冯越、尹娜、张晞、陈家凤、史雅文、刘周霞、黄克柔、冀昆等参加了本书附录部分案例的调研与写作。

　　本书在写作与出版过程中,得到了上海市新闻出版局副局长彭卫国副局长,以及国家对外文化贸易基地(上海)冯岚副总经理、市场部肖妍的大力支持,在此一并表示感谢。

　　是以为记。

张佑林

2018 年 10 月于上海

图书在版编目(CIP)数据

匈牙利对外文化贸易与投资合作研究/张佑林等著
.—上海:上海人民出版社,2018
ISBN 978-7-208-15548-0

Ⅰ.①匈… Ⅱ.①张… Ⅲ.①文化市场-研究-匈牙
利 ②文化产业—对外投资—研究—中国 Ⅳ.①G151.54
②G125

中国版本图书馆 CIP 数据核字(2018)第 262740 号

责任编辑 王舒娟
封面设计 张志全

匈牙利对外文化贸易与投资合作研究
张佑林 秦淑娟 伍巧芳 等著

出　　版　上海人 & 出版社
　　　　　(200001　上海福建中路 193 号)
发　　行　上海人民出版社发行中心
印　　刷　上海商务联西印刷有限公司
开　　本　720×1000　1/16
印　　张　18.5
插　　页　2
字　　数　228,000
版　　次　2018 年 12 月第 1 版
印　　次　2018 年 12 月第 1 次印刷
ISBN 978-7-208-15548-0/F・2567
定　　价　68.00 元